天衡系列丛书

数据合规热点与实务指南

Hot Topics and Guidelines on Data Compliance

李金招　蒋晓焜　编著

知识产权出版社
全国百佳图书出版单位
—北京—

图书在版编目（CIP）数据

数据合规热点与实务指南 / 李金招，蒋晓焜编著 . —北京：知识产权出版社，2024.3
ISBN 978-7-5130-9091-9

Ⅰ . ①数… Ⅱ . ①李…②蒋… Ⅲ . ①数据管理 – 科学技术管理法规 – 中国 – 指南 Ⅳ . ① D922.17-62

中国国家版本馆 CIP 数据核字（2023）第 241046 号

内容提要

本书重点介绍 App 运营商、数据出境企业、拟 IPO 企业对于数据合规应履行的义务及达到的要求，结合热点问题和作者的实务经验，从数据合规的角度分析数据案例、法律条文及域外法律等，为 App 运营商、数据出境企业、拟 IPO 企业提供实用有效的合规建议。

本书适合互联网企业、外资企业、拟 IPO 企业的负责人及法务工作者阅读。

责任编辑：王志茹　　　　　　　责任印制：孙婷婷

数据合规热点与实务指南
SHUJU HEGUI REDIAN YU SHIWU ZHINAN

李金招　蒋晓焜　编著

出版发行：	知识产权出版社 有限责任公司	网　　址：	http://www.ipph.cn	
电　　话：	010-82004826		http://www.laichushu.com	
社　　址：	北京市海淀区气象路 50 号院	邮　　编：	100081	
责编电话：	010-82000860 转 8761	责编邮箱：	laichushu@cnipr.com	
发行电话：	010-82000860 转 8101	发行传真：	010-82000893	
印　　刷：	北京中献拓方科技发展有限公司	经　　销：	新华书店、各大网上书店及相关专业书店	
开　　本：	720mm×1000mm　1/16	印　　张：	15.25	
版　　次：	2024 年 3 月第 1 版	印　　次：	2024 年 3 月第 1 次印刷	
字　　数：	224 千字	定　　价：	88.00 元	

ISBN 978-7-5130-9091-9

出版权专有　侵权必究
如有印装质量问题，本社负责调换。

序 言
PREFACE

　　《数据合规热点与实务指南》系本人指导的研究生李金招及其团队继《数字经济产业合规指南》后编写的作品。他们能够在工作繁忙之余在短时间内连续出版著作，实属不易。学生再次邀请我为其作品写序，我欣然应允，也借此机会表达对他及其团队笔耕不辍的肯定和支持。

　　"数据"被誉为"21世纪的石油"，如今已成为与土地、劳动力、资本、技术等要素并列的第五大生产要素，是数字化、网络化、智能化的基础，已快速融入生产、分配、流通、消费和社会服务管理等各个环节，深刻改变着生产方式、生活方式和社会治理方式。

　　随着《中华人民共和国网络安全法》《中华人民共和国数据安全法》《中华人民共和国个人信息保护法》等法律的陆续出台，我国数据合规相关的法律服务需求日益增长。对于企业而言，小到App隐私政策的修订，大到企业在IPO过程中涉及的问询，都离不开数据安全合规设计。然而，现阶段部分企业对国家的监管机构、监管要求、监管尺度认识不清。同时，多家监管机构共同监管、相关政策法规的多元化等现状，也给企业数据合规工作的开展带来较大挑战。企业需要专业的法律工作者对当前的监管规则抽丝剥茧，进而明确如何规避合规风险、构建数据合规体系，进一步提升企业的竞争力。

　　本书从App、数据出境、IPO三大板块数据合规的相关风险点着手，结合图、表等化抽象为形象，深入探讨企业数据安全的合规设计，为解答企业治理难题提供合理建议；精选近年备受瞩目的数据合规经典案例，剖析热点背后隐藏的法律问题；追踪新近出台的法律条例，通过对比对具体条款进行深度解读，同时聚焦特定时间或地点出现的合规问题，探索域外法值得借鉴之处。

本书作者在数据合规领域深耕数年，积极响应国家数据合规安全相关法律法规要求的同时，不拘泥于法律条文，而是在字里行间融入多年积累的实践经验，梳理、构建完整的知识体系，也不局限于当事人的利益，而是承担律师的社会责任，致力于为我国构建数据合规的统一体系做出贡献。相信本书的出版能够协助企业提升风险防范能力，进一步推动数据安全和企业合规文化建设，助力企业乘着时代东风牢牢把握数据合规这一抓手，建立良好的企业形象，获得更加健康、长远的发展。

何丽新

厦门大学法学院教授

2023 年 12 月

目录
CONTENTS

第1章　App 数据合规 ········· 1
　1.1　政府相关部门如何监管 App 运营商 ········· 1
　1.2　个人信息如何识别 ········· 7
　1.3　如何制定合格的隐私政策 ········· 10
　1.4　App 运营商如何合规收集用户信息 ········· 20
　1.5　App 运营商收集用户信息的合规要点 ········· 22
　1.6　App 运营商使用个人信息的注意事项 ········· 24
　1.7　App 运营商共享个人信息的注意事项 ········· 25
　1.8　App 运营商应赋予用户处理个人信息的权利 ········· 25
　1.9　App 运营商委托处理、转让、公开披露个人信息的注意事项 ········· 27

第2章　数据出境合规 ········· 29
　2.1　数据跨境合规体系概述 ········· 29
　2.2　数据出境安全评估要点分析 ········· 37
　2.3　个人信息保护认证要点分析 ········· 59
　2.4　个人信息出境标准合同要点分析 ········· 74

第3章　IPO 数据合规 ········· 95
　3.1　算法合规及科技伦理或成企业 IPO 问询难题 ········· 95

数据合规热点与实务指南

  3.2 网络安全审查视域下滴滴被审查的法律思考……………103
  3.3 跨境电商在 IPO 审核中的数据合规重点问题……………111

第 4 章 数据合规案例与法条解读……………127
  4.1 从"脉博之争"到"头腾大战"的数据之争……………127
  4.2 政府信息公开下个人数据如何得到有效保护……………134
  4.3 《数据安全管理办法》深度解读……………139
  4.4 《个人信息保护法（草案）》核心问题解读……………151
  4.5 《儿童个人信息网络保护规定（征求意见稿）》解读……………159
  4.6 深度解读《儿童个人信息网络保护规定》……………162
  4.7 《个人信息保护法（草案）》一审稿、二审稿条款对比解读……………177
  4.8 《数据安全法（草案）》一审稿、二审稿条款对比解读……………196

第 5 章 防疫合规与域外法借鉴……………206
  5.1 未经同意能否采集武汉返乡人员信息……………206
  5.2 防疫追踪地图须合规采集用户位置信息……………209
  5.3 企业能否采集员工的体温数据……………213
  5.4 个人信息保护基本原则的历史沿革……………216
  5.5 日本《个人信息保护法》的诞生与发展……………229

参考文献……………237

第 1 章　App 数据合规

近年来，App 强制授权、过度索权、超范围收集个人信息的情况愈演愈烈。2019 年伊始，我国多个部委重拳出击，着重整治 App 违规违法收集个人信息的乱象。截至目前，已有几十款 App 遭到强制下架、上百款 App 被点名整改，App 收集个人信息受到强监管。面对严格的强监管，App 运营商该如何做好信息收集工作、哪些个人信息可以收集、哪些个人信息不能收集、收集信息中存在哪些风险点等都需要关注。

1.1　政府相关部门如何监管 App 运营商

1.1.1　App 监管规则陆续出台

2019 年 1 月 25 日，中共中央网络安全和信息化委员会办公室（以下简称"中央网信办"）、工业和信息化部、公安部、国家市场监督管理总局（以下简称"市场监管总局"）4 个部门联合发布《关于开展 App 违法违规收集使用个人信息专项治理的公告》（以下简称《公告》）。《公告》指出：为保障个人信息安全、维护广大网民合法权益，4 个部门决定，自 2019 年 1 月至 12 月，在全国范围组织开展 App 违法违规收集使用个人信息专项治理。《公告》同时指出，全国信息安全标准化技术委员会、中国消费者协会、中国互联网协会、中国网络空间安全协会成立 App 违法违规收集使用个人信息专项治理工作组（以下简称

"App 专项治理工作组"），具体推动 App 违法违规收集使用个人信息评估工作，App 合规监管自此拉开帷幕。

《公告》发布后不久，2019 年 3 月 1 日，App 专项治理工作组在其运营的"App 个人信息举报"微信公众号上发布《App 违法违规收集使用个人信息自评估指南》（以下简称《自评估指南》），《自评估指南》从"隐私政策文本""App 收集使用个人信息行为""App 运营者对用户权利的保障"三大评估面入手，列举了 App 合规收集个人信息的 9 个评估项、32 个评估点，以此指导 App 运营者对其收集使用个人信息的情况进行自查自纠。

《自评估指南》的目的在于引导 App 运营商自觉做好合规收集个人信息工作。市场监管总局、中央网信办在此基础上，于 2019 年 3 月 13 日发布《关于开展 App 安全认证工作的公告》（以下简称《App 安全认证》）和《移动互联网应用程序（App）安全认证实施规则》（以下简称《App 安全认证实施规则》），进一步提出 App 运营商不仅要做好合规工作，还要申请安全认证。其中，《App 安全认证》规定：从事 App 安全认证的认证机构为中国网络安全审查技术与认证中心，检测机构由认证机构根据认证业务需要和技术能力确定。《App 安全认证实施规则》主要从认证模式、认证程序、认证时限、认证证书和认证标志的使用与管理等多个方面，规定 App 运营商申请安全认证的操作指南。

《自评估指南》《App 安全认证》和《App 安全认证实施规则》从 App 运营商内部发力，通过激发企业内部动力使其做好合规方案。在外部监管上，App 专项治理工作组在 2019 年 5 月 5 日发布《App 违法违规收集使用个人信息行为认定方法（征求意见稿）》（以下简称《认定方法》）。《认定方法》从外部监管上使企业完成信息收集的合规整改。《认定方法》总结过去半年各类 App 运营商违法违规收集个人信息的突出问题，归纳出"没有公开收集使用规则的情形""没有明示收集使用个人信息的目的、方式和范围的情形""未经同意收集使用个人信息的情形""违反必要性原则，收集与其提供的服务无关的个人信息的情形""未经同意向他人提供个人信息的情形""未按法律规定提供删除或更正个人信息功能的情形""侵犯未成年人在网络空间合法权益的情形"等

第 1 章　App 数据合规

7 种认定类型。只要是符合 7 种认定类型的 App 运营商，都会被纳入合规整改范围。

由上述可知，App 监管规则从 2019 年 1 月发布的《公告》开始便拉开了强监管的帷幕，此后每隔两个月便有相关的规范性文件出台。起初是从内部发力督促整改，鼓励 App 运营商申请安全认证；之后则是从外部实施监管，迫使其做好合规整改的文件，最终形成内外合力、双重联合的态势。App 监管规则发布情况见图 1-1。

《关于开展 App 违法违规收集使用个人信息专项治理的公告》	《App 违法违规收集使用个人信息自评估指南》	《关于开展 App 安全认证工作的公告》	《App 违法违规收集使用个人信息行为认定方法（征求意见稿）》
2019 年 1 月 25 日	2019 年 3 月 1 日	2019 年 3 月 13 日	2019 年 5 月 5 日

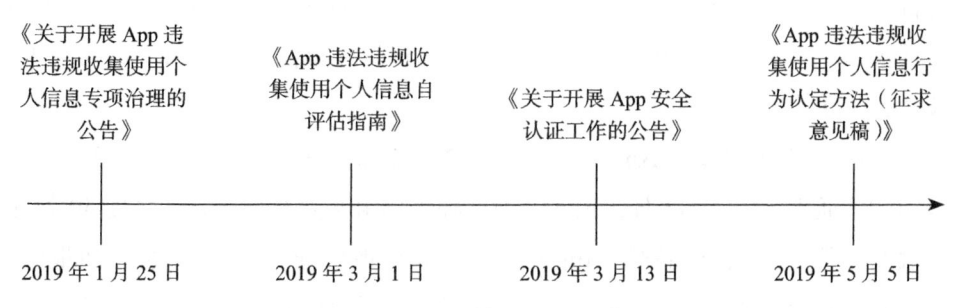

图 1-1　App 监管规则发布情况

1.1.2　App 监管规则落地实施情况

在政府相关部门接连发布 App 监管规则后，这些监管规则是否得到贯彻落实？笔者追踪观察发现，政府相关部门发布的 App 监管规则大多都得到了落实。

例如，在中央网信办等 4 个部门发布《公告》后不久，全国信息安全标准化技术委员会、中国消费者协会、中国互联网协会、中国网络空间安全协会联合成立 App 专项治理工作组。App 专项治理工作组通过设置"App 个人信息举报"微信公众号和"pip@tc260.org.cn"专门邮箱两条举报渠道，专门面向广大网友征集 App 运营商违法违规收集个人信息的情况。同时，在大型活动上，如在 2019 年"3·15"晚会上，App 专项治理工作组专家现场曝光评估工作中发现的"社保掌上通"App 等应用程序违法违规收集个人信息典型问题，将其做成案例，对过度索权行为进行震慑。

此外，App 专项治理工作组不断加大监管力度。2019 年 4 月上旬，App 专项治理工作组针对 30 款用户量大、问题严重的 App，向其运营者发送了整改通知，要求其认真整改、举一反三，及时解决个人信息收集使用方面存在的问题。据悉，首批通知整改的 30 款 App 中，大部分运营者已进行整改，效果良好。

2019 年 5 月 24 日，App 专项治理工作组公布 100 款常用 App 申请收集使用个人信息权限问题，对同一类型 App 的申请权限及强制申请开启权限情况进行统计和对比分析，以通过公开披露、持续关注的方式，引导 App 运营单位进行自查自纠，形成社会监督效应。5 月下旬，除首次整改的 30 款 App 外，App 专项治理工作组又分批次组织两次 App 违法违规收集使用个人信息评估工作，涉及近 300 款 App。

2019 年 7 月 11 日，App 专项治理工作组发布"10 款 App 存在无隐私政策等问题的通报"。7 月 16 日，App 专项治理工作组又发布了"关于督促 40 款存在收集使用个人信息问题的 App 运营者尽快整改的通知"。除了发布通报外，App 专项治理工作组同时追踪违法违规收集个人信息的运营商的整改情况，并在 7 月 25 日通过"App 个人信息举报"微信公众号发布"关于 App 问题整改情况"的通知。

截至 2019 年 8 月上旬，App 专项治理工作组收到举报信息近 6000 条，其中实名举报约 2000 条，共涉及 1800 余款 App，已有几十款 App 遭到强制下架、上百款 App 被点名整改。App 监管规则落地实施情况可见一斑（见图 1-2）。

2019 年 3 月	2019 年 4 月上旬	2019 年 5 月下旬	2019 年 7 月上旬	2019 年 7 月中旬
"3·15"晚会曝光 App 违规收集个人信息	曝光 30 款用户量大、问题严重的 App	100 款常用 App 申请收集使用个人信息权限问题	10 款 App 存在无隐私政策等问题的通报	关于督促 40 款存在收集使用个人信息问题的 App 运营者尽快整改的通知

图 1-2　App 监管规则落地实施情况

1.1.3　全局观：个人信息监管的规则体系

上述内容已经将政府相关部门如何监管 App 运营商，从监管规则到监管的实际操作都做了较为详细的论述。然而，笔者认为，App 合规监管需放在个人信息监管的大背景下理解，才能具有更宏大的全局观。须知，随着美国脸谱网（Facebook）泄密案的出现和欧盟《通用数据保护条例》（General Data Protection Regulation，GDPR）的发布实施，数据合规问题得到了全世界的普遍关注，并且从 2018 年开始我国的个人信息监管也在不断加强，App 合规监管是目前个人信息监管中较为突出的一环，随着以后对个人信息监管的不断加强，将会影响到更多行业和细分领域，因此了解个人信息监管的规则体系确有必要。

研究发现，我国的个人信息监管发端于刑事领域，已经在刑事领域形成较有体系的监管规范。例如，2009 年《中华人民共和国刑法修正案（七）》第七条规定：增订《中华人民共和国刑法》第二百五十三条第一款，新增出售、非法提供公民个人信息罪和非法获取公民个人信息罪，从而将公民个人信息纳入刑法保护范畴。其后《中华人民共和国刑法修正案（九）》第十七条对《中华人民共和国刑法》第二百五十三条第一款做了修改，将原本两个罪名修改为侵犯公民个人信息罪，此后侵犯公民个人信息罪一直沿用至今。个人信息保护的罪名演变详见表 1-1。

表 1-1　个人信息刑事保护的内容演变

《中华人民共和国刑法修正案（七）》第七条（2009 年）	《中华人民共和国刑法修正案（九）》第十七条（2015 年）
国家机关或者金融、电信、交通、教育、医疗等单位的工作人员，违反国家规定，将本单位在履行职责或者提供服务过程中获得的公民个人信息，出售或者非法提供给他人，情节严重的，处三年以下有期徒刑或者拘役，并处或者单处罚金。 窃取或者以其他方法非法获取上述信息，情节严重的，依照前款的规定处罚。 单位犯前两款罪的，对单位判处罚金，并对其直接负责的主管人员和其他直接责任人员，依照各该款的规定处罚。	违反国家有关规定，向他人出售或者提供公民个人信息，情节严重的，处三年以下有期徒刑或者拘役，并处或者单处罚金；情节特别严重的，处三年以上七年以下有期徒刑，并处罚金。 违反国家有关规定，将在履行职责或者提供服务过程中获得的公民个人信息，出售或者提供给他人的，依照前款的规定从重处罚。 窃取或者以其他方法非法获取公民个人信息的，依照第一款的规定处罚。 单位犯前三款罪的，对单位判处罚金，并对其直接负责的主管人员和其他直接责任人员，依照各该款的规定处罚。

相较于体系较为完善的个人信息刑事保护，个人信息在民事法和行政法上的保护内容分散、领域杂乱，整体上呈现"供应不足"的情况。个人信息保护的民事法和行政法等规范性文件详见表1-2。

表1-2 涉及个人信息保护的民事法和行政法等规范性文件

规范性文件名称	相关法律规定	效力层级
《中华人民共和国民法总则》（2017年10月发布）	第110条、第111条	法律
《中华人民共和国侵权责任法》（2010年7月发布）	第2条、第62条	法律
《中华人民共和国消费者权益保护法》（2013年10月修改）	第29条、第50条、第56条	法律
《中华人民共和国统计法》（2009年6月修改）	第9条、第39条	法律
《中华人民共和国居民身份证法》（2011年10月修改）	第6条、第13条、第19条、第20条	法律
《中华人民共和国商业银行法》（2015年8月修改）	第29条	法律
《中华人民共和国执业医师法》（2009年8月修改）	第22条、第37条	法律
《中华人民共和国网络安全法》（2016年11月发布）	第四章网络信息安全	法律
《中华人民共和国邮政法》（2015年4月修改）	第3条、第36条、第64条	法律
《中华人民共和国未成年人保护法》（2012年10月修改）	第39条、第69条	法律
《中华人民共和国母婴保健法》（2017年11月修改）	第34条	法律
《中华人民共和国妇女权益保障法》（2018年10月修改）	第42条	法律
《中华人民共和国传染病防治法》（2013年6月修改）	第12条、第68条	法律
《中华人民共和国律师法》（2017年9月修改）	第38条	法律
《中华人民共和国电信条例》（2016年2月修改）	第65条	行政法规
《征信业管理条例》（2013年1月发布）	第3条	行政法规
《快递暂行条例》（2018年3月发布）	第4条	行政法规
《保安服务管理条例》（2009年10月发布）	第25条、第30条、第43条	行政法规
《中华人民共和国民法典》（2020年5月发布）	第1032条至第1039条	法律
《中华人民共和国个人信息保护法》（2021年8月发布）	全文	法律

从表1-2可以看出，对个人信息并没有设置专法进行保护，除了《中华人民共和国网络安全法》（以下简称《网络安全法》）设专章规范网络信息安全外，其余的法律、法规均是零散的条款规定，不成体系。同时，个人信息的保护内容较为分散，保护的领域有金融行业、互联网行业、律师行业、母婴行业、物

流行业等，领域较多，并且各个领域的保护力度也明显不够。整体而言，个人信息保护在民事法和行政法上不成体系，规范力度不足。

然而，值得注意的是，从 2019 年开始，政府相关部门在监管个人信息上发力，特别是 2019 年 5—6 月国家互联网信息办公室等部门接连发布《数据安全管理办法（征求意见稿）》《儿童个人信息网络保护规定（征求意见稿）》《个人信息出境安全评估办法（征求意见稿）》《信息安全技术 个人信息安全规范》（征求意见稿）等规范性文件。个人信息监管工作持续呈井喷态势，似有扭转个人信息在行政法上保护力度不足的趋势，该趋势尤其应受到重视。

总体而言，我国个人信息监管的规则体系发端于刑事领域，在民事和行政法规领域较为杂乱，不成体系，但随着 2019 年政府相关部门对个人信息监管力度的加强，行政监管体系有逐步发展完善的趋势。

1.2 个人信息如何识别

在法律层面上，只有明确"个人信息"的定义，才有后面信息收集、使用、处理、共享等法律行为。因此，识别个人信息是法律活动的开始，也是法律活动的前提和基础。我国关于个人信息的识别方法经历从"直接识别"法到"直接识别＋间接识别"法，再到"识别＋关联"法的演变。同时，对个人信息的识别还需要分清个人信息、敏感信息、重要数据。

1.2.1 "直接识别"法

迄今为止，我国并没有专门规范个人信息的法律，对个人信息识别机制的规定大多散落在各种规范性文件中。2012 年，全国人民代表大会常务委员会发布《关于加强网络信息保护的决定》，其中第 1 条规定"国家保护能够识别公民个人身份和涉及公民个人隐私的电子信息"。对于此时所称的"能够识别的电子信息"，无论是学者还是实务界，通常认为主要指自然人的姓名、出生日期、身份证件号码、婚姻、家庭、教育、职业等能直接识别到个人的电子信息，也就是通过指名道姓才能识别到的个人信息。该决定从法律效力位阶上确定了个人信息"直接识别"的判断标准。

1.2.2 "直接识别+间接识别"法

"直接识别"的判断标准使得个人信息局限于通过指名道姓一眼知悉的信息，很多重要的个人信息，如培训记录、未体现姓名的成绩单、通讯录等都被排除在外，个人信息的范围变得异常狭窄，不利于政府相关部门监管。因此，2016年，全国人民代表大会常务委员会发布《网络安全法》，其中第76条规定"个人信息，是指以电子或者其他方式记录的能够单独或者与其他信息结合识别自然人个人身份的各种信息，包括但不限于自然人的姓名、出生日期、身份证件号码、个人生物识别信息、住址、电话号码等"。该条款所规定的"能够单独或者与其他信息结合"，将原来单独识别的判断标准扩大为"直接识别+间接识别"，使得个人信息的界定范围变大。举例来说，如果按照之前"直接识别"的判断标准，单纯根据工号无法定位到个人，所以工号不属于个人信息，但是按照新的判断标准，工号如果和职工所在的公司相结合进行识别能够查询到个人，那么工号与公司信息就属于个人信息。

1.2.3 "识别+关联"法

虽然《网络安全法》扩大了个人信息的识别范围，但是随着科技时代的到来，很多涉及利用技术采集个人信息的法律问题开始凸显。例如，360安全浏览器5.0正式版软件会收集并上传用户计算机中安装应用程序的情况；Cookie技术会追踪用户在计算机上浏览的信息，进而向用户精准推送广告。浏览器或者Cookie收集用户在计算机上留存的信息，如果以"识别"说来判断的话，那么虽然此类信息反映了用户的网络活动轨迹和上网偏好，具有隐私属性，但这类信息一旦与网络用户身份相分离，便无法确定具体的信息归属主体，因此不属于个人信息范畴。可见，"识别"说无法解决随着科学技术的发展而产生的新问题。

基于此种状况，最高人民法院、最高人民检察院在2017年发布《关于办理侵犯公民个人信息刑事案件适用法律若干问题的解释》，其中规定公民个人信息是指"以电子或者其他方式记录的能够单独或者与其他信息结合识别特定自然人身份或者反映特定自然人活动情况的各种信息"。《信息安全技术 个人信息安全规范》进一步解释，判定某项信息是否属于个人信息，应考虑两个路径：一是识别，即从信息到个人。由信息本身的特殊性识别出特定自然人，个人信息应有助于识别出特定个人。二是关联，即从个人到信息。如已知特定自然人，则由该特定自然人在活动中产生的信息（如个人位置信息、个人通话记录、个人浏览记录等）即为个人信息。符合上述两种情形之一的信息均应被判定为个人信息。该规定使得个人信息识别机制从"直接识别＋间接识别"的判断标准演变为"识别＋关联"的判断标准。

我国个人信息识别机制的演变详见图1-3。

2012年12月，全国人大常委会发布《决定》，确定"直接识别"的判断标准

2017年5月，《中华人民共和国刑法修正案（九）》司法解释确立"识别＋关联"的判断标准

2016年11月，《网络安全法》确定"直接识别＋间接识别"的判断标准

2017年年底，《信息安全技术 个人信息安全规范》对"识别＋关联"作出进一步解释

图1-3 我国个人信息识别机制的演变

1.2.4 个人信息、敏感信息和重要数据的区别

个人信息的识别除了"识别＋关联"的判断标准外，还应该区分清楚个人

信息、敏感信息和重要数据。

所谓个人信息，即是"以电子或者其他方式记录的能够单独或者与其他信息结合识别特定自然人身份或者反映特定自然人活动情况的各种信息"，关键是以"识别＋关联"的判断标准进行分析。

所谓敏感信息，是指"一旦泄露、非法提供或滥用可能危害人身和财产安全，极易导致个人名誉、身心健康受到损害或歧视性待遇等的个人信息"。其中，"泄露"是指个人信息一旦泄露，并将导致个人信息主体及收集、使用个人信息的组织和机构丧失对个人信息的控制能力，造成个人信息扩散范围和用途的不可控，如个人信息主体的身份证复印件被他人用于手机号卡实名登记、银行账户开户办卡等。"非法提供"是指一些个人信息仅因在个人信息主体授权同意范围外扩散，即可给个人信息主体权益带来重大风险，应被判定为个人敏感信息，如性取向、存款信息、传染病史等。"滥用"是指一些个人信息被超出授权合理界限使用（如变更处理目的、扩大处理范围等），可能给个人信息主体权益带来重大风险，应被判定为个人敏感信息，如在未取得个人信息主体授权时，将其健康信息用于保险公司营销和确定个体保费高低等。

由此可见，敏感信息是被泄露或者非法提供或者滥用的个人信息，而个人信息包含敏感信息和一般信息。

此外，重要数据是指一旦泄露可能直接影响国家安全、经济安全、社会稳定、公共健康和安全的数据，如未公开的政府信息、大面积人口、基因健康、地理、矿产资源等。重要数据一般不包括企业生产经营和内部管理信息、个人信息等。因此，一般情况下重要数据和个人信息并不交叉重合。

1.3　如何制定合格的隐私政策

隐私政策是指互联网企业以在线文件的方式自愿披露其对用户个人信息保护的原则和措施。实践中，互联网企业一般都会在网站主页上公布自己的隐私政策，然而由于企业的隐私政策条文冗长，条款内容晦涩难懂，以致很少有用户会认真阅读隐私政策的内容，尽管如此，隐私政策对 App 数据合规的作用仍然至关重要。首先，隐私政策是实施告知与选择机制的首选方式，App 运营商将如何收集、使用、转让数据通过隐私政策公示出来，使数据合规透明化，有助于增加用户对企业的信赖度。其次，隐私政策是 App 运营商自我保护的重要工具，虽然用户很少认真阅读隐私政策，但阅读隐私政策是相关执法机构的根本职责，隐私政策的披露有利于合规监管。最后，隐私政策的披露可以起到 App 运营商自我规制的作用，能倒逼 App 运营商内部根据隐私政策要求积极做好数据合规工作。❶ 因此，制定一份合格的隐私政策对 App 运营商来说至关重要。笔者认为，一份合格的隐私政策至少应符合独立性、合理性、完整性和透明性要求。

1.3.1 隐私政策应满足独立性要求

独立性是指隐私政策应该独立成文。《自评估指南》第 1 点指出：隐私政策应具有独立性，在 App 界面上通过任意 4 次点击即能找到隐私政策；隐私政策可以通过弹窗、文本链接、常见问题等形式体现。

隐私政策缺少独立性体现为：App 未设置隐私政策；没有单独的隐私政策，只有隐私保密声明；隐私政策在用户协议中。

某 App 独立完整的隐私政策如下：

本版发布日期：2022 年 12 月 15 日

本版生效日期：2023 年 1 月 14 日

概述

我们深知个人信息对您的重要性，也感谢您对我们的信任。我们将通过本政策向您说明会如何收集、存储、保护、使用及对外提供您的信息，并说明您享有的权利，其中要点如下：

---

❶ 高秦伟. 个人信息保护中的企业隐私政策及政府规制 [J]. 法商研究，2019（2）：16.

1. 为了便于您了解您在使用我们的服务时，我们需要处理的信息类型与用途，我们将结合具体服务向您逐一说明。

2. 为了向您提供服务所需，我们会按照合法、正当、必要、诚信的原则处理您的信息。

3. 如果为了向您提供服务而需要将您的信息共享至第三方，我们将评估该第三方收集信息的合法性、正当性、必要性。我们将要求第三方对您的信息采取保护措施并且严格遵守相关法律法规与监管要求。另外，我们会按照法律法规及国家标准的要求以确认协议、具体场景下的文案确认、弹窗提示等形式征得您的同意或确认第三方已经征得您的同意。

4. 如果为了向您提供服务而需要从第三方获取您的信息，我们将要求第三方说明信息来源，并要求第三方保障其提供信息的合法性；如果我们开展业务需进行的个人信息处理活动超出您原本向第三方提供个人信息时的授权范围，我们将征得您的明确同意。

5. 您可以通过本政策介绍的方式访问和管理您的信息、设置隐私功能、注销账户或进行投诉举报。

1.3.2　隐私政策应满足合理性要求

合理性是指 App 运营商设置隐私政策条款时，不应设置不公平条款，如规定免除己方责任、加重对方义务的条款等。一旦隐私政策的条款内容过于强势，就极有可能成为霸王条款，而面临隐私政策内容无效的情况。

某 App 存在的不合理免责条款如下：

6. 用户理解并同意，×××仅为餐饮信息服务平台，用户必须为自己账号下的一切行为负责，包括用户所作的任何交易及由此产生的任何后果。用户应对使用×××服务中的内容自行加以判断，并承担因使用内容而引起的所有风险，包括因对内容的正确性、完整性或实用性的依赖而产生的风险。×××无法且不会就用户行为而导致的任何损失或损害承担责任。

7. 用户理解并同意，因业务发展需要，×××保留单方面对×××服务的全部或部分服务内容变更、暂停、终止的权利，客户需承担此风险。

某 App 合理的隐私政策如下：

在不幸发生个人信息安全事件后，我们将按照法律法规的要求向您告知：安全事件的基本情况和可能的影响、我们已采取或将要采取的处置措施、您可自主防范和降低风险的建议、对您的补救措施等。事件相关情况我们将以邮件、电话、推送通知等方式告知您，难以逐一告知个人信息主体时，我们会采取合理、有效的方式发布公告。同时，我们还将按照监管部门要求，主动上报信息安全事件的处置情况。

1.3.3 隐私政策应满足完整性要求

完整性是指 App 运营商设置隐私政策条款时，隐私政策的内容应包含 App 运营商"如何收集和使用个人信息""如何使用 Cookie 和同类技术""如何共享、转让、公开披露个人信息""如何保护用户个人信息""如何保护用户权利""如何处理儿童个人信息""如何在全球范围转移"等。

完整的隐私政策❶如下：

一、我们如何收集和使用您的个人信息

个人信息是指以电子或者其他方式记录的能够单独或者与其他信息结合识别特定自然人身份或者反映特定自然人活动情况的各种信息。

××××仅会出于本政策所述的以下目的，收集和使用您的个人信息：

（一）为您提供网上购物服务【注：示例】

1. 业务场景一：注册成为用户。

为完成创建账号，您需提供以下信息：您的姓名、电子邮箱地址、创建的用户名和密码……

在注册过程中，如果您提供以下额外信息，将有助于我们给您提供更好的服务和体验：手机号码、工作职位、公司、教育背景……但如果您不提供这些信息，将不会影响使用本服务的基本功能。

您提供的上述信息，将在您使用本服务期间持续授权我们使用。在您注销账号时，我们将停止使用并删除上述信息。

上述信息将存储于中华人民共和国境内。如需跨境传输，我们将会单独征得您的授权同意。

---

❶ 资料源自《信息安全技术 个人信息安全规范》。

2. 业务场景二：商品展示、个性化推荐、发送促销营销信息。

（略）

3. 业务场景三：与卖家沟通交流。

（略）

4. 业务场景四：支付结算。

（略）

（二）交付产品或服务【注：示例】

（略）

（三）开展内部审计、数据分析和研究，改善我们的产品和服务【注：示例】

（略）

（四）……

当我们要将信息用于本策略未载明的其他用途时，会事先征求您的同意。

当我们要将基于特定目的收集而来的信息用于其他目的时，会事先征求您的同意。

二、我们如何使用 Cookie 和同类技术

（一）Cookie

为确保网站正常运转，我们会在您的计算机或移动设备上存储名为 Cookie 的小数据文件。Cookie 通常包含标识符、站点名称及一些号码和字符。借助于 Cookie，网站能够存储您的偏好或购物篮内的商品等数据。

我们不会将 Cookie 用于本政策所述目的之外的任何用途。您可根据自己的偏好管理或删除 Cookie。有关详情，请参见 About Cookies.org。您可以清除计算机上保存的所有 Cookie，大部分网络浏览器都设有阻止 Cookie 的功能。但如果您这么做，则需要在每一次访问我们的网站时亲自更改用户设置。如需详细了解如何更改浏览器设置，请访问以下链接：<Internet Explorer>、<Google Chrome>、<Mozilla Firefox>、<Safari> 和 <Opera>。

（二）网站信标和像素标签

除 Cookie 外，我们还会在网站上使用网站信标和像素标签等其他同类技术。例如，我们向您发送的电子邮件可能含有链接至我们网站内容的点击 URL（统一资源定位器）。如果您点击该链接，我们则会跟踪此次点击，帮助我们了解您的产品和服务偏好并改善客户服务。网站信标通常是一种嵌入网站或电子邮件的透明图像。借助于电子邮件中的像素标签，我们

能够获知电子邮件是否被打开。如果您不希望自己的活动以这种方式被追踪，则可以随时从我们的寄信名单中退订。

（三）请勿追踪（Do Not Track）

很多网络浏览器均设有请勿追踪功能，该功能可向网站发布请勿追踪请求。目前，主要互联网标准组织尚未设立相关政策来规定网站应如何应对此类请求，但如果您的浏览器启用了请勿追踪，那么我们的所有网站都会尊重您的选择。

（四）……

三、我们如何共享、转让、公开披露您的个人信息

（一）共享

我们不会与××××以外的任何公司、组织和个人分享您的个人信息，但以下情况除外。

1. 在获取明确同意的情况下共享：获得您的明确同意后，我们会与其他方共享您的个人信息。

2. 我们可能会根据法律法规规定，或按政府主管部门的强制性要求，对外共享您的个人信息。

3. 与我们的附属公司共享：您的个人信息可能会与××××的附属公司共享。我们只会共享必要的个人信息，且受本个人信息保护策略中所声明目的的约束。附属公司如要改变个人信息的处理目的，将再次征求您的授权同意。

我们的附属公司包括……

4. 与授权合作伙伴共享：仅为实现本策略中声明的目的，我们的某些服务将由授权合作伙伴提供。我们可能会与合作伙伴共享您的某些个人信息，以提供更好的客户服务和用户体验。例如，在您上网购买我们的产品时，我们必须与物流服务提供商共享您的个人信息才能安排送货，或者安排合作伙伴提供服务。我们仅会出于合法、正当、必要、特定、明确的目的共享您的个人信息，并且只会共享提供服务所必要的个人信息。我们的合作伙伴无权将共享的个人信息用于任何其他用途。

目前，我们的授权合作伙伴包括以下类型：

（1）广告、分析服务类的授权合作伙伴。除非得到您的许可，否则我们不会将您的个人身份信息（指可以识别您身份的信息，如姓名或电子邮箱，通过这些信息可以联系到您或识别您的身份）与提供广告、分析服务的合作伙伴分享。我们会向这些合作伙伴提供有关其广

告覆盖面和有效性的信息，而不会提供您的个人身份信息，或者我们将这些信息进行汇总，以便它不会识别您个人。例如，只有在广告主同意遵守我们的广告发布准则后，我们才可能会告诉广告主他们广告的效果如何，或者有多少人看了他们广告或在看到广告后安装了应用，或者向这些合作伙伴提供不能识别个人身份的人口统计信息（如"位于北京的25岁男性，喜欢软件开发"），帮助他们了解其受众或顾客。

（2）供应商、服务提供商和其他合作伙伴。我们将信息发送给在全球范围内支持我们业务的供应商、服务提供商和其他合作伙伴，这些支持包括提供技术基础设施服务、分析我们服务的使用方式、衡量广告和服务的有效性、提供客户服务、支付便利或进行学术研究和调查。

（3）……

对我们与之共享个人信息的公司、组织和个人，我们会与其签署严格的保密协定，要求他们按照我们的说明、本个人信息保护策略及其他任何相关的保密和安全措施来处理个人信息。

（二）转让

我们不会将您的个人信息转让给任何公司、组织和个人，但以下情况除外。

1. 在获取明确同意的情况下转让：获得您的明确同意后，我们会向其他方转让您的个人信息。

2. 在涉及合并、收购或破产清算时，如涉及个人信息转让，我们会要求新的持有您个人信息的公司、组织继续受此个人信息保护策略的约束，否则我们将要求该公司、组织重新向您征求授权同意。

（三）公开披露

我们仅会在以下情况下，公开披露您的个人信息。

1. 获得您明确同意后。

2. 基于法律的披露：在法律、法律程序、诉讼或政府主管部门强制性要求的情况下，我们可能会公开披露您的个人信息。

四、我们如何保护您的个人信息

1. 我们已使用符合业界标准的安全防护措施保护您提供的个人信息，防止数据遭到未经授权访问、公开披露、使用、修改、损坏或丢失。我们会采取一切合理可行的措施，保护您的个人信息。例如，在您的浏览器与"服务"之间交换数据（如信用卡信息）时受SSL（安全套接层）加密保护；我们同时对××××网站提供https安全浏览方式；我们会使用加密技术确保数据的保密性；我们会使用受信赖的保护机制防止数据遭到恶意攻击；我们会部署访问控制机制，确保只有授权人员才可访问个人信息，以及我们会举办安全和隐私保护培训课程，加强员工对于保护个人信息重要性的认识。

2. 我们已经取得了以下认证：……

3. 我们的数据安全能力：……

4. 我们会采取一切合理可行的措施，确保未收集无关的个人信息。我们只会在达成本政策所述目的所需的期限内保留您的个人信息，除非需要延长保留期或受到法律的允许。

5. 互联网并非绝对安全的环境，而且电子邮件、即时通信及与其他××××用户的交流方式并未加密，我们强烈建议您不要通过此类方式发送保密信息。请使用复杂密码，协助我们保证您的账号安全。

6. 我们将定期更新并公开安全风险、个人信息安全影响评估等报告的有关内容。您可通过以下方式获得……

7. 互联网环境并非百分之百安全，我们将尽力确保或担保您发送给我们的任何信息的安全性。如果我们的物理、技术或管理防护设施遭到破坏，导致信息被非授权访问、公开披露、篡改或毁坏，导致您的合法权益受损，我们将承担相应的法律责任。

8. 在不幸发生个人信息安全事件后，我们将按照法律法规的要求，及时向您告知：安全事件的基本情况和可能的影响、我们已采取或将要采取的处置措施、您可自主防范和降低风险的建议、对您的补救措施等。我们将及时将事件相关情况以邮件、信函、电话、推送通知等方式告知您。难以逐一告知个人信息主体时，我们会采取合理、有效的方式发布公告。

同时，我们还将按照监管部门要求，主动上报个人信息安全事件的处置情况。

五、您的权利

按照中国相关的法律、法规、标准，以及其他国家、地区的通行做法，我们保障您对自己的个人信息行使以下权利。

（一）访问您的个人信息

您有权访问您的个人信息，法律法规规定的例外情况除外。如果您想行使数据访问权，可以通过以下方式自行访问。

账户信息——如果您希望访问或编辑您的账户中的个人资料信息和支付信息、更改您的密码、添加安全信息或关闭您的账户等,您可以通过访问××××执行此类操作。

搜索信息——您可以在××××中访问或清除您的搜索历史记录、查看和修改兴趣及管理其他数据。

……

如果您无法通过上述链接访问这些个人信息,您可以随时使用我们的Web表单联系,或发送电子邮件至××××。我们将在30天内回复您的访问请求。

对于您在使用我们的产品或服务过程中产生的其他个人信息,只要我们不需要过多投入,我们会向您提供。如果您想行使数据访问权,请发送电子邮件至××××。

(二)更正您的个人信息

当您发现我们处理的关于您的个人信息有错误时,您有权要求我们做出更正。您可以通过"(一)访问您的个人信息"中罗列的方式提出更正申请。

如果您无法通过上述链接更正这些个人信息,您可以随时使用我们的Web表单联系,或发送电子邮件至××××。我们将在30天内回复您的更正请求。

(三)删除您的个人信息

在以下情形中,您可以向我们提出删除个人信息的请求。

1.如果我们处理个人信息的行为违反法律法规。

2.如果我们收集、使用您的个人信息,却未征得您的同意。

3.如果我们处理个人信息的行为违反了与您的约定。

4.如果您不再使用我们的产品和服务,或您注销了账号。

5.如果我们不再为您提供产品和服务。

若我们决定响应您的删除请求,我们还将同时通知从我们获得您的个人信息的实体,要求其及时删除,除非法律法规另有规定,或这些实体获得您的独立授权。

当您从我们的服务中删除信息后,我们可能不会立即在备份系统中删除相应的信息,但会在备份更新时删除这些信息。

(四)改变您授权同意的范围

每个业务场景需要一些基本的个人信息才能得以完成(见本政策"第一部分")。对于额外收集的个人信息的收集和使用,您可以随时给予或收回您的授权同意。

您可以通过以下方式自行操作:

……

当您收回同意后，我们将不再处理相应的个人信息，但您收回同意的决定不会影响此前基于您的授权而开展的个人信息处理。

如果您不想接收我们给您发送的商业广告，您随时可通过以下方式取消：

……

六、我们如何处理儿童的个人信息

我们的产品、网站和服务主要面向成人。如果没有父母或监护人的同意，儿童不得创建自己的用户账户。

对于经父母同意而收集儿童个人信息的情况，我们只会在受到法律允许、父母或监护人明确同意或者保护儿童所必要的情况下使用或公开披露此信息。

虽然当地法律和习俗对儿童的定义不同，但我们将不满14周岁的任何人均视为儿童。

如果我们发现自己在未事先获得可证实的父母同意的情况下收集了儿童的个人信息，则会设法尽快删除相关数据。

七、您的个人信息如何在全球范围转移

原则上，我们在中华人民共和国境内收集和产生的个人信息，将存储在中华人民共和国境内。

由于我们通过遍布全球的资源和服务器提供产品和服务，这意味着在获得您的授权同意后，您的个人信息可能会被转移到您使用产品或服务所在国家或地区的境外管辖区，或者受到来自这些管辖区的访问。

此类管辖区可能设有不同的数据保护法，甚至未设立相关法律。在此类情况下，我们会确保您的个人信息得到在中华人民共和国境内足够同等的保护。例如，我们会请求您对跨境转移个人信息的同意，或者在跨境数据转移之前实施数据去标识化等安全举措。

八、本策略如何更新

我们的隐私政策可能变更。

未经您明确同意，我们不会削减您按照本隐私政策所应享有的权利。我们会在本页面上发布对本策略所做的任何变更。

对于重大变更，我们还会提供更为显著的通知（包括对于某些服务，我们会通过电子邮件发送通知，说明个人信息保护策略的具体变更内容）。

本政策所指的重大变更包括但不限于：

1.我们的服务模式发生重大变化，如处理个人信息的目的、处理的个人信息类型、个人信息的使用方式等。

2. 我们在所有权结构、组织架构等方面发生重大变化，如业务调整、破产并购等引起的所有者变更等。

3. 个人信息公开披露的主要对象发生变化。

4. 您参与个人信息处理方面的权利及其行使方式发生重大变化。

5. 我们负责处理个人信息安全的责任部门、联络方式及投诉渠道发生变化时。

6. 个人信息安全影响评估报告表明存在高风险时。

我们还会将本策略的旧版本存档，供您查阅。

1.3.4　隐私政策应满足透明性要求

透明性是指 App 运营商设置隐私政策条款时，隐私政策无论是通过弹窗还是文本链接，其位置应该较为突出明显、无异物遮挡，内容透明、易于理解。

1.4　App 运营商如何合规收集用户信息

《网络安全法》第 41 条规定："网络运营者收集、使用个人信息，应当遵循合法、正当、必要的原则，公开收集、使用规则，明示收集、使用信息的目的、方式和范围，并经被收集者同意。"可见，网络运营者在收集个人信息时，首先必须遵循合法、正当、必要 3 个原则。

1.4.1　合法原则

所谓合法，是指网络运营者在收集用户信息时应当符合法律规定。其具体表现为：网络运营者不得欺诈、诱骗、诱导个人信息主体提供个人信息；不得隐瞒产品或服务所具有的收集个人信息的功能；不得从非法渠道获取用户信息；不得收集法律法规明令禁止收集的个人信息。

实务中经常出现的App运营商非法收取用户信息的表现是，App运营商违背个人信息主体的自主意愿，强迫用户接受产品或服务所提供的业务功能及提供相应的用户信息。然而，这种做法明显带有强迫意味，是不合法的。

App运营商须注意，要合法收集用户信息须做到：不得通过捆绑产品或服务各项业务功能的方式，要求用户一次性接受并授权同意各项业务功能收集个人信息的请求；应在产品或服务功能开启时，主动给用户提供填写、点击、勾选等主动行为，同时给用户提供关闭或退出业务功能的途径或方式；如果用户不同意使用，关闭或退出特定业务功能，那么App运营商不得频繁征求个人信息主体的同意。

1.4.2 正当原则

所谓正当，是指App运营商收集个人信息时应获得用户的同意，使其具备收集用户信息的正当基础。

正当原则主要体现在收集用户信息时应获得用户的授权同意，收集用户敏感信息时应获得用户的明示同意。具体体现为，App运营商在收集用户信息时，应向用户主体明确告知所提供产品或服务的不同业务功能分别收集的个人信息类型，以及收集、使用个人信息的规则，并获得用户的授权同意；在间接获取用户信息时，应要求用户信息提供方说明个人信息的来源并保证信息来源的合法性。App运营商在收集用户敏感信息时，应确保用户的明示同意是其在完全知情的基础上自愿给出的、具体的、清晰明确的愿望表示。

当然，App运营商并不是收集所有用户信息都需要得到用户的授权同意，如与国家安全、国防安全直接相关的；与公共安全、公共卫生、重大公共利益直接相关的；与犯罪侦查、起诉、审判和判决执行等直接相关的；App运营商为新闻单位且其开展合法的新闻报道所必需的，抑或是App运营商为学术研究机构出于公共利益开展统计或学术研究所必要的等。以上列举的种种情况，App运营商收集用户信息时无须征得用户主体的授权同意。

1.4.3 必要原则

所谓必要，是指 App 运营商收集个人信息的类型应与实现产品或服务的业务功能有必要的、直接的联系。直接联系是指如果没有该用户信息的参与，产品或服务的业务功能则无法实现。

同时，必要原则还体现在收集用户信息的频率和数量上。对于自动采集用户信息的频率，应是实现产品或服务的业务功能所必需的最低频率；对于间接获取的用户信息数量，应是实现产品或服务的业务功能所必需的最少数量。

1.5 App 运营商收集用户信息的合规要点

如前文所述，App 运营商收集用户信息需要遵循合法、正当、必要 3 个原则。实际上，除此之外，App 运营商收集用户信息还需要获得用户的同意，同时隐私政策应做好区分业务功能的准备。

1.5.1 合规要点一：用户同意

2016 年全国人民代表大会常务委员会发布的《网络安全法》第 41 条规定："网络运营者收集、使用个人信息，应当遵循合法、正当、必要的原则，公开收集、使用规则，明示收集、使用信息的目的、方式和范围，并经被收集者同意。"因此，我国对于个人信息的采集一直以执行"告知＋用户同意"作为判断标准。

根据《信息安全技术 个人信息安全规范》的规定，用户同意包括用户授权同意和明示同意两种。授权同意类似默示同意，是指提前为个人信息主体默认勾选授权同意按钮，只要个人信息主体不取消授权同意按钮，即视为已作出同意的意思表示。明示同意是指"个人信息主体通过书面声明或主动做出肯定性动作，对其个人信息进行特定处理做出明确授权的行为"。个人敏感信息则需要经过用户的明示同意。此外，对于间接获取用户信息的，按照《信息安全技术　个人信息安全规范》的要求，须要求个人信息提供方说明个人信息来源，了解个人信息提供方已获得的个人信息处理的授权同意范围。

2021年发布的《中华人民共和国个人信息保护法》（以下简称《个人信息保护法》）对收集用户信息的方式做了大幅度修改，其中第13条规定："符合下列情形之一的，个人信息处理者方可处理个人信息：（一）取得个人的同意；（二）为订立、履行个人作为一方当事人的合同所必需，或者按照依法制定的劳动规章制度和依法签订的集体合同实施人力资源管理所必需；（三）为履行法定职责或者法定义务所必需；（四）为应对突发公共卫生事件，或者紧急情况下为保护自然人的生命健康和财产安全所必需；（五）为公共利益实施新闻报道、舆论监督等行为，在合理的范围内处理个人信息；（六）依照本法规定在合理的范围内处理个人自行公开或者其他已经合法公开的个人信息；（七）法律、行政法规规定的其他情形。依照本法其他有关规定，处理个人信息应当取得个人同意，但是有前款第二项至第七项规定情形的，不需取得个人同意。"该条款突破"告知+同意"的用户信息收集模式，明确除"同意"模式外，如出现其他情形也可以收集用户信息。

1.5.2　合规要点二：区分业务功能

《信息安全技术　个人信息安全规范》规定，业务功能分为基本业务功能和拓展业务功能两种。基本业务功能应符合个人信息主体选择、使用所提供产品或服务的根本期待和最主要的需求。拓展业务功能是指产品或服务所提供的基本业务功能之外的其他功能，如改善服务质量、提升用户体验、研发新产品等。因此，App运营商在收集用户信息时，应主动区分所收集的哪些用户信息是为了基本业务功能，哪些用户信息是为了拓展业务功能，并赋予用户主动拒绝App运营商为拓展业务功能收集信息的权利。

1.6 App 运营商使用个人信息的注意事项

1.6.1 做好个人信息访问的控制措施

App 运营商在使用个人信息时应做好个人信息访问的控制措施，避免出现盗取个人信息对外贩售的情况。首先，对于被授权访问人员，App 运营商应进行最小授权的访问控制，包括对个人信息的重要操作设置内部审批流程，层层把关，使得个人信息的使用符合业务功能的目的。其次，对于管理人员、操作人员和审计人员，App 运营商应设置角色分离机制，建立一套类似于财务审批需要审核、复核，出纳人员各司其职的工作流程。最后，如确需授权超权限处理个人信息的，App 运营商应指定负责人进行审批，并做好记录，做到事事留痕、有迹可循。

1.6.2 限制个人信息使用的目的

除了建立个人信息访问的控制操作流程外，App 运营商应明确使用个人信息的目的须与在隐私政策中所公示的目的相符。其中，对所收集的个人信息进行加工处理产生的信息，能够单独或与其他信息结合识别自然人个人身份或者反映自然人个人活动情况的，也应被认定为个人信息。

1.6.3 做好用户画像与个性化展示

除了前述两点外，App 运营商使用个人信息在用户画像和个性化展示时也应该合规操作。首先，用户画像中对个人信息主体的特征描述应合法，符合公序良俗。其次，新闻信息个性化展示中，应显著区分个性化推送服务，提供退出或关闭选项。最后，根据消费者的兴趣爱好、消费习惯等特征向其提供个性化展示，应同时提供不针对其个人特征的选项。实际上，上述"大数据杀熟"的现象是 App 运营商未合规做好用户画像与个性化展示的结果。

1.7　App 运营商共享个人信息的注意事项

App 运营商不仅在收集、使用用户信息时需要注意合规操作，而且在共享用户信息时也应该遵循相关的合规要求。首先，App 运营商在共享个人信息时，应事先征得主体的授权同意，如果个人信息属于敏感信息，那么还应该事先征得主体的明示同意。其次，共享时应准确记录和保存个人信息的共享、转让等情况。最后，App 运营商应事先开展安全影响评估，并依评估结果采取有效的安全防范措施。

值得一提的是，如果 App 运营商是共享个人信息给境外的合作伙伴，那么还应当根据 App 运营商所处的行业来判断进行跨境共享可能面临的限制。如果 App 运营商属于公共通信和信息服务、能源、交通、水利、金融、公共服务、电子政务等重要行业和领域，则 App 运营商的数据共享出境将受到严格监管。如果 App 运营商不是上述关键信息基础设施的运营商，则仍会受到监管部门的审核监管。由于现阶段监管部门尚未完全明确，所以 App 运营商共享个人信息出境或多或少都会受到影响。

1.8　App 运营商应赋予用户处理个人信息的权利

1.8.1　个人信息查询

由于 App 运营商收集的是用户的个人信息，所以用户应保有查询个人信息的知情权，有权利知道 App 运营商收集了哪些信息、将个人信息用于何种目的等。App 运营商应向用户提供查询下列信息的方法：包括但不限于 App 运营商所持有的关于该用户的个人信息或个人信息的类型；用户个人信息的来源、使用的功能用途、出于何种目的；已经获得前述个人信息的第三方身份或类型。

值得注意的是，如果用户提出查询非用户主动提供的个人信息，那么 App 运营商可在综合考虑不响应请求可能对用户合法权益带来的风险和损害及技术可行性、实现请求的成本等因素后，作出是否响应的决定，并给出解释说明。此外，如果用户提出查询第三方的个人信息，那么该类请求不具有权利基础，App 运营商可以拒绝。

1.8.2　个人信息更正

除了提供用户信息查询的方法外，进一步地说，如果用户在查询个人信息后发现 App 运营商收集的个人信息有错误或不完整，那么 App 运营商应为其提供请求更正或补充信息的方法。

然而，在实践中经常出现以下情况，App 运营商所收集的用户信息是真实的，但是展示该信息将导致用户某些隐私被暴露，或者用户因为不愿意让他人知道而要求 App 运营商将正确的信息修改为错误的信息。此时，App 运营商应拒绝用户的不当请求，拒绝修改为错误信息。当然，如果该信息的公示将对用户造成严重的社会影响，确实属于个人隐私范畴，那么对该信息可持保密的态度，甚至不主动收集。

1.8.3　个人信息删除

在实践中，App 运营商删除或注销用户的个人信息主要基于以下两种情况。

一是 App 运营商在违反相关规定的情形下，应主动删除用户的个人信息，包括但不限于 App 运营商违反法律法规规定，收集、使用个人信息的；App 运营商违反与用户的约定，收集、使用个人信息的；App 运营商违反法律法规规定或违反与用户的约定向第三方共享、转让个人信息且个人信息主体要求删除的，个人信息控制者应立即停止共享、转让的行为，并通知第三方及时删除。App 运营商违反法律法规规定或违反与用户的约定公开披露个人信息，且用户要求删除的，App 运营商应立即停止公开披露的行为，并发布通知要求相关接收方删除相应的信息。

二是用户不再使用 App 运营商所提供的服务，出于保护个人信息的目的要求注销 App，删除之前的个人信息；或者由于个人原因，虽然用户会继续使用 App，但要求 App 运营商删除前期收集的个人信息。

在第一种情况下，当用户不再使用 App 运营商提供的服务时，App 运营商确应主动注销该用户的个人信息；但第二种情况对 App 运营商提出更高的技术要求，目前法律法规及规范性文件并未对 App 运营商提出如此高的义务要求。

除了前述权利外，用户还享有知情权、决定权、复制权、可携带权、补充权等权利。

1.9　App 运营商委托处理、转让、公开披露个人信息的注意事项

1.9.1　委托处理个人信息的注意事项

对于委托方而言，App 运营商在委托处理用户信息、做出委托行为时，不应超出已征得用户授权同意的范围；应对委托行为进行用户信息的安全影响评估，确保受委托方能妥善处理用户信息。委托方有权对受委托方进行监督，监管的方式可以通过合同约定，也可以对受委托方进行审计。

对受委托方而言，应严格按照 App 运营商的要求处理个人信息。如果受委托方确实因为特殊情况无法按照 App 运营商的要求处理个人信息，那么应及时向 App 运营商反馈。如果受委托方再次转委托，则应事先征得 App 运营商的授权。此外，如果受委托方在处理个人信息过程中无法提供足够的安全保护或发

生安全事件，则应及时向 App 运营商反馈，必要时可以解除委托关系。委托关系解除后，受委托方不被允许保存个人信息。

1.9.2　转让个人信息的注意事项

App 运营商转让个人信息分为两种情况：一是非因收购、兼并、重组、破产的转让；二是因收购、兼并、重组、破产的转让。

针对非因收购、兼并、重组、破产的转让，App 运营商应事先开展用户安全影响评估，并依评估结果采取有效的保护用户个人信息的措施；主动向用户告知转让个人信息的目的、数据接收方的类型，并事先征得用户的授权同意；准确记录和保存个人信息的转让情况，包括转让的日期、规模、目的及数据接收方基本情况等；承担因转让个人信息对个人信息主体合法权益造成损害的相应责任等。

针对因收购、兼并、重组、破产的转让，App 运营商应主动向用户告知有关情况；变更后的 App 运营商应继续履行原 App 运营商的责任和义务，如变更个人信息使用目的时应重新取得用户的明示同意。

1.9.3　个人信息公开披露的注意事项

一般情况下，用户信息原则上是不应被公开披露的，特别是个人生物识别信息、基因信息等敏感信息，但是如果 App 运营商经法律授权或具备合理事由确需公开披露，则可以披露用户信息。需注意的是，App 运营商公开披露用户信息时，应事先进行个人信息安全影响评估，并依评估结果采取有效的保护用户个人信息的措施；向用户告知公开披露个人信息的目的、类型，并事先征得用户的明示同意；应准确记录和保存个人信息公开披露的情况，包括公开披露的日期、规模、目的、公开范围等，并承担因公开披露个人信息对个人信息主体合法权益造成损害的相应责任。

第 2 章　数据出境合规

2.1　数据跨境合规体系概述[1]

2020 年 4 月，中共中央、国务院发布《关于构建更加完善的要素市场化配置体制机制的意见》，其中将"数据"定义为一种新型生产要素，与土地、劳动力、资本、技术等要素并列。2022 年 12 月，《中共中央、国务院关于构建数据基础制度更好发挥数据要素作用的意见》提出建立合规高效、场内外结合的数据要素流通和交易制度，其中构建数据安全合规有序跨境流通机制作为关键一环。

在数字经济时代，数据要素的地位日益突显，全球化的必然趋势使数据跨境需求越发强烈。在我国逐步完善的跨境数据监管体系下，企业需要对数据跨境的合规要求给予重视。下面围绕目前的数据跨境合规要求对数据跨境合规体系加以论述。

《网络安全法》《中华人民共和国数据安全法》（以下简称《数据安全法》）、《个人信息保护法》是我国数据领域的"三驾马车"，共同构建我国数据合规法律体系框架。目前，虽然《网络安全法》《数据安全法》对数据跨境有部分提及，但我国对数据跨境合规体系的主要展开是在《个人信息保护法》中。

---

[1] 李金招，蒋晓焜，张泽楷. 数据跨境合规系列（一）：数据跨境合规体系概述 [EB/OL]. （2023-03-20）[2024-03-19]. https://mp.weixin.qq.com/s/-s_koY-RXFIpfg6KhFlbfQ.

除数据"三法"外，我国仍在陆续颁布相关规定，为数据跨境合规体系的落地添砖加瓦。诸法共同构建数据跨境的三条核心合规路径，即数据出境安全评估、个人信息保护认证、个人信息出境标准合同。

2.1.1 数据"三法"关于数据跨境合规路径的规定——从关键信息基础设施的运营者到个人信息处理者

1.《网络安全法》的数据跨境合规路径——针对关键信息基础设施的运营者

《网络安全法》第37条规定："关键信息基础设施的运营者在中华人民共和国境内运营中收集和产生的个人信息和重要数据应当在境内存储。因业务需要，确需向境外提供的，应当按照国家网信部门会同国务院有关部门制定的办法进行安全评估；法律、行政法规另有规定的，依照其规定。"第66条规定："关键信息基础设施的运营者违反本法第三十七条规定，在境外存储网络数据，或者向境外提供网络数据的，由有关主管部门责令改正，给予警告，没收违法所得，处五万元以上五十万元以下罚款，并可以责令暂停相关业务、停业整顿、关闭网站、吊销相关业务许可证或者吊销营业执照；对直接负责的主管人员和其他直接责任人员处一万元以上十万元以下罚款。"由此可见，关于数据跨境，2017年6月施行的《网络安全法》中仅对关键信息基础设施的运营者提出合规要求，即关键信息基础设施的运营者向境外提供在中华人民共和国境内运营中收集和产生的个人信息和重要数据时，应当按照国家网信部门会同国务院有关部门制定的办法进行安全评估。

《网络安全法》并未将该"安全评估"的要求扩至该法适用范围内的其他"在中华人民共和国境内建设、运营、维护和使用网络，以及网络安全的监督管理"的网络运营者。《网络安全法》第31条规定："国家鼓励关键信息基础设施以外的网络运营者自愿参与关键信息基础设施保护体系。"由此可见，除关键信息基础设施的运营者外，《网络安全法》对其他网络运营者止于鼓励，并未确定强制的规范加以约束。

至于何为关键信息基础设施的运营者,《网络安全法》第 31 条规定:"关键信息基础设施的具体范围和安全保护办法由国务院制定。"2021 年 9 月施行的《关键信息基础设施安全保护条例》第 2 条规定:"本条例所称关键信息基础设施,是指公共通信和信息服务、能源、交通、水利、金融、公共服务、电子政务、国防科技工业等重要行业和领域的,以及其他一旦遭到破坏、丧失功能或者数据泄露,可能严重危害国家安全、国计民生、公共利益的重要网络设施、信息系统等。"

2.《数据安全法》的数据跨境合规路径——依托《网络安全法》加大监管力度

《数据安全法》第 11 条规定:"国家积极开展数据安全治理、数据开发利用等领域的国际交流与合作,参与数据安全相关国际规则和标准的制定,促进数据跨境安全、自由流动。"第 31 条规定:"关键信息基础设施的运营者在中华人民共和国境内运营中收集和产生的重要数据的出境安全管理,适用《中华人民共和国网络安全法》的规定;其他数据处理者在中华人民共和国境内运营中收集和产生的重要数据的出境安全管理办法,由国家网信部门会同国务院有关部门制定。"第 36 条规定:"中华人民共和国主管机关根据有关法律和中华人民共和国缔结或者参加的国际条约、协定,或者按照平等互惠原则,处理外国司法或者执法机构关于提供数据的请求。非经中华人民共和国主管机关批准,境内的组织、个人不得向外国司法或者执法机构提供存储于中华人民共和国境内的数据。"第 46 条规定:"违反本法第三十一条规定,向境外提供重要数据的,由有关主管部门责令改正,给予警告,可以并处十万元以上一百万元以下罚款,对直接负责的主管人员和其他直接责任人员可以处一万元以上十万元以下罚款;情节严重的,处一百万元以上一千万元以下罚款,并可以责令暂停相关业务、停业整顿、吊销相关业务许可证或者吊销营业执照,对直接负责的主管人员和其他直接责任人员处十万元以上一百万元以下罚款。"

综上,对于数据跨境,因为《网络安全法》已有部分规定,所以 2021 年 9 月

1 日施行的《数据安全法》除增加"促进数据跨境安全、自由流动"的原则性规定及向外国司法或者执法机构提供数据须经主管机关批准的限制性规定外,便是在第 31 条中直接规定关键信息基础设施的运营者的数据出境适用《网络安全法》,其合规范围和要求与《网络安全法》相比实际上没有额外的特殊规定。

须注意的是,《数据安全法》对违反数据出境要求的关键信息基础设施的运营者的惩治力度规定严于《网络安全法》,最高罚款可达 1000 万元。

3.《个人信息保护法》初步建立围绕个人信息保护的数据跨境合规路径

《个人信息保护法》第 36 条规定:"国家机关处理的个人信息应当在中华人民共和国境内存储;确需向境外提供的,应当进行安全评估。安全评估可以要求有关部门提供支持与协助。"

《个人信息保护法》第 38 条规定:"个人信息处理者因业务等需要,确需向中华人民共和国境外提供个人信息的,应当具备下列条件之一:(一)依照本法第四十条的规定通过国家网信部门组织的安全评估;(二)按照国家网信部门的规定经专业机构进行个人信息保护认证;(三)按照国家网信部门制定的标准合同与境外接收方订立合同,约定双方的权利和义务;(四)法律、行政法规或者国家网信部门规定的其他条件。中华人民共和国缔结或者参加的国际条约、协定对向中华人民共和国境外提供个人信息的条件等有规定的,可以按照其规定执行。个人信息处理者应当采取必要措施,保障境外接收方处理个人信息的活动达到本法规定的个人信息保护标准。"

《个人信息保护法》第 40 条规定:"关键信息基础设施运营者和处理个人信息达到国家网信部门规定数量的个人信息处理者,应当将在中华人民共和国境内收集和产生的个人信息存储在境内。确需向境外提供的,应当通过国家网信部门组织的安全评估;法律、行政法规和国家网信部门规定可以不进行安全评估的,从其规定。"

《个人信息保护法》第 41 条规定:"中华人民共和国主管机关根据有关法律和中华人民共和国缔结或者参加的国际条约、协定,或者按照平等互惠原则,处理外国司法或者执法机构关于提供存储于境内个人信息的请求。非经中华人民共和国主管机关批准，个人信息处理者不得向外国司法或者执法机构提供存储于中华人民共和国境内的个人信息。"

《个人信息保护法》第 55 条规定："有下列情形之一的，个人信息处理者应当事前进行个人信息保护影响评估，并对处理情况进行记录：（一）处理敏感个人信息；（二）利用个人信息进行自动化决策；（三）委托处理个人信息、向其他个人信息处理者提供个人信息、公开个人信息；（四）向境外提供个人信息；（五）其他对个人权益有重大影响的个人信息处理活动。"

综上，关于数据跨境，2021 年 11 月 1 日施行的《个人信息保护法》对不同个人信息处理主体初步建立体系化的合规制度。结合《网络安全法》《数据安全法》的有关规定，参考《个人信息保护法》第 38 条核心规定，笔者将数据"三法"关于数据跨境的合规要求整理如表 2-1 所示。

表 2-1 数据"三法"关于数据跨境的合规要求

主体	数据跨境相关的适用情形	合规路径	具体要求	法律依据
个人信息处理者	向境外提供个人信息	个人信息保护影响评估	事前进行个人信息保护影响评估，并对处理情况进行记录	《个人信息保护法》第 55 条
处理个人信息的国家机关	国家机关处理的个人信息确需向境外提供的		应当进行安全评估，安全评估可以由有关部门提供支持与协助	《个人信息保护法》第 36 条
关键信息基础设施的运营者	因业务需要确需向境外提供	在中华人民共和国境内运营中收集和产生的重要数据	按照国家网信部门会同国务院有关部门制定的办法进行安全评估；法律、行政法规另有规定的，依照其规定	《网络安全法》第 37 条
处理个人信息达到国家网信部门规定数量的个人信息处理者		个人信息	依照《个人信息保护法》第 40 条规定通过国家网信部门组织的安全评估	《个人信息保护法》第 38 条、第 40 条

续表

主体	数据跨境相关的适用情形	合规路径	具体要求	法律依据
除关键信息基础设施的运营者、处理个人信息达到国家网信部门规定数量的个人信息处理者以外的个人信息处理者	因业务等需要，确需向中华人民共和国境外提供个人信息	个人信息保护认证	按照国家网信部门规定经专业机构进行个人信息保护认证	《个人信息保护法》第38条
		个人信息出境标准合同	按照国家网信部门制定的标准合同与境外接收方订立合同，约定双方的权利和义务	
		其他条件	法律、行政法规或者国家网信部门规定的其他条件	
个人信息处理者	向外国司法或者执法机构提供存储于中华人民共和国境内的个人信息	个人信息	主管机关批准	经中华人民共和国主管机关批准	《个人信息保护法》第41条
境内的组织、个人		数据			《数据安全法》第36条

对于数据跨境，数据"三法"已经初步建立上述合规体系，但除了数据出境安全评估、个人信息保护认证、个人信息出境标准合同外，还存在主管机关批准、个人信息保护影响评估及其他条件的数据处理者需要满足的合规要求。

"其他条件"是兜底条款；"主管机关批准"适用于向外国司法或者执法机构提供个人信息和数据，在实务中的适用情形极少。至于"个人信息保护影响评估"，它不属于《个人信息保护法》第38条规定的条件之一，那么个人信息保护影响评估用于何处、如何评价其性质、为何目前普遍认为数据跨境存在的三大合规路径中不包括个人信息保护影响评估，在下文会进行论述。

2.1.2 数据跨境合规路径的形成

随着数据跨境合规路径的初步确定，我国逐步颁布相关办法及指南等有关规定，以推动数据跨境制度的落地实施。

1. 国家网信部门是数据跨境合规路径落地的重要统筹部门

《网络安全法》第8条规定："国家网信部门负责统筹协调网络安全工作和相关监督管理工作。国务院电信主管部门、公安部门和其他有关机关依照本法和有关法律、行政法规的规定，在各自职责范围内负责网络安全保护和监督管理工作。县级以上地方人民政府有关部门的网络安全保护和监督管理职责，按照国家有关规定确定。"

《数据安全法》第6条规定："各地区、各部门对本地区、本部门工作中收集和产生的数据及数据安全负责。工业、电信、交通、金融、自然资源、卫生健康、教育、科技等主管部门承担本行业、本领域数据安全监管职责。公安机关、国家安全机关等依照本法和有关法律、行政法规的规定，在各自职责范围内承担数据安全监管职责。国家网信部门依照本法和有关法律、行政法规的规定，负责统筹协调网络数据安全和相关监管工作。"

《个人信息保护法》第60条规定："国家网信部门负责统筹协调个人信息保护工作和相关监督管理工作。国务院有关部门依照本法和有关法律、行政法规的规定，在各自职责范围内负责个人信息保护和监督管理工作。县级以上地方人民政府有关部门的个人信息保护和监督管理职责，按照国家有关规定确定。前两款规定的部门统称为履行个人信息保护职责的部门。"

根据上述规定，结合《个人信息保护法》第38条规定，国家网信部门是被数据"三法"授权的负责统筹协调网络数据安全、个人信息保护工作和相关监管工作的部门，并具体负责制定数据出境合规途径的适用规定。

在我国，网信管理的最高部门是中共中央网络安全和信息化委员会办公室、中华人民共和国国家互联网信息办公室，二者分别简称"中央网信办"和"国家网信办"。中央网信办成立于2018年3月，其前身是成立于2014年2月的中央网络安全和信息化领导小组。国家网信办是2011年5月经国务院批准设立的互联网信息监管机构，挂靠于国务院新闻办公室。根据《国务院关于机构设置的通知（2018）》规定，国家网信办与中央网信办是一个机构两块牌子，列入中共中央直属机构序列。

综上所述，在数据跨境合规路径制度的落地过程中，国家网信部门持续发挥重要作用。

2. 数据跨境合规路径的现有规定

目前，对于数据跨境的三大合规路径，我国颁布的主要规定见表 2-2。

表 2-2　数据跨境合规路径的现有规定

合规路径	规定名称	颁布主体	施行时间
数据出境安全评估	《数据出境安全评估办法》	国家互联网信息办公室	2022 年 9 月 1 日
	《数据出境安全评估申报指南（第一版）》		2022 年
个人信息保护认证	《国家市场监督管理总局、国家互联网信息办公室关于实施个人信息保护认证的公告》	国家市场监督管理总局、国家互联网信息办公室	2022 年 11 月 4 日
	《信息安全技术　个人信息安全规范》	国家市场监督管理总局、国家标准化管理委员会	2020 年 10 月 1 日
	《网络安全标准实践指南——个人信息跨境处理活动安全认证规范》	全国信息安全标准化技术委员会	2022 年 12 月
个人信息出境标准合同	《个人信息出境标准合同办法》	国家互联网信息办公室	2023 年 6 月 1 日

根据《网络安全标准实践指南——个人信息跨境处理活动安全认证规范》《个人信息出境标准合同办法》规定，在进行个人信息保护认证或订立个人信息出境标准合同时，需要提供个人信息保护影响评估报告，但根据《数据出境安全评估办法》及目前的实务操作，在进行数据出境安全评估时无须提供个人信息保护影响评估报告。因此，个人信息保护影响评估实际上是个人信息保护认证及个人信息出境标准合同两项合规要求下的一个前置条件，并不能与二者并列。

综上所述，随着关于数据跨境的具体制度文件的陆续颁布，我国已初步形成关于数据跨境的三大核心合规路径：数据出境安全评估、个人信息保护认证、个人信息出境标准合同。

2.2 数据出境安全评估要点分析 [1]

2022年9月1日,《数据出境安全评估办法》施行。同年,《数据出境安全评估申报指南(第一版)》施行。二者初步确定数据跨境的第一条合规路径——数据出境安全评估实务操作的基本方法,数据出境安全评估是数据跨境中较为重要而复杂的合规路径。那么,数据出境安全评估如何操作、评估办法落地前是如何演变的、实务中存在哪些问题等,下面围绕数据出境安全评估进行论述。

2.2.1 数据出境安全评估

根据《数据出境安全评估办法》及《数据出境安全评估申报指南(第一版)》的规定,数据出境安全评估的适用范围、申请程序等要点如下。

1. 数据出境安全评估的适用范围

数据出境安全评估的适用范围如表2-3所示。

与数据"三法"相比,《数据出境安全评估办法》对数据出境安全评估的适用范围实际上有所扩大。《网络安全法》和《数据安全法》针对关键信息基础设施运营者,《个人信息保护法》的规定针对个人信息处理者,而《数据出境安全评估办法》第4条第(一)款规定"数据处理者向境外提供重要数据",相对于个人信息处理者和关键信息基础设施运营者,适用范围显然有所扩大,形成"个人信息+重要数据"的统一规制模式。根据《数据出境安全评估办法》第19条规定,重要数据"是指一旦遭到篡改、破坏、泄露或者非法获取、非法利用等,可能危害国家安全、经济运行、社会稳定、公共健康和安全等的数据"。

《数据出境安全评估办法》如此规定并非没有依据,实际上前述《数据安全法》第31条规定:"关键信息基础设施的运营者在中华人民共和国境内运营

---

[1] 李金招,蒋晓焜,张泽楷.数据跨境合规系列(二):数据出境安全评估要点分析[EB/OL].(2023-03-24)[2024-03-19]. https://mp.weixin.qq.com/s/IOPBZZ1udy2P4rAgMB4Y0A.

中收集和产生的重要数据的出境安全管理,适用《中华人民共和国网络安全法》的规定;其他数据处理者在中华人民共和国境内运营中收集和产生的重要数据的出境安全管理办法,由国家网信部门会同国务院有关部门制定。"因此,网信部门作出如此规定确有法律依据。

表 2-3　数据出境安全评估的适用范围

《数据出境安全评估办法》	《数据出境安全评估申报指南(第一版)》
第四条　数据处理者向境外提供数据,有下列情形之一的,应当通过所在地省级网信部门向国家网信部门申报数据出境安全评估: (一)数据处理者向境外提供重要数据; (二)关键信息基础设施运营者和处理 100 万人以上个人信息的数据处理者向境外提供个人信息; (三)自上年 1 月 1 日起累计向境外提供 10 万人个人信息或者 1 万人敏感个人信息的数据处理者向境外提供个人信息; (四)国家网信部门规定的其他需要申报数据出境安全评估的情形。	一、适用范围 数据处理者向境外提供数据,有下列情形之一的,应当通过所在地省级网信办向国家网信办申报数据出境安全评估: (一)数据处理者向境外提供重要数据; (二)关键信息基础设施运营者和处理 100 万人以上个人信息的数据处理者向境外提供个人信息; (三)自上年 1 月 1 日起累计向境外提供 10 万人个人信息或者 1 万人敏感个人信息的数据处理者向境外提供个人信息; (四)国家网信办规定的其他需要申报数据出境安全评估的情形。 以下情形属于数据出境行为: (一)数据处理者将在境内运营中收集和产生的数据传输、存储至境外; (二)数据处理者收集和产生的数据存储在境内,境外的机构、组织或者个人可以查询、调取、下载、导出; (三)国家网信办规定的其他数据出境行为。

《数据出境安全评估办法》第 4 条第(二)款和第(三)款则是将《个人信息保护法》第 40 条规定的"处理个人信息达到国家网信部门规定数量"进行明确。与《数据出境安全评估办法》第 4 条相比,《数据出境安全评估申报指南(第一版)》所规定的适用范围与其并无差异,而且对"数据出境行为"进行界定。

综上,数据出境安全评估的适用范围包括数据处理者向境外提供重要数据;关键信息基础设施运营者和处理 100 万人以上个人信息的数据处理者向境外提供个人信息;自上年 1 月 1 日起累计向境外提供 10 万人个人信息或者 1 万人敏感个人信息的数据处理者向境外提供个人信息;国家网信办规定的其他需要申报数据出境安全评估的情形。

2. 数据出境安全评估所需的申报材料

数据出境安全评估所需的申报材料如表 2-4 所示。

表 2-4　数据出境安全评估的申报材料

《数据出境安全评估办法》	《数据出境安全评估申报指南（第一版）》
第六条　申报数据出境安全评估，应当提交以下材料： （一）申报书； （二）数据出境风险自评估报告； （三）数据处理者与境外接收方拟订立的法律文件； （四）安全评估工作需要的其他材料。	三、申报材料 数据处理者申报数据出境安全评估，应当提交如下材料（数据出境安全评估申报材料要求见附件1）： 1. 统一社会信用代码证件影印件 2. 法定代表人身份证件影印件 3. 经办人身份证件影印件 4. 经办人授权委托书（模板见附件2） 5. 数据出境安全评估申报书（模板见附件3） 6. 与境外接收方拟订立的数据出境相关合同或者其他具有法律效力的文件影印件 7. 数据出境风险自评估报告（模板见附件4） 8. 其他相关证明材料 数据处理者对所提交材料的真实性负责，提交虚假材料的，按照评估不通过处理，并依法追究相应法律责任。

综上，关于申报材料，《数据出境安全评估申报指南（第一版）》包含《数据出境安全评估办法》的内容，不仅规定更加详细，而且在文后附有数据出境安全评估申报材料要求及部分材料文书的模板，为数据出境安全评估的申报者提供较为明确的指导。因此，结合《数据出境安全评估申报指南（第一版）》附件1，数据出境安全评估申报应提交的材料及要求如表 2-5 所示。

表 2-5　数据出境安全评估申报的材料及要求

序号	材料名称	要求	备注
1	统一社会信用代码证件	影印件加盖公章	
2	法定代表人身份证件	影印件加盖公章	
3	经办人身份证件	影印件加盖公章	

续表

序号	材料名称	要求	备注
4	经办人授权委托书	原件	
5	数据出境安全评估申报书		
5.1	承诺书	原件	
5.2	数据出境安全评估申报表	原件	
6	与境外接收方拟订立的数据出境相关合同或者其他具有法律效力的文件	影印件加盖公章	对数据出境相关约定条款作高亮、线框等显著标识；法律文件以中文版本为准，若仅有非中文版本，须同步提交准确的中文译本
7	数据出境风险自评估报告	原件	
8	其他相关证明材料	原件或影印件加盖公章	相关证明材料以中文版本为准，若仅有非中文版本，须同步提交准确的中文译本

注：在提交上述书面材料时，需通过光盘形式提交相应电子文件。《数据出境安全评估申报指南（第一版）》附件2、附件3、附件4分别列明以下文书模板供申报者使用：①经办人授权委托书（附件2）；②数据出境安全评估申报书（附件3）；③数据出境风险自评估报告（附件4）。

3. 数据出境风险自评估报告的要点

（1）《数据出境安全评估办法》。

第五条 数据处理者在申报数据出境安全评估前，应当开展数据出境风险自评估，重点评估以下事项：

（一）数据出境和境外接收方处理数据的目的、范围、方式等的合法性、正当性、必要性；

（二）出境数据的规模、范围、种类、敏感程度，数据出境可能对国家安全、公共利益、个人或者组织合法权益带来的风险；

（三）境外接收方承诺承担的责任义务，以及履行责任义务的管理和技术措施、能力等能否保障出境数据的安全；

（四）数据出境中和出境后遭到篡改、破坏、泄露、丢失、转移或者被非法获取、非法利用等的风险，个人信息权益维护的渠道是否通畅等；

（五）与境外接收方拟订立的数据出境相关合同或者其他具有法律效力的文件等（以下统称法律文件）是否充分约定了数据安全保护责任义务；

（六）其他可能影响数据出境安全的事项。

……

第九条 数据处理者应当在与境外接收方订立的法律文件中明确约定数据安全保护责任义务，至少包括以下内容：

（一）数据出境的目的、方式和数据范围，境外接收方处理数据的用途、方式等；

（二）数据在境外保存地点、期限，以及达到保存期限、完成约定目的或者法律文件终止后出境数据的处理措施；

（三）对于境外接收方将出境数据再转移给其他组织、个人的约束性要求；

（四）境外接收方在实际控制权或者经营范围发生实质性变化，或者所在国家、地区数据安全保护政策法规和网络安全环境发生变化以及发生其他不可抗力情形导致难以保障数据安全时，应当采取的安全措施；

（五）违反法律文件约定的数据安全保护义务的补救措施、违约责任和争议解决方式；

（六）出境数据遭到篡改、破坏、泄露、丢失、转移或者被非法获取、非法利用等风险时，妥善开展应急处置的要求和保障个人维护其个人信息权益的途径和方式。

（2）《数据出境安全评估申报指南（第一版）》。

数据出境风险自评估报告模板如下：

说明：

（一）数据处理者申报数据出境安全评估时需提供自评估报告；

（二）数据处理者须对所提交的自评估报告及附件材料的真实性负责；

（三）本报告所述自评估活动为本次申报前3个月内完成；

（四）如有第三方机构参与自评估，须在自评估报告中说明第三方机构的基本情况及参与评估的情况，并在相关内容页上加盖第三方机构公章。

一、自评估工作简述

自评估工作开展情况,包括起止时间、组织情况、实施过程、实施方式等内容。

二、出境活动整体情况

详细说明数据处理者基本情况、数据出境涉及的业务和信息系统、出境数据情况、数据处理者安全保障能力情况、境外接收方情况、法律文件约定情况等。包括不限于：

（一）数据处理者基本情况

1. 组织或者个人基本信息；

2. 股权结构和实际控制人信息；

3. 组织架构信息；

4. 数据安全管理机构信息；

5. 整体业务与数据情况；

6. 境内外投资情况。

（二）数据出境涉及业务和信息系统情况

1. 数据出境涉及业务的基本情况；

2. 数据出境涉及业务的数据资产情况；

3. 数据出境涉及业务的信息系统情况；

4. 数据出境涉及的数据中心（包含云服务）情况；

5. 数据出境链路相关情况。

（三）拟出境数据情况

1. 说明数据出境及境外接收方处理数据的目的、范围、方式，及其合法性、正当性、必要性；

2. 说明出境数据的规模、范围、种类、敏感程度；

3. 拟出境数据在境内存储的系统平台、数据中心等情况，计划出境后存储的系统平台、数据中心等；

4. 数据出境后向境外其他接收方提供的情况。

（四）数据处理者数据安全保障能力情况

1.数据安全管理能力,包括管理组织体系和制度建设情况,全流程管理、分类分级、应急处置、风险评估、个人信息权益保护等制度及落实情况;

2.数据安全技术能力,包括数据收集、存储、使用、加工、传输、提供、公开、删除等全流程所采取的安全技术措施等;

3.数据安全保障措施有效性证明,例如开展的数据安全风险评估、数据安全能力认证、数据安全检查测评、数据安全合规审计、网络安全等级保护测评等情况;

4.遵守数据和网络安全相关法律法规的情况。

(五)境外接收方情况

1.境外接收方基本情况;

2.境外接收方处理数据的用途、方式等;

3.境外接收方的数据安全保障能力;

4.境外接收方所在国家或地区数据安全保护政策法规和网络安全环境情况;

5.境外接收方处理数据的全流程过程描述。

(六)法律文件约定数据安全保护责任义务的情况

1.数据出境的目的、方式和数据范围,境外接收方处理数据的用途、方式等;

2.数据在境外保存地点、期限,以及达到保存期限、完成约定目的或者法律文件终止后出境数据的处理措施;

3.对于境外接收方将出境数据再转移给其他组织、个人的约束性要求;

4.境外接收方在实际控制权或者经营范围发生实质性变化,或者所在国家、地区数据安全保护政策法规和网络安全环境发生变化以及发生其他不可抗力情形导致难以保障数据安全时,应当采取的安全措施;

5.违反法律文件约定的数据安全保护义务的补救措施、违约责任和争议解决方式;

6.出境数据遭到篡改、破坏、泄露、丢失、转移或者被非法获取、非法利用等风险时,妥善开展应急处置的要求和保障个人维护其个人信息权益的途径和方式。

（七）数据处理者认为需要说明的其他情况

三、拟出境活动的风险评估情况

就下列事项逐项说明风险评估情况，重点说明评估发现的问题和风险隐患，以及相应采取的整改措施及整改效果。

（一）数据出境和境外接收方处理数据的目的、范围、方式等的合法性、正当性、必要性；

（二）出境数据的规模、范围、种类、敏感程度，数据出境可能对国家安全、公共利益、个人或者组织合法权益带来的风险；

（三）境外接收方承诺承担的责任义务，以及履行责任义务的管理和技术措施、能力等能否保障出境数据的安全；

（四）数据出境中和出境后遭到篡改、破坏、泄露、丢失、转移或者被非法获取、非法利用等的风险，个人信息权益维护的渠道是否通畅等；

（五）与境外接收方拟订立的数据出境相关合同或者其他具有法律效力的文件等，是否充分约定了数据安全保护责任义务；

（六）其他可能影响数据出境安全的事项。

四、出境活动风险自评估结论

综合上述风险评估情况和相应整改情况，对拟申报的数据出境活动作出客观的风险自评估结论，充分说明得出自评估结论的理由和论据。

根据上述规定，《数据出境安全评估办法》对数据出境风险自评估报告的要点、数据处理者与境外接收方订立法律文件的内容要点提出要求。虽然《数据出境安全评估办法》实际是针对数据处理者与境外接收方订立的法律文件提出要求，但是《数据出境安全评估申报指南（第一版）》的模板已将其纳入"二、出境活动整体情况"的"（六）法律文件约定数据安全保护责任义务的情况"进行评估，因此二者的内容是一致的，在实践中可以将其视为数据出境风险自评估报告的一部分，同时进行合规操作。

数据出境风险自评估报告作为数据出境安全评估的核心工作，是目前实际申报中的重点、难点，关于其要点，因为《数据出境安全评估申报指南（第一版）》直接给出详细的要点模板，对《数据出境安全评估办法》的规定进行详细的展开，所以申报者可以直接参照《数据出境安全评估申报指南（第一版）》的模板进行申报。此外，还须注意数据出境风险自评估报告所述自评估活动应当在申报前3个月内完成。笔者整理数据出境风险自评估报告的要点，如图2-1所示。

```
数据出境风险自评估报告
├─ 一、自评估工作简述 ── 自评估工作开展情况
├─ 二、出境活动整体情况
│   ├─（一）数据处理者基本情况
│   ├─（二）数据出境涉及业务和信息系统情况
│   ├─（三）拟出境数据情况
│   ├─（四）数据处理者数据安全保障能力情况
│   ├─（五）境外接收方情况
│   ├─（六）法律文件约定数据安全保护责任义务的情况
│   └─（七）数据处理者认为需要说明的其他情况
├─ 三、拟出境活动的风险评估情况 ── 逐项说明风险评估情况，重点说明评估发现的问题和风险隐患，以及相应采取的整改措施及整改效果
└─ 四、出境活动风险自评估结论 ── 综合上述风险评估情况和相应整改情况，对拟申报的数据出境活动作出客观的风险自评估结论，充分说明得出评估结论的理由和依据
```

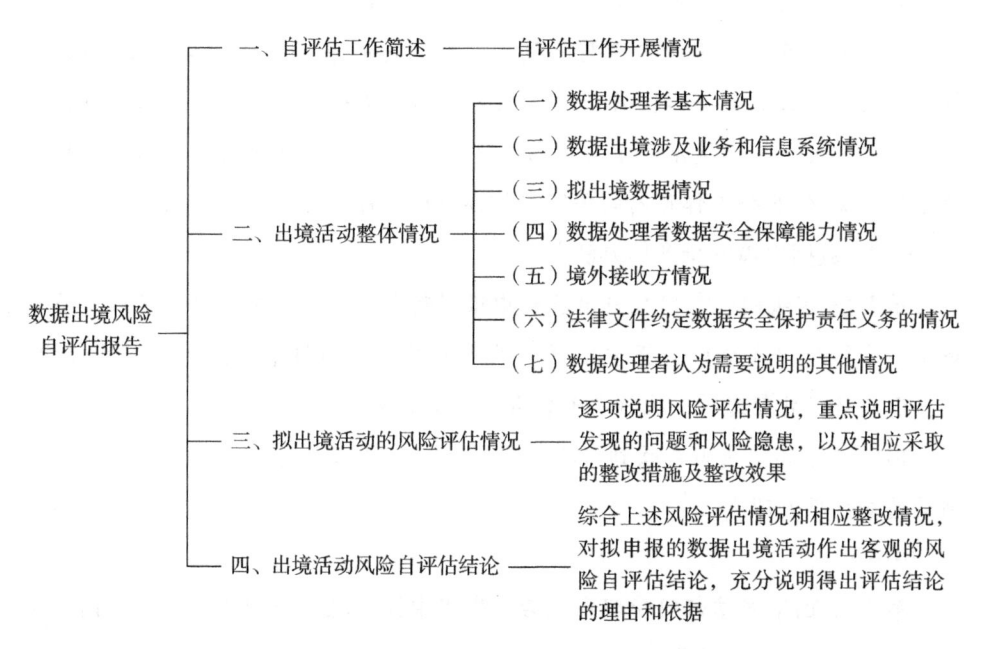

图 2-1　数据出境风险自评估报告的要点

4. 数据出境安全评估的申报方式及流程

（1）《数据出境安全评估申报指南（第一版）》。

二、申报方式及流程

数据处理者申报数据出境安全评估，应当通过所在地省级网信办申报数据出境安全评估。申报方式为送达书面申报材料并附带材料电子版。

省级网信办收到申报材料后，在5个工作日内完成申报材料的完备性查验。通过完备性查验的，省级网信办将申报材料上报国家网信办；未通过完备性查

验的，数据处理者将收到申报退回通知。

国家网信办自收到省级网信办上报申报材料之日起7个工作日内，确定是否受理并书面通知数据处理者。

数据处理者如被告知补充或者更正申报材料，应当及时按照要求补充或者更正材料。无正当理由不补充或者更正申报材料的，安全评估将会终止。情况复杂的，数据处理者将被告知评估预计延长的时间。

评估完成后，数据处理者将收到评估结果通知书。对评估结果无异议的，数据处理者须按照数据出境安全管理相关法律法规和评估结果通知书的有关要求，规范相关数据出境活动；对评估结果有异议的，数据处理者可以在收到评估结果通知书15个工作日内向国家网信办申请复评，复评结果为最终结论。

（2）《数据出境安全评估办法》。

第七条 省级网信部门应当自收到申报材料之日起5个工作日内完成完备性查验。申报材料齐全的，将申报材料报送国家网信部门；申报材料不齐全的，应当退回数据处理者并一次性告知需要补充的材料。

国家网信部门应当自收到申报材料之日起7个工作日内，确定是否受理并书面通知数据处理者。

……

第十条 国家网信部门受理申报后，根据申报情况组织国务院有关部门、省级网信部门、专门机构等进行安全评估。

第十一条 安全评估过程中，发现数据处理者提交的申报材料不符合要求的，国家网信部门可以要求其补充或者更正。数据处理者无正当理由不补充或者更正的，国家网信部门可以终止安全评估。

数据处理者对所提交材料的真实性负责，故意提交虚假材料的，按照评估不通过处理，并依法追究相应法律责任。

第十二条 国家网信部门应当自向数据处理者发出书面受理通知书之日起45个工作日内完成数据出境安全评估；情况复杂或者需要补充、更正材料的，可以适当延长并告知数据处理者预计延长的时间。

评估结果应当书面通知数据处理者。

第十三条 数据处理者对评估结果有异议的，可以在收到评估结果15个工作日内向国家网信部门申请复评，复评结果为最终结论。

第十四条 通过数据出境安全评估的结果有效期为2年，自评估结果出具之日起计算。在有效期内出现以下情形之一的，数据处理者应当重新申报评估：

（一）向境外提供数据的目的、方式、范围、种类和境外接收方处理数据的用途、方式发生变化影响出境数据安全的，或者延长个人信息和重要数据境外保存期限的；

（二）境外接收方所在国家或者地区数据安全保护政策法规和网络安全环境发生变化以及发生其他不可抗力情形、数据处理者或者境外接收方实际控制权发生变化、数据处理者与境外接收方法律文件变更等影响出境数据安全的；

（三）出现影响出境数据安全的其他情形。

有效期届满，需要继续开展数据出境活动的，数据处理者应当在有效期届满60个工作日前重新申报评估。

第十五条 参与安全评估工作的相关机构和人员对在履行职责中知悉的国家秘密、个人隐私、个人信息、商业秘密、保密商务信息等数据应当依法予以保密，不得泄露或者非法向他人提供、非法使用。

第十六条 任何组织和个人发现数据处理者违反本办法向境外提供数据的，可以向省级以上网信部门举报。

第十七条 国家网信部门发现已经通过评估的数据出境活动在实际处理过程中不再符合数据出境安全管理要求的，应当书面通知数据处理者终止数据出境活动。数据处理者需要继续开展数据出境活动的，应当按照要求整改，整改完成后重新申报评估。

关于数据出境安全评估的申报方式及流程，《数据出境安全评估办法》的规定更为详细。目前主要采取"省级网信部门完备性查验＋国家网信部门评估"的基本模式。笔者整理的数据出境安全评估申报流程如图2-2所示。

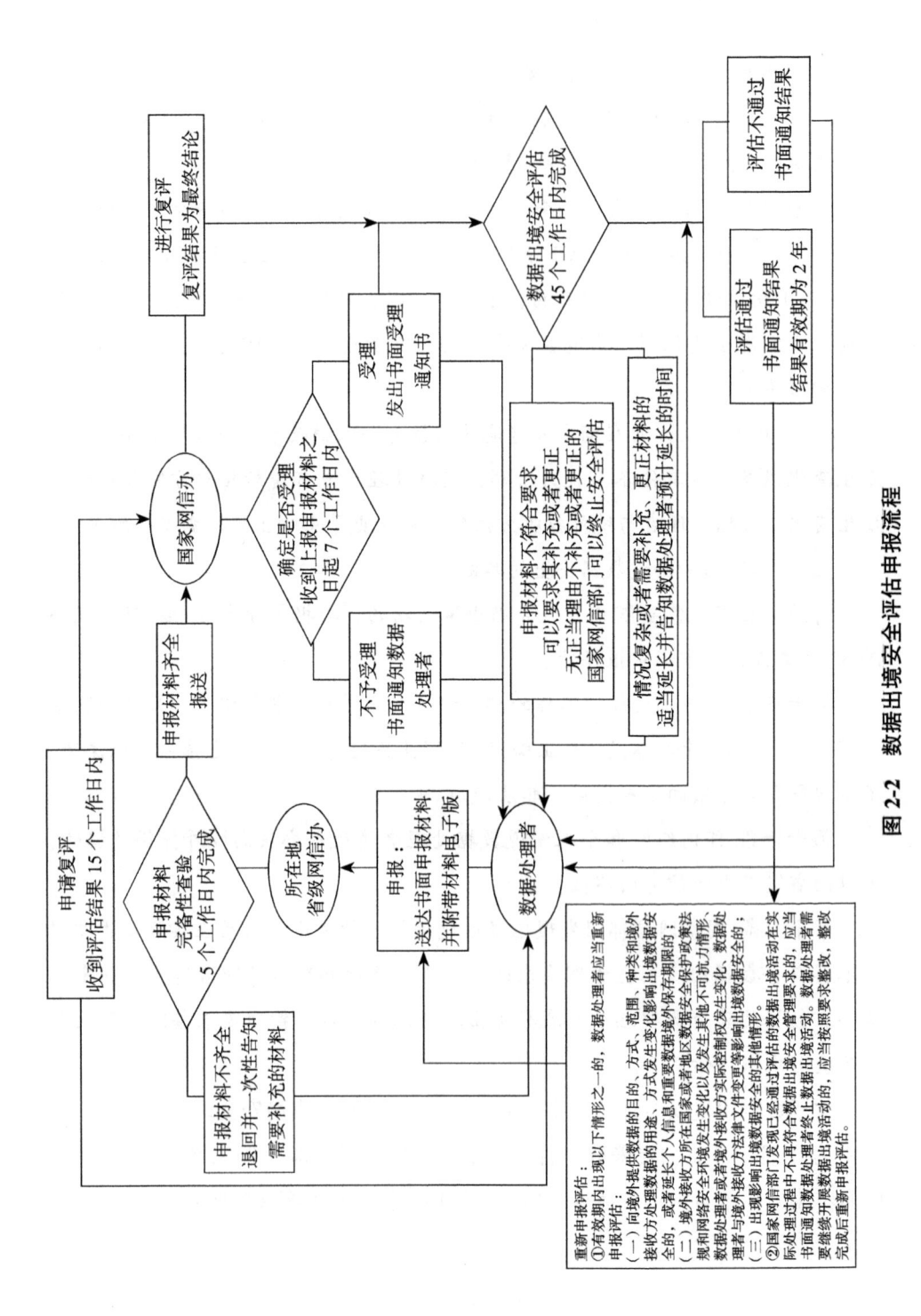

图 2-2 数据出境安全评估申报流程

5.数据出境安全评估的其他重要事项

（1）整改时间截至2023年3月1日。《数据出境安全评估办法》第二十条规定："本办法自2022年9月1日起施行。本办法施行前已经开展的数据出境活动，不符合本办法规定的，应当自本办法施行之日起6个月内完成整改。"根据该规定，数据出境活动应当在《数据出境安全评估办法》施行之日起6个月内，即2023年3月1日前完成整改。对于已经超过2023年3月1日的，根据《数据出境安全评估办法》第十八条规定："违反本办法规定的，依据《中华人民共和国网络安全法》《中华人民共和国数据安全法》《中华人民共和国个人信息保护法》等法律法规处理；构成犯罪的，依法追究刑事责任。"符合数据出境安全评估适用范围的数据处理者应当及时根据《数据出境安全评估办法》等有关规定进行安全评估，以免承担相应的责任。

（2）群众监督。根据《数据出境安全评估办法》第十六条规定："任何组织和个人发现数据处理者违反本办法向境外提供数据的，可以向省级以上网信部门举报。"目前，各省网信部门均设有举报渠道，国家网信部门专门设置12377违法和不良信息举报中心。数据处理者除受到国家网信部门的监管规制外，还会受到社会组织和群众的广泛监督。

2.2.2 数据出境安全评估的演变与问题

1.数据出境安全评估的演变

数据出境安全评估制度确定之初，尚有许多实施不明之处。实际上，《数据出境安全评估办法》的实行并非一蹴而就。对于数据出境相关的评估办法，国家互联网信息办公室曾颁布三次征求意见稿，三易其名，但是前两个版本都未被采用，直至第三个版本最终被确定为"个人信息+重要数据"的统一规制模式。数据出境安全评估的演变如表2-6所示。

表 2-6　数据出境安全评估的演变

征求意见稿的名称	征求意见稿的颁布主体	征求意见时间
《个人信息和重要数据出境安全评估办法（征求意见稿）》	国家互联网信息办公室	2017年4月11日至5月11日
《个人信息出境安全评估办法（征求意见稿）》		2019年6月13日至7月13日
《数据出境安全评估办法（征求意见稿）》		2021年10月29日至11月28日

2017年和2019年公布的两个意见稿主要根据《网络安全法》制定，第三个版本的征求意见稿根据《网络安全法》《数据安全法》和《个人信息保护法》制定，在部分条款被少量修改后于2022年7月7日正式发布，自2022年9月1日起施行。《数据出境安全评估办法》的征求意见稿与正式稿对比见表2-7。

表 2-7　《数据出境安全评估办法》的征求意见稿与正式稿对比

《数据出境安全评估办法（征求意见稿）》	《数据出境安全评估办法》正式稿
第一条　为了规范数据出境活动，保护个人信息权益，维护国家安全和社会公共利益，促进数据跨境安全、自由流动，根据《中华人民共和国网络安全法》《中华人民共和国数据安全法》《中华人民共和国个人信息保护法》等法律法规，制定本办法。	第一条　为了规范数据出境活动，保护个人信息权益，维护国家安全和社会公共利益，促进数据跨境安全、自由流动，根据《中华人民共和国网络安全法》《中华人民共和国数据安全法》《中华人民共和国个人信息保护法》等法律法规，制定本办法。
第二条　数据处理者向境外提供在中华人民共和国境内运营中收集和产生的重要数据和依法应当进行安全评估的个人信息，应当按照本办法的规定进行安全评估；法律、行政法规另有规定的，依照其规定。	第二条　数据处理者向境外提供在中华人民共和国境内运营中收集和产生的重要数据和个人信息的安全评估，适用本办法。法律、行政法规另有规定的，依照其规定。
第三条　数据出境安全评估坚持事前评估和持续监督相结合、风险自评估与安全评估相结合，防范数据出境安全风险，保障数据依法有序自由流动。	第三条　数据出境安全评估坚持事前评估和持续监督相结合、风险自评估与安全评估相结合，防范数据出境安全风险，保障数据依法有序自由流动。

第 2 章　数据出境合规

续表

《数据出境安全评估办法（征求意见稿）》	《数据出境安全评估办法》正式稿
第四条　数据处理者向境外提供数据，符合以下情形之一的，应当通过所在地省级网信部门向国家网信部门申报数据出境安全评估。 （一）关键信息基础设施的运营者收集和产生的个人信息和重要数据； （二）出境数据中包含重要数据； （三）处理个人信息达到一百万人的个人信息处理者向境外提供个人信息； （四）累计向境外提供超过十万人以上个人信息或者一万人以上敏感个人信息； （五）国家网信部门规定的其他需要申报数据出境安全评估的情形。	第四条　数据处理者向境外提供数据，有下列情形之一的，应当通过所在地省级网信部门向国家网信部门申报数据出境安全评估： （一）数据处理者向境外提供重要数据； （二）关键信息基础设施运营者和处理100万人以上个人信息的数据处理者向境外提供个人信息； （三）自上年1月1日起累计向境外提供10万人个人信息或者1万人敏感个人信息的数据处理者向境外提供个人信息； （四）国家网信部门规定的其他需要申报数据出境安全评估的情形。
第五条　数据处理者在向境外提供数据前，应事先开展数据出境风险自评估，重点评估以下事项： （一）数据出境及境外接收方处理数据的目的、范围、方式等的合法性、正当性、必要性； （二）出境数据的数量、范围、种类、敏感程度，数据出境可能对国家安全、公共利益、个人或者组织合法权益带来的风险； （三）数据处理者在数据转移环节的管理和技术措施、能力等能否防范数据泄露、毁损等风险； （四）境外接收方承诺承担的责任义务，以及履行责任义务的管理和技术措施、能力等能否保障出境数据的安全； （五）数据出境和再转移后泄露、毁损、篡改、滥用等的风险，个人维护个人信息权益的渠道是否通畅等； （六）与境外接收方订立的数据出境相关合同是否充分约定了数据安全保护责任义务。	第五条　数据处理者在申报数据出境安全评估前，应当开展数据出境风险自评估，重点评估以下事项： （一）数据出境和境外接收方处理数据的目的、范围、方式等的合法性、正当性、必要性； （二）出境数据的规模、范围、种类、敏感程度，数据出境可能对国家安全、公共利益、个人或者组织合法权益带来的风险； （三）境外接收方承诺承担的责任义务，以及履行责任义务的管理和技术措施、能力等能否保障出境数据的安全； （四）数据出境中和出境后遭到篡改、破坏、泄露、丢失、转移或者被非法获取、非法利用等的风险，个人信息权益维护的渠道是否通畅等； （五）与境外接收方拟订立的数据出境相关合同或者其他具有法律效力的文件等（以下统称法律文件）是否充分约定了数据安全保护责任义务； （六）其他可能影响数据出境安全的事项。

续表

《数据出境安全评估办法（征求意见稿）》	《数据出境安全评估办法》正式稿
第六条 申报数据出境安全评估，应当提交以下材料： （一）申报书； （二）数据出境风险自评估报告； （三）数据处理者与境外接收方拟订立的合同或者其他具有法律效力的文件等（以下统称合同）； （四）安全评估工作需要的其他材料。	第六条 申报数据出境安全评估，应当提交以下材料： （一）申报书； （二）数据出境风险自评估报告； （三）数据处理者与境外接收方拟订立的法律文件； （四）安全评估工作需要的其他材料。
第七条 国家网信部门自收到申报材料之日起七个工作日内，确定是否受理评估并以书面通知形式反馈受理结果。	第七条 省级网信部门应当自收到申报材料之日起5个工作日内完成完备性查验。申报材料齐全的，将申报材料报送国家网信部门；申报材料不齐全的，应当退回数据处理者并一次性告知需要补充的材料。 国家网信部门应当自收到申报材料之日起7个工作日内，确定是否受理并书面通知数据处理者。
第八条 数据出境安全评估重点评估数据出境活动可能对国家安全、公共利益、个人或者组织合法权益带来的风险，主要包括以下事项： （一）数据出境的目的、范围、方式等的合法性、正当性、必要性； （二）境外接收方所在国家或者地区的数据安全保护政策法规及网络安全环境对出境数据安全的影响；境外接收方的数据保护水平是否达到中华人民共和国法律、行政法规规定和强制性国家标准的要求； （三）出境数据的数量、范围、种类、敏感程度，出境中和出境后泄露、篡改、丢失、破坏、转移或者被非法获取、非法利用等风险； （四）数据安全和个人信息权益是否能够得到充分有效保障； （五）数据处理者与境外接收方订立的合同中是否充分约定了数据安全保护责任义务； （六）遵守中国法律、行政法规、部门规章情况； （七）国家网信部门认为需要评估的其他事项。	第八条 数据出境安全评估重点评估数据出境活动可能对国家安全、公共利益、个人或者组织合法权益带来的风险，主要包括以下事项： （一）数据出境的目的、范围、方式等的合法性、正当性、必要性； （二）境外接收方所在国家或者地区的数据安全保护政策法规和网络安全环境对出境数据安全的影响；境外接收方的数据保护水平是否达到中华人民共和国法律、行政法规的规定和强制性国家标准的要求； （三）出境数据的规模、范围、种类、敏感程度，出境中和出境后遭到篡改、破坏、泄露、丢失、转移或者被非法获取、非法利用等的风险； （四）数据安全和个人信息权益是否能够得到充分有效保障； （五）数据处理者与境外接收方拟订立的法律文件中是否充分约定了数据安全保护责任义务； （六）遵守中国法律、行政法规、部门规章情况； （七）国家网信部门认为需要评估的其他事项。

第 2 章　数据出境合规

续表

《数据出境安全评估办法（征求意见稿）》	《数据出境安全评估办法》正式稿
第九条　数据处理者与境外接收方订立的合同充分约定数据安全保护责任义务，应当包括但不限于以下内容： （一）数据出境的目的、方式和数据范围，境外接收方处理数据的用途、方式等； （二）数据在境外保存地点、期限，以及达到保存期限、完成约定目的或合同终止后出境数据的处理措施； （三）限制境外接收方将出境数据再转移给其他组织、个人的约束条款； （四）境外接收方在实际控制权或者经营范围发生实质性变化，或者所在国家、地区法律环境发生变化导致难以保障数据安全时，应当采取的安全措施； （五）违反数据安全保护义务的违约责任和具有约束力且可执行的争议解决条款； （六）发生数据泄露等风险时，妥善开展应急处置，并保障个人维护个人信息权益的通畅渠道。	第九条　数据处理者应当在与境外接收方订立的法律文件中明确约定数据安全保护责任义务，至少包括以下内容： （一）数据出境的目的、方式和数据范围，境外接收方处理数据的用途、方式等； （二）数据在境外保存地点、期限，以及达到保存期限、完成约定目的或者法律文件终止后出境数据的处理措施； （三）对于境外接收方将出境数据再转移给其他组织、个人的约束性要求； （四）境外接收方在实际控制权或者经营范围发生实质性变化，或者所在国家、地区数据安全保护政策法规和网络安全环境发生变化以及发生其他不可抗力情形导致难以保障数据安全时，应当采取的安全措施； （五）违反法律文件约定的数据安全保护义务的补救措施、违约责任和争议解决方式； （六）出境数据遭到篡改、破坏、泄露、丢失、转移或者被非法获取、非法利用等风险时，妥善开展应急处置的要求和保障个人维护其个人信息权益的途径和方式。
第十条　国家网信部门受理申报后，组织行业主管部门、国务院有关部门、省级网信部门、专门机构等进行安全评估。 涉及重要数据出境的，国家网信部门征求相关行业主管部门意见。	第十条　国家网信部门受理申报后，根据申报情况组织国务院有关部门、省级网信部门、专门机构等进行安全评估。
第十三条　数据处理者应当按照本办法的规定提交评估材料，材料不齐全或者不符合要求的，应当及时补充或者更正，拒不补充或者更正的，国家网信部门可以终止安全评估；数据处理者对所提交材料的真实性负责，故意提交虚假材料的，按照评估不通过处理。（此条经修改后成为正式稿第十一条）	第十一条　安全评估过程中，发现数据处理者提交的申报材料不符合要求的，国家网信部门可以要求其补充或者更正。数据处理者无正当理由不补充或者更正的，国家网信部门可以终止安全评估。 数据处理者对所提交材料的真实性负责，故意提交虚假材料的，按照评估不通过处理，并依法追究相应法律责任。

续表

《数据出境安全评估办法（征求意见稿）》	《数据出境安全评估办法》正式稿
第十一条 国家网信部门自出具书面受理通知书之日起四十五个工作日内完成数据出境安全评估；情况复杂或者需要补充材料的，可以适当延长，但一般不超过六十个工作日。 评估结果以书面形式通知数据处理者。	第十二条 国家网信部门应当自向数据处理者发出书面受理通知书之日起45个工作日内完成数据出境安全评估；情况复杂或者需要补充、更正材料的，可以适当延长并告知数据处理者预计延长的时间。 评估结果应当书面通知数据处理者。
	第十三条 数据处理者对评估结果有异议的，可以在收到评估结果15个工作日内向国家网信部门申请复评，复评结果为最终结论。
第十二条 数据出境评估结果有效期二年。在有效期内出现以下情形之一的，数据处理者应当重新申报评估： （一）向境外提供数据的目的、方式、范围、类型和境外接收方处理数据的用途、方式发生变化，或者延长个人信息和重要数据境外保存期限的； （二）境外接收方所在国家或者地区法律环境发生变化，数据处理者或者境外接收方实际控制权发生变化，数据处理者与境外接收方合同变更等可能影响出境数据安全的； （三）出现影响出境数据安全的其他情形。 有效期届满，需要继续开展原数据出境活动的，数据处理者应当在有效期届满六十个工作日前重新申报评估。 未按本条规定重新申报评估的，应当停止数据出境活动。	第十四条 通过数据出境安全评估的结果有效期为2年，自评估结果出具之日起计算。在有效期内出现以下情形之一的，数据处理者应当重新申报评估： （一）向境外提供数据的目的、方式、范围、种类和境外接收方处理数据的用途、方式发生变化影响出境数据安全的，或者延长个人信息和重要数据境外保存期限的； （二）境外接收方所在国家或者地区数据安全保护政策法规和网络安全环境发生变化以及发生其他不可抗力情形、数据处理者或者境外接收方实际控制权发生变化、数据处理者与境外接收方法律文件变更等影响出境数据安全的； （三）出现影响出境数据安全的其他情形。 有效期届满，需要继续开展数据出境活动的，数据处理者应当在有效期届满60个工作日前重新申报评估。
第十四条 参与安全评估工作的相关机构和人员对在履行职责中知悉的国家秘密、个人隐私、个人信息、商业秘密、保密商务信息等数据应当依法予以保密，不得泄露或者非法向他人提供。	第十五条 参与安全评估工作的相关机构和人员对在履行职责中知悉的国家秘密、个人隐私、个人信息、商业秘密、保密商务信息等数据应当依法予以保密，不得泄露或者非法向他人提供、非法使用。

续表

《数据出境安全评估办法（征求意见稿）》	《数据出境安全评估办法》正式稿
第十五条 任何组织和个人发现数据处理者未按照本办法规定进行评估向境外提供数据的，可以向省级以上网信部门投诉、举报。	第十六条 任何组织和个人发现数据处理者违反本办法向境外提供数据的，可以向省级以上网信部门举报。
第十六条 国家网信部门发现已经通过评估的数据出境活动在实际处理过程中不再符合数据出境安全管理要求的，应当撤销评估结果并书面通知数据处理者，数据处理者应当终止数据出境活动。需要继续开展数据出境活动的，数据处理者应当按照要求进行整改，并在整改完成后重新申报评估。	第十七条 国家网信部门发现已经通过评估的数据出境活动在实际处理过程中不再符合数据出境安全管理要求的，应当书面通知数据处理者终止数据出境活动。数据处理者需要继续开展数据出境活动的，应当按照要求整改，整改完成后重新申报评估。
第十七条 违反本办法规定的，依照《中华人民共和国网络安全法》《中华人民共和国数据安全法》《中华人民共和国个人信息保护法》等法律法规的规定处理；构成犯罪的，依法追究刑事责任。	第十八条 违反本办法规定的，依照《中华人民共和国网络安全法》《中华人民共和国数据安全法》《中华人民共和国个人信息保护法》等法律法规处理；构成犯罪的，依法追究刑事责任。
	第十九条 本办法所称重要数据，是指一旦遭到篡改、破坏、泄露或者非法获取、非法利用等，可能危害国家安全、经济运行、社会稳定、公共健康和安全等的数据。
第十八条 本办法自　　年　　月　　日起施行。	第二十条 本办法自2022年9月1日起施行。本办法施行前已经开展的数据出境活动，不符合本办法规定的，应当自本办法施行之日起6个月内完成整改。

相较于征求意见稿，《数据出境安全评估办法》正式稿主要有如下变化。

1）时间变化

（1）限定1万人或10万人两个累计标准的时间跨度，即"自上年1月1日起累计"，也就是最短一年、最长两年清零一次。对于用户规模较小且信息出境频率较高的企业，可在申报数据出境安全评估的时间选择上稍加留意；对于用户数量规模较小且信息出境频率低的企业，这一限制可能使其免于严格的"安全评估"，从而降低其合规成本。

（2）对于情况复杂、材料需要补充或更正的情况，国家网信部门可在45个工作日的基础时限外，适当延长评估时间。征求意见稿规定适当延长"一般不超过六十个工作日"，正式稿取消这一限制，因而评估所需时间上限实际上难以预估。

（3）正式稿第20条确定《数据出境安全评估办法》的施行时间为2022年9月1日，并明确该办法适用于施行前已开展的数据出境活动，限定自该办法施行之日起6个月为整改时间。企业应当于2023年3月1日前完成整改。

2）表述变化

（1）正式稿中将"合同"扩大为"法律文件"，"数量"改为"规模"，"法律环境发生变化"改为"数据安全保护政策法规和网络安全环境发生变化"。

（2）在正式稿第5条的"数据出境风险自评估"事项和第8条的"数据出境安全评估"事项中，在"订立的数据出境相关合同或法律文件"前增加"拟"字。这两处调整意在强调"数据出境安全评估"是数据出境的前置性程序，即在企业自评估阶段，申报安全评估前，数据出境合同应基本定稿并符合相关规定的要求，企业应该已与境外接收方磋商确定待签的数据出境合同，尤其是关于数据安全保护责任义务的内容。原则上，在数据出境安全评估通过后，数据出境合同的相关条款不得有实质性变更。

3）程序变化

（1）省级网信部门完备性查验的前置性程序。相较于征求意见稿，《数据出境安全评估办法》正式稿多设置了1个前置性程序，规定数据处理者进行安全评估申报，须先由省级网信部门在5个工作日内完成完备性查验，材料齐全则报送国家网信部门，材料不齐全则退回一次性告知补全。从5个工作日的期限和处理方式来看，这一程序属于形式审查，主要审查企业所提交的申报材料是否齐全，并不开展实质性审查。

（2）对评估结果"复评"的救济程序。《数据出境安全评估办法》正式稿第十三条增加对评估结果"复评"的救济程序，"复评"结果作为安全评估的最终结论。对于"复评"的性质是否属于行政诉讼的受案范围，目前业界存在一定争议。

申报者应当尽量充分准备材料，避免进入"复评"程序，否则整个安全评估的流程可能会被延长，从而影响企业运营的效率。

2.数据出境安全评估的问题

数据出境安全评估已初步建立可行的制度，但在实践中仍存在一些不够明晰之处，这些可能增加数据处理者的合规成本，从而影响企业的经营效率，因此对数据处理者来说，为确保数据依法依规跨境流通，他们通常会自我施压、主动加码，以应对可能出现的风险。目前，数据出境安全评估的合规体系存在以下问题。

1）数据跨境的界定不清晰

在某些具体场景中，无法明确数据处理活动是否构成数据出境活动，如数据中转、境外主体访问公开信息，以及境外主体委托境内主体加工处理数据后再传输出境等情形。数据跨境场景界定的不清晰造成数据处理者无法准确判断自身的合规义务、监管部门无法明确监管事项等困境。

2）对国家核心数据、重要数据的判定存在差异

国家核心数据仅在《数据安全法》中被提及，缺少可执行的判定标准。帮助界定重要数据范围的国家标准仍在制定阶段，同样缺少权威的认定标准。因此，数据处理者可能无须对拟行安全评估的跨境数据事项向网信部门申报，从而增加企业的合规成本。

3）个人信息保护影响评估与数据出境风险自评估的关系不明

《数据出境安全评估办法》第5条规定，数据处理者在向网信部门申报数据出境安全评估前，应当开展数据出境风险自评估。《个人信息保护法》第55条规定，个人信息处理者在向境外提供个人信息前应进行个人信息保护影响评估。个人信息保护影响评估与数据出境风险自评估对比见表2-8。

个人信息保护影响评估报告虽然是个人信息保护认证和个人信息出境标准合同所需提供的内容，但并非实务中数据出境安全评估所需。《个人信息保护法》之所以将个人信息保护影响评估报告确定为个人信息处理者向境外提供信息的

应尽义务,是否因为立法者的原意是数据出境风险自评估包含个人信息保护影响评估的要点。

表 2-8 个人信息保护影响评估与数据出境风险自评估对比

个人信息保护影响评估	数据出境风险自评估
《个人信息保护法》 第五十六条 个人信息保护影响评估应当包括下列内容: (一)个人信息的处理目的、处理方式等是否合法、正当、必要; (二)对个人权益的影响及安全风险; (三)所采取的保护措施是否合法、有效并与风险程度相适应。 个人信息保护影响评估报告和处理情况记录应当至少保存三年。 《个人信息出境标准合同办法》 第五条 个人信息处理者向境外提供个人信息前,应当开展个人信息保护影响评估,重点评估以下内容: (一)个人信息处理者和境外接收方处理个人信息的目的、范围、方式等的合法性、正当性、必要性; (二)出境个人信息的规模、范围、种类、敏感程度,个人信息出境可能对个人信息权益带来的风险; (三)境外接收方承诺承担的义务,以及履行义务的管理和技术措施、能力等能否保障出境个人信息的安全; (四)个人信息出境后遭到篡改、破坏、泄露、丢失、非法利用等的风险,个人信息权益维护的渠道是否通畅等; (五)境外接收方所在国家或者地区的个人信息保护政策和法规对标准合同履行的影响; (六)其他可能影响个人信息出境安全的事项。	《数据出境安全评估办法》 第五条 数据处理者在申报数据出境安全评估前,应当开展数据出境风险自评估,重点评估以下事项: (一)数据出境和境外接收方处理数据的目的、范围、方式等的合法性、正当性、必要性; (二)出境数据的规模、范围、种类、敏感程度,数据出境可能对国家安全、公共利益、个人或者组织合法权益带来的风险; (三)境外接收方承诺承担的责任义务,以及履行责任义务的管理和技术措施、能力等能否保障出境数据的安全; (四)数据出境中和出境后遭到篡改、破坏、泄露、丢失、转移或者被非法获取、非法利用等的风险,个人信息权益维护的渠道是否通畅等; (五)与境外接收方拟订立的数据出境相关合同或者其他具有法律效力的文件等(以下统称法律文件)是否充分约定了数据安全保护责任义务; (六)其他可能影响数据出境安全的事项。

对比相关规定,个人信息保护影响评估与数据出境风险自评估的要点大多是重合的,甚至可认为只是对评估主体的称谓进行替换,前者的主体是个人信息处理者,后者的主体是数据处理者。换言之,当数据处理者不涉及向境外提供个人信息的情况时,就不需要进行个人信息保护影响评估。因此,对于《数据出境安全评估办法》第 4 条第(1)款规定的向境外提供重要数据的数据处

理者，若其向境外提供的数据中不包含个人信息，且不满足《个人信息保护法》第 55 条规定的其他情形，则无须进行个人信息保护影响评估，只需要进行数据出境风险自评估。

综上所述，个人信息保护影响评估与数据出境风险自评估可能存在竞合问题的场景目前主要有三种：一是数据处理者向境外提供重要数据和个人信息；二是关键信息基础设施运营者和处理 100 万人以上个人信息的数据处理者向境外提供个人信息；三是自上年 1 月 1 日起累计向境外提供 10 万人个人信息或者 1 万人敏感个人信息的数据处理者向境外提供个人信息。

笔者曾对部分地方网信部门进行调查，他们表示由于网信部门暂未发布个人信息保护影响评估报告的标准模板，所以如果企业数据出境风险自评估的工作范围能够全面覆盖《个人信息保护法》第 56 条所列个人信息保护影响评估的要点，那么在同时涉及二者规定时，仅进行数据出境风险自评估是可以接受的。

结合地方网信部门的实际，对于遇到个人信息保护影响评估与数据出境风险自评估竞合问题的申报者，他们或许可以将数据出境风险自评估报告存档，以作为已开展个人信息保护影响评估报告之备查。如果今后网信部门颁布关于个人信息保护影响评估报告的标准模板，那么申报者应及时调整，必要时可重新开展个人信息保护影响评估。

2.3 个人信息保护认证要点分析[1]

2022 年 11 月 4 日，国家市场监督管理总局、国家互联网信息办公室发布《关于实施个人信息保护认证的公告》（以下简称《公告》），决定实施个人信息保护认证，公告一并随附《个人信息保护认证实施规则》（以下简称《认证实施

---

[1] 李金招，蒋晓焜，张泽楷. 个人信息保护认证要点分析 [EB/OL]. （2023-12-01）[2024-03-19]. https://mp.weixin.qq.com/s/pvdLI0Z01KSszUgF2XhUXA.

规则》）。2022年12月发布的《网络安全标准实践指南——个人信息跨境处理活动安全认证规范V2.0》（以下简称《跨境认证规范》），加上在2020年10月开始实施的GB/T 35273—2020《信息安全技术　个人信息安全规范》（以下简称《安全规范》），为数据跨境第二条合规路径"个人信息保护认证"提供的舞台已初步搭建。

那么，在什么情况下应当实施个人信息保护认证、实施个人信息保护认证的机构有哪些、个人信息保护认证的基本流程是什么、个人信息保护认证的基本要求有哪些、实施个人信息保护认证的现状如何等，下面笔者围绕个人信息保护认证这一中心进行分析。

2.3.1　个人信息保护认证的适用情形

《中华人民共和国个人信息保护法》第38条规定："个人信息处理者因业务等需要，确需向中华人民共和国境外提供个人信息的，应当具备下列条件之一：（一）依照本法第四十条的规定通过国家网信部门组织的安全评估；（二）按照国家网信部门的规定经专业机构进行个人信息保护认证；（三）按照国家网信部门制定的标准合同与境外接收方订立合同，约定双方的权利和义务；（四）法律、行政法规或者国家网信部门规定的其他条件。"虽然《个人信息保护法》第38条将个人信息保护认证规定为向境外提供个人信息应具备的条件之一，但对其适用的情形不像安全评估、标准合同的规定那样明确。安全评估和标准合同的适用情形互相补充，而就个人信息保护认证而言，并无具体的规定。《公告》指出："国家市场监督管理总局、国家互联网信息办公室决定实施个人信息保护认证，鼓励个人信息处理者通过认证方式提升个人信息保护能力。"由此可见，个人信息保护认证并非特地为数据出境设置的认证，只要是个人信息处理者，就可以选择进行个人信息保护认证，而数据跨境只是个人信息保护认证中的一类，从认证的标志来看可以看到其区别（见图2-3、图2-4）。

图 2-3　不含跨境处理活动的
个人信息保护认证标志

图 2-4　包含跨境处理活动的
个人信息保护认证标志

对于包含跨境处理活动的个人信息保护认证，未有其他规定限制其适用情形。《跨境认证规范》规定了"自愿认证原则"，即"鼓励开展个人信息跨境处理活动的个人信息处理者自愿申请个人信息保护认证，充分发挥认证在加强个人信息保护、提高个人信息跨境处理效率方面的作用"。由此可见，个人信息保护认证更多地具有"认证"的特征，遵循"自愿认证"的原则，虽是数据出境三大合规路径之一，但并不因某些具体情形而有不能认证的限制。

举例来说，假设 A、B 是向境外提供个人信息的数据处理者。若 A 符合应当进行安全评估的情形，则 A 应当进行安全评估，不应进行标准合同备案，安全评估完成后 A 就已经满足《个人信息保护法》第 38 条的规定。此时，若 A 想做得更好，则 A 可以继续进行个人信息保护认证。若 B 不符合应当进行安全评估的情形，则 B 可以选择进行标准合同备案，也可以选择进行个人信息保护认证，只要 B 达成标准合同或者保护认证中的一个，就能满足《个人信息保护法》第 38 条的规定。如果 B 想做得更好，那么可以使标准合同和保护认证一起进行。

总之，虽然个人信息保护认证是数据跨境的合规路径之一，但并不限于此。

对于希望展示自身承担个人信息保护义务的企业，即使没有强制性要求，也可以在合规成本允许的情况下进行个人信息保护认证，这样既可以彰显其社会责任，又有利于在商业合作中获得友商更多的信赖、在业务经营中得到用户的认可。

2.3.2 个人信息保护认证机构

我国的相关规定并未明确个人信息保护认证的具体机构。笔者对全国认证认可信息公共服务平台进行检索，发现目前仅有中国网络安全审查技术与认证中心（现更名为"中国网络安全审查认证和市场监管大数据中心"）能够进行个人信息保护认证（见图2-5）。或许今后随着我国个人信息保护的进一步发展，会出现能够进行个人信息保护认证的其他机构。

图2-5 中国网络安全审查技术与认证中心可进行个人信息保护认证

2.3.3 个人信息保护认证的实施程序和具体要求

在与个人信息保护认证相关的规则中，个人信息保护认证的实施程序主要由《认证实施规则》规定，而认证的具体要求主要在《认证实施规则》直接引用的两个认证依据（"一标准"加"一规范"）中具体规定，其中标准就是《安全规范》（GB/T 35273），规范就是《跨境认证规范》。

关于上述标准和规范，《认证实施规则》规定："应当执行最新版本。"截至目前，《安全规范》尚未有更新版本，而《跨境认证规范》已进行一次更新，从2022年6月的1.0版本更新为2022年12月的2.0版本。

需要注意的是，《安全规范》和《跨境认证规范》对个人信息保护认证的基本要求有不同分工。《安全规范》规定的是一般的个人信息保护认证的具体要求，无论是否涉及个人信息跨境，只要进行个人信息保护认证，就要遵循其要求。《跨境认证规范》规定的是包含跨境处理活动的个人信息保护认证的具体要求，也就是说对于包含跨境处理活动的个人信息保护认证，在满足《安全规范》要求的基础上还要满足《跨境认证规范》的要求。

综上所述，笔者下面根据《认证实施规则》和《跨境认证规范》分别对个人信息保护认证的实施程序、跨境场景的具体要求进行分析，对于个人信息保护认证的一般要求在此不论述。

1. 个人信息保护认证的实施程序

个人信息保护认证的实施共涉及3个参与主体，参与主体在认证中分别承担不同的责任。其中，认证委托人应当对认证委托资料的真实性、合法性负责；认证机构应当对现场审核结论、认证结论负责；技术验证机构应当对技术验证结论负责。个人信息保护认证的具体实施程序如图2-6所示。

1）认证委托阶段

在认证委托阶段，认证委托人向认证机构发送其要求的认证委托资料，认证机构根据认证委托资料确认是否受理。若受理，就应根据认证委托资料确定认证方案。

（1）认证委托的具体步骤。

步骤一：认证机构应当明确认证委托资料的要求，包括但不限于认证委托人的基本材料、认证委托书、相关证明文档等。

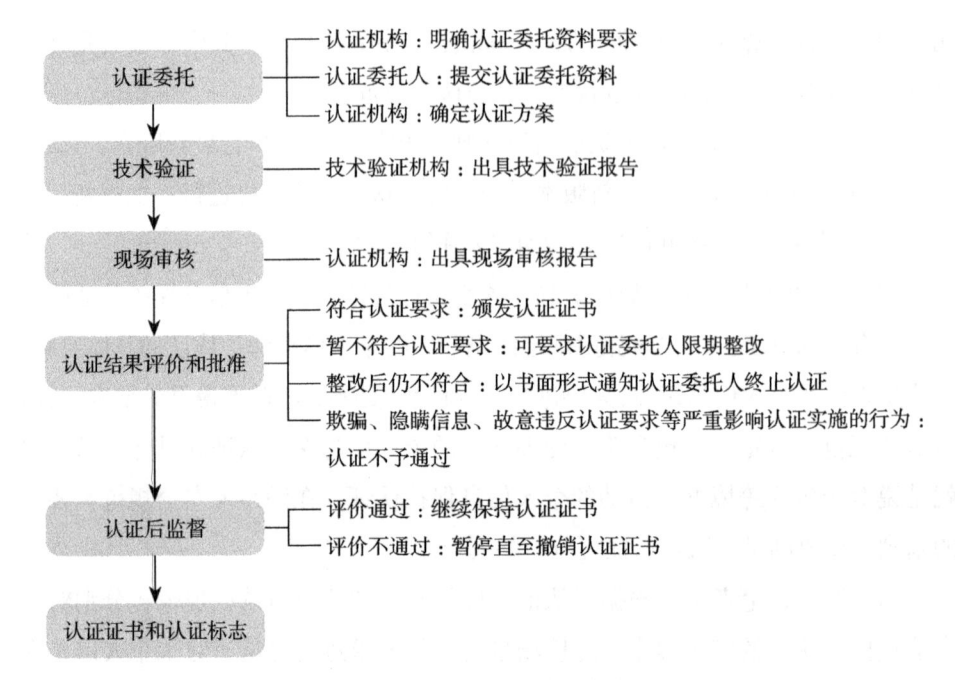

```
认证委托 ──┬── 认证机构：明确认证委托资料要求
          ├── 认证委托人：提交认证委托资料
          └── 认证机构：确定认证方案
    ↓
技术验证 ──── 技术验证机构：出具技术验证报告
    ↓
现场审核 ──── 认证机构：出具现场审核报告
    ↓
认证结果评价和批准 ──┬── 符合认证要求：颁发认证证书
                    ├── 暂不符合认证要求：可要求认证委托人限期整改
                    ├── 整改后仍不符合：以书面形式通知认证委托人终止认证
                    └── 欺骗、隐瞒信息、故意违反认证要求等严重影响认证实施的行为：
                        认证不予通过
    ↓
认证后监督 ──┬── 评价通过：继续保持认证证书
            └── 评价不通过：暂停直至撤销认证证书
    ↓
认证证书和认证标志
```

图 2-6　个人信息保护认证的具体实施程序

步骤二：认证委托人应按认证机构的要求提交认证委托资料，认证机构在对认证委托资料审查后及时反馈是否受理。

步骤三：认证机构应当根据认证委托资料确定认证方案，认证方案包括个人信息类型和数量、涉及的个人信息处理活动范围、技术验证机构信息等，并通知认证委托人。

（2）认证委托资料的内容。

根据中国网络安全审查技术与认证中心发布的"个人信息保护认证申请书"，认证委托人申请个人信息保护认证所需提供的资料如下：

①申请方的营业执照或法人证书复印件。

②自评价表及相关证据材料。

③业务流程及描述主要有承载业务的系统列表（见表2-9）；业务系统框架及功能介绍包括业务系统框架图，业务系统（见表2-10），申请认证的业务流程、数据流图及描述，如涉及跨境提供，提供跨境业务流程、数据流图及描述。

表 2-9　承载业务的系统列表

序号	业务名称	业务系统名称	业务系统描述	是否涉及跨境
		××业务系统		

表 2-10　××业务系统

序号	业务系统名称	业务功能列表	所涉及的个人信息	所涉及的处理活动

④组织机构图或职能描述包括涉及认证对象的组织机构图或职能描述文件；涉及个人信息处理活动的组织架构描述；如涉及跨境提供，跨境业务涉及的组织机构图或职能描述文件。

⑤申请方数据目录（模板）如表 2-11、表 2-12 所示。

表 2-11　××××业务涉及数据目录（模板）

数据类型	类型1级子类	类型2级子类	……	处理活动	级别
个人信息	示例，个人基本信息				
	示例，敏感个人信息				

表 2-12　涉及跨境提供数据目录（模板）

数据类型	类型1级子类	类型2级子类	……	境外接收方	国别
个人信息	示例，个人基本信息				
	示例，敏感个人信息				

注：表 2-11 和表 2-12 应满足以下要求：

1. 本目录的数据类型、分类层级及分级可参考相应标准细化和调整。

2. 数据目录的发布及变更（包括但不限于：增加、删除数据子类型、数据级别调整、数据处理活动变化）应经过审批，对版本采取控制。

3. 提供数据目录的范围应是此次申请认证的范围，版本的控制应该遵循申请组织相关的要求。

⑥适用性声明如表 2-13 所示。

表 2-13　适用性声明

编号	标准条款	评价项	不适用原因	备注
1				
2				
3				
4				
5				
6				
7				
8				
9				

注：单位对自评价表中填写的不适用项作出确认，确保不适用项信息真实有效，不适用原因具有合理依据。

⑦其他补充资料。

2）技术验证阶段

技术验证机构应当按照认证方案实施技术验证，并向认证机构和认证委托人出具技术验证报告。

3）现场审核阶段

认证机构实施现场审核，并向认证委托人出具现场审核报告。

4）认证结果评价和批准阶段

认证机构根据认证委托资料、技术验证报告、现场审核报告和其他相关资料信息进行综合评价，作出认证决定。

（1）对符合认证要求的，颁发认证证书。

（2）对暂不符合认证要求的，可要求认证委托人限期整改。

（3）整改后仍不符合认证要求的，以书面形式通知认证委托人终止认证。

（4）若发现认证委托人、个人信息处理者存在欺骗、隐瞒信息、故意违反认证要求等严重影响认证实施的行为，则认证不予通过。

5）认证后监督阶段

（1）监督的频次。认证机构应当在认证有效期内，对获得认证的个人信息处理者进行持续监督，并合理确定监督频次。

（2）监督的内容。认证机构应当采取适当的方式实施获证后监督，确保获得认证的个人信息处理者持续符合认证要求。

（3）获证后监督结果的评价。认证机构对获证后监督结论和其他相关资料信息进行综合评价。对于评价通过的，可继续保持认证证书；对于评价不通过的，认证机构应当根据相应情形作出暂停直至撤销认证证书的处理。

6）认证证书和认证标志

（1）认证证书。认证证书的有效期为3年。在有效期内，通过认证机构的获证后监督，保持认证证书的有效性。证书到期需延续使用的，认证委托人应当在有效期届满前6个月内提出认证委托。认证机构应当采取获证后监督的方式，对符合认证要求的委托换发新证书。在认证证书有效期内，若获得认证的个人信息处理者的名称、注册地址或者认证要求、认证范围等发生变化，则认证委托人应当向认证机构提出变更委托。认证机构根据变更的内容，对变更委托资料进行评价，确定是否可以批准变更。如需进行技术验证和（或）现场审核，还应当在批准变更前进行技术验证和（或）现场审核。当获得认证的个人信息处理者不再符合认证要求时，认证机构应当及时对认证证书进行暂停直至撤销。认证委托人在认证证书有效期内可申请认证证书暂停、注销。认证机构应当采用适当的方式对外公布认证证书的颁发、变更、暂停、注销和撤销等相关信息。

（2）个人信息保护认证标志如图2-7所示。

图 2-7 不含和包含跨境处理活动的个人信息保护认证标志

注："ABCD"代表认证机构识别信息。

（3）认证证书和认证标志的使用。在认证证书有效期内，获得认证的个人信息处理者应当按照有关规定在广告等宣传中正确使用认证证书和认证标志，不得对公众进行误导。

2. 包含跨境处理活动的个人信息保护认证的具体要求

根据《跨境认证规范》的规定，包含跨境处理活动的个人信息保护认证的具体要求分为基本要求和个人信息主体权益保障要求。其中，部分内容实际上与其他规则中个人信息保护的合规要求是重合的或者可参考的，如基本要求中的"具有法律约束力的文件"，可以借鉴标准合同的有关规定；"个人信息保护影响评估"作为独立的合规要求，也有其他专门规则进行规定。因此，个人信息保护认证除要求个人信息处理者符合认证范围内的规则外，实际上还要求其符合现行规则中应当适用的个人信息保护要求。

关于包含跨境处理活动的个人信息保护认证的要求如图 2-8 所示。

```
                基本要求                      个人信息主体权益
                                              保障要求

       ┌──────────┐  ┌──────────┐          ┌──────────────┐
       │具有法律约束力│  │ 组织管理  │          │个人信息主体权利│
       │  的文件   │  │          │    +     │              │
       ├──────────┤  ├──────────┤          ├──────────────┤
       │个人信息跨境│  │个人信息保护│          │个人信息处理者和境外│
       │  处理规则 │  │  影响评估 │          │ 接收方的责任义务│
       └──────────┘  └──────────┘          └──────────────┘
```

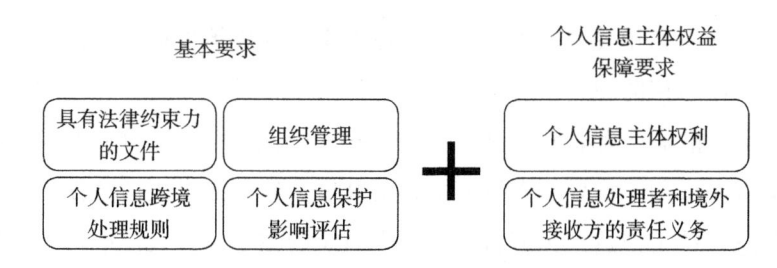

图 2-8　包含跨境处理活动的个人信息保护认证的要求

1）基本要求

（1）具有法律约束力的文件。开展个人信息跨境处理活动的个人信息处理者和境外接收方应签订具有法律约束力和可执行的文件，确保个人信息主体权益得到充分的保障。该文件应至少明确的内容有：个人信息处理者和境外接收方的基本信息，包括但不限于名称、地址、联系人姓名、联系方式等；个人信息跨境处理的目的、范围、类型、敏感程度、数量、方式、保存期限、存储地点等；个人信息处理者和境外接收方保护个人信息的责任与义务，以及为防范个人信息跨境处理可能带来的安全风险所采取的技术和管理措施等；个人信息主体的权利，以及保障个人信息主体权利的途径和方式；救济、合同解除、违约责任、争议解决等；境外接收方承诺并遵守同一个人信息跨境处理规则，并确保个人信息保护水平不低于中华人民共和国个人信息保护相关法律、行政法规规定的标准；境外接收方承诺接受认证机构对个人信息跨境处理活动的持续监督；境外接收方承诺接受中华人民共和国个人信息保护相关法律、行政法规管辖；明确在中华人民共和国境内承担法律责任的组织，并承诺履行个人信息保护义务；个人信息处理者和境外接收方均承诺对侵害个人信息权益行为承担民事法律责任，并明确约定双方应承担的民事法律责任；其他应遵守的法律、行政法规规定的义务。

（2）组织管理。

①个人信息保护负责人。开展个人信息跨境处理活动的个人信息处理者和境外接收方均应指定个人信息保护负责人。个人信息保护负责人应具有个人信

息保护专业知识和相关管理工作经历,由本组织的决策层成员担任。个人信息保护负责人应承担的职责:明确个人信息保护工作的主要目标、基本要求、工作任务、保护措施;为本组织的个人信息保护工作提供人力、财力、物力保障,确保所需资源可用;指导、支持相关人员开展本组织的个人信息保护工作,确保个人信息保护工作达到预期目标;向本组织的主要负责人汇报个人信息保护工作情况,推动个人信息保护工作持续改进。

②个人信息保护机构。开展个人信息跨境处理活动的个人信息处理者和境外接收方均应设立个人信息保护机构,履行个人信息保护义务,防止未经授权的访问及个人信息泄露、篡改、丢失等,并在个人信息跨境处理活动中承担下列职责:依法制订并实施个人信息跨境处理活动计划;组织开展个人信息保护影响评估;监督本组织按照约定的个人信息跨境处理规则处理跨境个人信息,保护个人信息权益;采取有效措施保证按照约定的处理目的、范围、方式处理跨境个人信息,履行个人信息保护义务,保障个人信息安全;定期对本组织处理个人信息遵守中华人民共和国法律、行政法规的情况进行合规审计;接受和处理个人信息主体的请求和投诉;接受认证机构对个人信息跨境处理活动的持续监督,包括答复询问、配合检查等。

(3) 个人信息跨境处理规则。开展个人信息跨境处理活动的个人信息处理者和境外接收方应约定并共同遵守同一个人信息跨境处理规则,该规则应至少包含下列事项:明确跨境处理个人信息的基本情况,如个人信息数量、范围、种类、敏感程度等;明确跨境处理个人信息的目的、方式和范围;明确个人信息境外存储的起止时间及期满后的处理方式;明确跨境处理个人信息需要中转的国家或者地区;明确保障个人信息主体权益所需资源和采取的措施;明确个人信息安全事件的赔偿、处置规则。

(4) 个人信息保护影响评估。个人信息处理者应对拟向境外接收方提供个人信息的活动开展个人信息保护影响评估,并形成个人信息保护影响评估报告,评估报告至少保存3年。评估报告的内容应至少包含下列事项:个人信息处理者和境外接收方处理个人信息的目的、范围、方式等的合法性、正当性、必要性；跨境处理个人信息的规模、范围、类型、敏感程度、频率，个人信息跨境处理可能对个人信息权益带来的风险；境外接收方承诺承担的责任义务，以及履行责任义务的管理和技术措施、能力等能否保障跨境处理个人信息的安全；个人信息跨境处理存在的泄露、损毁、篡改、滥用等风险，个人维护个人信息权益的渠道是否通畅等。境外接收方所在国家或者地区的个人信息保护政策法规对履行个人信息保护义务和保障个人信息权益的影响，包括但不限于：境外接收方此前类似的个人信息跨境传输和处理相关经验、境外接收方是否曾发生数据安全相关事件及是否进行及时有效的处置、境外接收方是否曾收到其所在国家或者地区公共机关要求其提供个人信息的请求及境外接收方应对的情况；该国家或地区现行的个人信息保护法律法规、普遍适用的标准情况，及与我国个人信息保护相关法律法规、标准情况的差异；该国家或地区加入的区域或全球性的个人信息保护方面的组织，以及所做出的具有约束力的国际承诺；该国家或地区落实个人信息保护的机制，如是否具有个人信息保护的监督执法机构和相关司法机构等；其他可能影响个人信息跨境处理安全的事项。

2）个人信息主体权益保障要求

（1）个人信息主体权利。个人信息处理者和境外接收方应承认个人信息主体享有下列权利，并为个人信息主体行使权利提供便利条件。

①个人信息主体是个人信息处理者和境外接收方所签订的具有法律约束力文件中的第三方受益人，有权要求个人信息处理者和境外接收方提供法律文本中涉及个人信息主体权益部分的副本，并向个人信息处理者和境外接收方主张权利。

②个人信息主体对其个人信息的处理拥有知情权、决定权、限制或拒绝他人对其个人信息进行处理的权利、查阅权、复制权、更正与补充的权利、删除权，有权撤回对其个人信息跨境处理的同意。

③个人信息主体行使上述权利时，个人信息主体可请求个人信息处理者采取适当措施实现，或直接向境外接收方提出请求。个人信息处理者无法实现的，

应通知并要求境外接收方协助实现。个人信息主体有权要求个人信息处理者和境外接收方对其个人信息跨境处理规则进行解释说明。

④个人信息主体有权拒绝个人信息处理者仅通过自动化决策方式做出的个人信息跨境处理决定。

⑤个人信息主体有权对违法个人信息跨境处理活动向中华人民共和国履行个人信息保护职责的部门进行投诉、举报。

⑥个人信息权益受到损害时，个人信息主体有权向个人信息处理者、境外接收方中任何一方提出赔偿要求。

⑦个人信息主体有权依据《中华人民共和国民事诉讼法》确定的管辖法院向开展个人信息跨境处理活动的个人信息处理者和境外接收方提起司法诉讼。

⑧法律、行政法规规定的其他权利等。

（2）个人信息处理者和境外接收方的责任义务。个人信息处理者和境外接收方应履行下列责任义务。

①以电子邮件、即时通信、信函、传真等方式告知个人信息主体开展个人信息跨境处理活动的个人信息处理者和境外接收方的基本情况，以及向境外提供个人信息的目的、类型和保存时间，并取得个人信息主体的单独同意。

②如果境外接收方所在国家或地区法律或政策发生变化，导致境外接收方无法履行本认证所提出的要求，境外接收方在知道前述变化后立即通知个人信息处理者及认证机构。

③按照已签署的具有法律效力文件约定的处理目的、处理方式、保护措施等跨境处理个人信息，不得超出约定处理个人信息。

④境外接收方承诺不将所接收的个人信息提供给第三方。如确需提供的，满足中华人民共和国有关法律、行政法规要求，并采取必要措施确保第三方个人信息跨境处理活动达到《中华人民共和国个人信息保护法》规定的个人信息保护标准。

⑤为个人信息主体提供查阅其个人信息的途径，个人信息主体要求查阅、复制、更正、补充或者删除其个人信息时，及时予以响应，拒绝其请求的，要说明理由。

⑥客观记录开展的个人信息跨境处理活动，保存记录至少 3 年；按照相关法律法规要求向中华人民共和国履行个人信息保护职责的部门提供相关记录文件。

⑦当出现难以保证个人信息安全的情况时，及时停止跨境处理个人信息，并通知对方。

⑧发生或者可能发生个人信息泄露、篡改、丢失的，个人信息处理者及境外接收方立即采取补救措施，并通知对方，报告中华人民共和国履行个人信息保护职责的部门，按照相关法律法规要求通知个人信息主体，记录并留存所有与个人信息泄露、篡改、丢失有关的事实及其影响，包括采取的所有补救措施。通知、报告应包含个人信息泄露、篡改、丢失的原因；泄露的个人信息种类和可能造成的危害；已采取的补救措施；个人可以采取的减轻危害的措施；负责处理个人信息泄露、篡改、丢失的负责人或负责团队的联系方式；应个人信息主体的请求，提供双方有法律约束力文件中涉及个人信息主体权益部分的副本等内容。境外接收方的境内法律责任承担方承诺为个人信息主体行使权利提供便利条件，当发生个人信息跨境处理活动损害个人信息主体权益时，为境外接收方承担相应的民事法律责任；承诺接受认证机构对个人信息跨境处理活动的持续监督，包括答复询问、配合检查、服从采取的措施或做出的决定等，并提供已采取必要行动的书面证明；承担证明相关责任义务已履行的举证责任；承诺遵守中华人民共和国个人信息保护有关法律、行政法规，接受中华人民共和国司法管辖；承诺与个人信息跨境处理有关的纠纷适用中华人民共和国相关法律法规。

3. 实务概要

截至目前，虽然中国网络安全审查认证和市场监管大数据中心已经有关于包含跨境处理活动的个人信息保护认证的成功案例，但是因为个人信息保护认证的相关规定还在制定完善，未正式发布生效，所以中国网络安全审查认证和市场监管大数据中心已经暂停包含跨境处理活动的个人信息保护认证申请，个人信息处理者仍可以申请不包含跨境处理活动的个人信息保护认证。通常在认证开始后，认证机构会发给问卷等清单。根据认证委托人填写的清单反馈，如果存在不符合要求的情况，认证机构会提出意见，认证委托人整改后再继续认证工作，因此认证委托人可借此机会对自身不合规的方面进行整改。但是须注意的是，个人信息保护认证的成本较高，3年有效期内支付的费用可能会达上百万，因此对合规预算不太充足的企业来说，或许标准合同是其更好的选择。

2.4 个人信息出境标准合同要点分析 ❶

2023年2月22日，《个人信息出境标准合同办法》（以下简称《办法》）发布。《办法》随附《个人信息出境标准合同》模板，并于2023年6月1日生效，为《个人信息保护法》规定的个人信息出境第三条合规路径的实践确定"自主缔约与备案管理相结合、保护权益与防范风险相结合，保障个人信息跨境安全、自由流动"的方针。2023年5月30日，与《办法》配套的《个人信息出境标准合同备案指南（第一版）》（以下简称《指南》）发布，为标准合同备案提供进一步明确指引。之后，北京、上海、福建、广东等地的标准合同备案指引陆续出台，积极响应配合标准合同备案工作。

那么，关于在什么情况下应当签订个人信息出境标准合同并进行备案、备案的流程是什么、备案时需要提交哪些材料、个人信息出境标准合同的内容有哪些、实务现状如何等问题，下面围绕个人信息出境标准合同这一中心进行分析。

2.4.1 个人信息出境标准合同的适用情形

《个人信息保护法》第38条规定："个人信息处理者因业务等需要，确需向中华人民共和国境外提供个人信息的，应当具备下列条件之一：（一）依照本法

---

❶ 李金招，蒋晓焜，张泽楷. 个人信息出境标准合同要点分析 [EB/OL]. （2024-03-01）[2024-03-19]. https://mp.weixin.qq.com/s/1TK5yHWb3poIBsPR9qhUlw.

第 2 章 数据出境合规

第四十条的规定通过国家网信部门组织的安全评估;(二)按照国家网信部门的规定经专业机构进行个人信息保护认证;(三)按照国家网信部门制定的标准合同与境外接收方订立合同,约定双方的权利和义务;(四)法律、行政法规或者国家网信部门规定的其他条件。"

《办法》第 4 条或《指南》"一、适用范围"规定:"个人信息处理者通过订立标准合同的方式向境外提供个人信息的,应当同时符合下列情形:(一)非关键信息基础设施运营者;(二)处理个人信息不满 100 万人的;(三)自上年 1 月 1 日起累计向境外提供个人信息不满 10 万人的;(四)自上年 1 月 1 日起累计向境外提供敏感个人信息不满 1 万人的。法律、行政法规或者国家网信部门另有规定的,从其规定。个人信息处理者不得采取数量拆分等手段,将依法应当通过出境安全评估的个人信息通过订立标准合同的方式向境外提供。"

由此可见,《办法》和《指南》对个人信息出境标准合同适用情形的表述是完全相同的,都规定向境外提供个人信息的个人信息处理者符合以下情形时可以选择通过订立标准合同的方式向境外提供,即非关键信息基础设施运营者、处理个人信息不满 100 万人的、自上年 1 月 1 日起累计向境外提供个人信息不满 10 万人的、自上年 1 月 1 日起累计向境外提供敏感个人信息不满 1 万人的。

正如本书"2.3 个人信息保护认证要点分析"所述,若将标准合同的适用情形与数据出境安全评估结合,就全面涵盖向境外提供个人信息的全部情形,其中的核心逻辑是涉及个人信息出境时,量级较大、影响较大的进行数据出境安全评估,量级较小、影响较小的进行个人信息出境标准合同备案或个人信息保护认证。

然而这种"全面涵盖"是否合理仍有待商榷。难道只要涉及向境外提供个人信息,根据《个人信息保护法》第 38 条规定就一定要进行数据出境安全评估、个人信息保护认证或个人信息出境标准合同订立吗?

例如,国内的 A 公司和国外的 B 公司进行项目合作,张三为负责该项目的 A 公司员工，因此 A 公司向 B 公司提供张三的姓名、联系方式、联系地址及身份证号码等个人信息，以便项目合作的开展。此时，A 公司只向境外提供 1 人的个人信息，难道也要大费周章地签订个人信息出境标准合同并进行备案吗？这种做法不仅降低商业交易效率，增加 A 公司的合规成本，而且可能造成项目合作的终止。因为个人信息出境标准合同使境外接收方承担义务，所以境外 B 公司通常并不愿意为 1 条个人信息承担更多的义务。《指南》规定的属于个人信息出境行为的情形并没有明确排除这种只出境极少数个人信息的情况。《指南》规定："……以下情形属于个人信息出境行为：（一）个人信息处理者将在境内运营中收集和产生的个人信息传输、存储至境外；（二）个人信息处理者收集和产生的个人信息存储在境内，境外的机构、组织或者个人可以查询、调取、下载、导出；（三）国家网信办规定的其他个人信息出境行为。"

2023 年 9 月 28 日，国家互联网信息办公室发布的《规范和促进数据跨境流动规定（征求意见稿）》（以下简称《跨境流动规定》），对部分情形下个人信息出境做出豁免申报数据出境安全评估、订立个人信息出境标准合同、通过个人信息保护认证的规定，具体内容见表 2-14 所示。

表 2-14 《规范和促进数据跨境流动规定（征求意见稿）》
对部分个人信息出境豁免的规定

《跨境流动规定》	不需要履行的义务
一、国际贸易、学术合作、跨国生产制造和市场营销等活动中产生的数据出境，不包含个人信息或者重要数据的，不需要申报数据出境安全评估、订立个人信息出境标准合同、通过个人信息保护认证。	申报数据出境安全评估、订立个人信息出境标准合同、通过个人信息保护认证
二、未被相关部门、地区告知或者公开发布为重要数据的，数据处理者不需要作为重要数据申报数据出境安全评估。	申报数据出境安全评估
三、不是在境内收集产生的个人信息向境外提供，不需要申报数据出境安全评估、订立个人信息出境标准合同、通过个人信息保护认证。	申报数据出境安全评估、订立个人信息出境标准合同、通过个人信息保护认证

续表

《跨境流动规定》	不需要履行的义务
四、符合以下情形之一的，不需要申报数据出境安全评估、订立个人信息出境标准合同、通过个人信息保护认证： （一）为订立、履行个人作为一方当事人的合同所必需，如跨境购物、跨境汇款、机票酒店预订、签证办理等，必须向境外提供个人信息的； （二）按照依法制定的劳动规章制度和依法签订的集体合同实施人力资源管理，必须向境外提供内部员工个人信息的； （三）紧急情况下为保护自然人的生命健康和财产安全等，必须向境外提供个人信息的。	申报数据出境安全评估、订立个人信息出境标准合同、通过个人信息保护认证
五、预计一年内向境外提供不满1万人个人信息的，不需要申报数据出境安全评估、订立个人信息出境标准合同、通过个人信息保护认证。但是，基于个人同意向境外提供个人信息的，应当取得个人信息主体同意。	申报数据出境安全评估、订立个人信息出境标准合同、通过个人信息保护认证
六、预计一年内向境外提供1万人以上、不满100万人个人信息，与境外接收方订立个人信息出境标准合同并向省级网信部门备案或者通过个人信息保护认证的，可以不申报数据出境安全评估；向境外提供100万人以上个人信息的，应当申报数据出境安全评估。但是，基于个人同意向境外提供个人信息的，应当取得个人信息主体同意。	数据出境安全评估
七、自由贸易试验区可自行制定本自贸区需要纳入数据出境安全评估、个人信息出境标准合同、个人信息保护认证管理范围的数据清单（以下简称负面清单），报经省级网络安全和信息化委员会批准后，报国家网信部门备案。 负面清单外数据出境，可以不申报数据出境安全评估、订立个人信息出境标准合同、通过个人信息保护认证。	申报数据出境安全评估、订立个人信息出境标准合同、通过个人信息保护认证

《跨境流动规定》的第5条实际上是针对极少数个人信息出境的情况进行明确，包括其他不需要履行义务的情形。如果《跨境流动规定》能正式生效，那么具有重要的意义。《跨境流动规定》进一步划清企业哪些需要做、哪些不需要做的界限，将个人信息出境标准合同备案的实施工作向前推进一大步。因此，对预计1年内向境外提供不满1万人个人信息的，或者符合其他不需要履行义务的情形的企业来说，若有进行标准合同备案的计划，则不妨观望一段时间，待《跨境流动规定》正式发布实施后可能不需要备案。

2.4.2 个人信息出境标准合同备案的要点

《指南》在《办法》规定的基础上，对个人信息出境标准合同备案的流程、材料等细节进行补充。笔者根据《指南》总结出个人信息出境标准合同备案流程（见图2-9），以标准合同生效为起始点，备案流程包括材料提交、材料查验及反馈备案结果、补充或者重新备案等环节。

标准合同生效

材料提交
个人信息处理者应当在标准合同生效之日起10个工作日内，通过送达书面材料并附带材料电子版的方式，向所在地省级网信办备案。
- 统一社会信用代码证件影印件
- 法定代表人身份证件影印件
- 经办人身份证件影印件
- 经办人授权委托书
- 承诺书
- 标准合同
- 个人信息保护影响评估报告

材料查验及反馈备案结果
省级网信办收到材料后，在15个工作日内完成材料查验，并通知个人信息处理者备案结果。
- 通过备案：省级网信办向个人信息处理者发放备案编号。
- 不通过备案：个人信息处理者将收到备案未成功通知及原因，要求补充完善材料的，个人信息处理者应当补充完善材料并于10个工作日内再次提交。

补充或者重新备案
在标准合同有效期内：补充订立标准合同的，应当向所在地省级网信办提交补充材料；重新订立标准合同的，应当重新备案；补充或者重新备案的材料查验时间为15个工作日。

标准合同有效期内出现下列情形之一的，应重新开展个人信息保护影响评估，补充或者重新订立标准合同，并履行相应备案手续：
- 向境外提供个人信息的目的、范围、种类、敏感程度、方式、保存地点或者境外接收方处理个人信息的用途、方式发生变化，或者延长个人信息境外保存期限的；
- 境外接收方所在国家或者地区的个人信息保护政策和法规发生变化等可能影响个人信息权益的；
- 可能影响个人信息权益的其他情形。

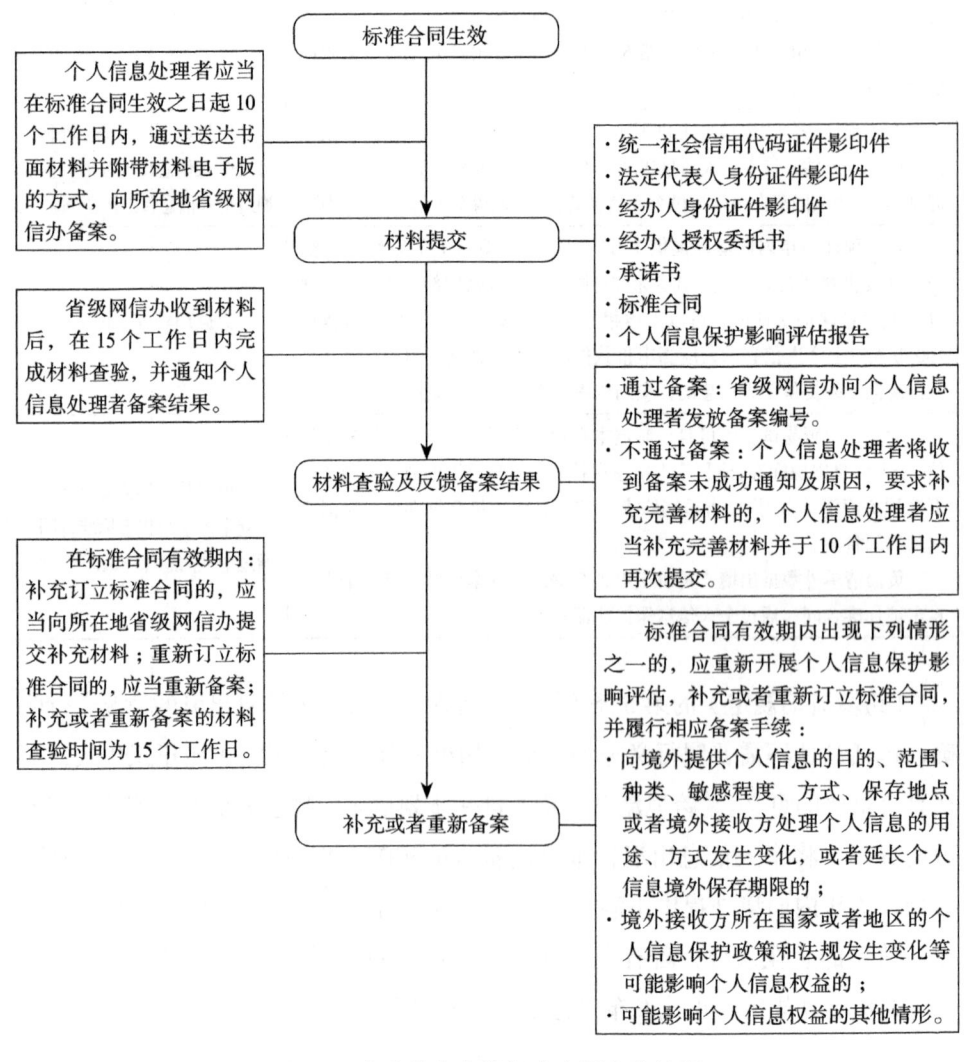

图 2-9　个人信息出境标准合同备案流程

1. 备案流程

个人信息处理者应当在标准合同生效之日起 10 个工作日内，通过送达书面材料并附带材料电子版的方式，向所在地省级网信办备案。

1）材料提交

个人信息处理者备案标准合同时，应当提交的材料见表 2-15。

表 2-15 个人信息出境标准合同备案所提交的材料

材料名称	要求
统一社会信用代码证件	影印件加盖公章
法定代表人身份证件	影印件加盖公章
经办人身份证件	影印件加盖公章
经办人授权委托书	原件
承诺书	原件
个人信息出境标准合同	原件
个人信息保护影响评估报告	原件

对于备案材料中的经办人授权委托书、承诺书、个人信息出境标准合同和个人信息保护影响评估报告，《指南》提供了对应的各模板附件。经对比可以发现，之前《办法》随附的《个人信息出境标准合同》模板与《指南》提供的模板是完全相同的，所以在使用上并无区别。

2）材料查验及反馈备案结果

省级网信办收到材料后在 15 个工作日内完成材料查验，并通知个人信息处理者备案结果。

备案结果有通过、不通过。通过备案的，省级网信办向个人信息处理者发放备案编号；不通过备案的，个人信息处理者会收到备案未成功通知及其原因，要求补充完善材料的，个人信息处理者应补充完善材料，并于 10 个工作日内再次提交。

3）补充或者重新备案

（1）补充或重新备案的程序。个人信息处理者在标准合同有效期内，补充订立标准合同的，应当向所在地省级网信办提交补充材料；重新订立标准合同的，应当重新备案。补充或者重新备案的材料查验时间为15个工作日。

（2）补充或重新备案的情形。在标准合同有效期内出现下列情形之一的，个人信息处理者应重新开展个人信息保护影响评估，补充或者重新订立标准合同，并履行相应备案手续。一是向境外提供个人信息的目的、范围、种类、敏感程度、方式、保存地点或者境外接收方处理个人信息的用途、方式发生变化，或者延长个人信息境外保存期限的；二是境外接收方所在国家或者地区的个人信息保护政策和法规发生变化等可能影响个人信息权益的；三是可能影响个人信息权益的其他情形。

2. 地方备案要求

对于个人信息出境标准合同备案，我国大部分省级行政区都开设备案咨询通道、发布相应的备案通知或指引。以《福建省个人信息出境标准合同备案指引》为例，多数备案指引都是《办法》和《指南》的复述，主要区别是对材料的提交渠道和形式做出细化规定。值得关注的是北京市互联网信息办公室发布的《北京市个人信息出境标准合同备案指引》，其中规定："备案主体，须为法人实体，且备案主体应与境内合同签署方一致。如多家独立法人企业同属一家集团公司，可由集团公司作为个人信息出境标准合同备案主体。分公司不具备独立法人，不可代替总部或子公司备案。个人信息及敏感个人信息，可参考《信息安全技术　个人信息安全规范》（GB/T 35273—2020）进行判定。"

《北京市个人信息出境标准合同备案指引》体现两个要点。一是备案主体原则上要与境内合同签署方一致。若备案的多家独立法人企业同属一家集团公司，则可由集团公司作为个人信息出境标准合同备案主体。笔者认为，该规定应是为配合《办法》第4条规定中的"个人信息处理者不得采取数量拆分等手段，将依法应当通过出境安全评估的个人信息通过订立标准合同的方式向境外提供"。例如，A集团有10家子公司，每家子公司每年有1万人个人信息出境，相当于A集团每年有10万人个人信息出境。此时，若以每家子公司为主体单独申请，则每家子公司只需要进行个人信息出境标准合同备案，但是就A集团整体而言，实际上已经达到需要进行数据出境安全评估的个人信息出境量级。二是个人信息及敏感个人信息，可参考《信息安全技术　个人信息安全规范》（GB/T 35273—2020）进行判定。笔者认为，这一规定解决了个人信息出境数量判断的难题。因为个人信息和敏感个人信息在标准合同备案中的门槛是不一样的，在界限不够明确的情况下，北京市确定了1个判断的依据，有利于个人信息处理者明确其是否需要进行备案。值得注意的是，在个人信息保护认证中，《信息安全技术　个人信息安全规范》是其认证依据。

2.4.3 《个人信息出境标准合同》

1.《个人信息出境标准合同》概述

《个人信息出境标准合同》作为标准合同这一数据出境合规路径对应的核心文件，体现了该合规路径的重点和难点。虽然《办法》和《指南》都给出了具体的标准合同模板，但应如何理解模板中的条文，笔者在下文进行详细分析。

理解标准合同的条文具有必要性。个人信息处理者要在向境外接收方解释标准合同内容后顺利签订合同，如果自己对标准合同的内容不清楚，那么不仅不利于个人信息处理者依据标准合同确定双方应有的权利和义务，而且难以与境外接收方顺畅沟通并顺利完成标准合同的签订。

《个人信息出境标准合同》的条文设置如下：

第一条 定义

第二条 个人信息处理者的义务

第三条 境外接收方的义务

第四条 境外接收方所在国家或者地区个人信息保护政策和法规对合同履行的影响

第五条 个人信息主体的权利

第六条 救济

第七条 合同解除

第八条 违约责任

第九条 其他

从《个人信息出境标准合同》的条文设置可以看出，其与一般的合同内容结构并无不同，只要把握各主体的权利与义务、违约救济两个要点，标准合同的内容结构自会清晰（见图2-10）。

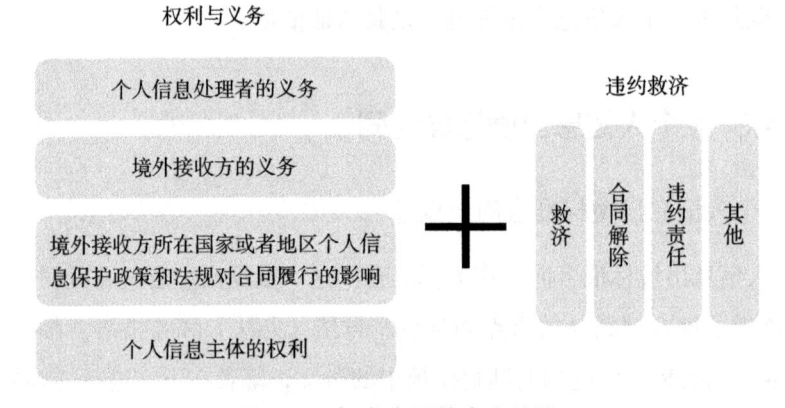

图 2-10 标准合同的内容结构

2.《个人信息出境标准合同》条文分析

1）第 2 条 个人信息处理者的义务

个人信息处理者的义务内容及分析如表 2-16 所示。

表 2-16 个人信息处理者的义务内容及分析

条文内容	简要分析
个人信息处理者应当履行下列义务： （一）按照相关法律法规规定处理个人信息，向境外提供的个人信息仅限于实现处理目的所需的最小范围。	依法处理、最小必要原则

续表

条文内容	简要分析
（二）向个人信息主体告知境外接收方的名称或者姓名、联系方式、附录一"个人信息出境说明"中处理目的、处理方式、个人信息的种类、保存期限，以及行使个人信息主体权利的方式和程序等事项。向境外提供敏感个人信息的，还应当向个人信息主体告知提供敏感个人信息的必要性以及对个人权益的影响。但是法律、行政法规规定不需要告知的除外。	境外接收方和出境说明的告知
（三）基于个人同意向境外提供个人信息的，应当取得个人信息主体的单独同意。涉及不满十四周岁未成年人个人信息的，应当取得未成年人的父母或者其他监护人的单独同意。法律、行政法规规定应当取得书面同意的，应当取得书面同意。	取得个人信息主体同意
（四）向个人信息主体告知其与境外接收方通过本合同约定个人信息主体为第三方受益人，如个人信息主体未在30日内明确拒绝，则可以依据本合同享有第三方受益人的权利。	第三方受益人约定的告知
（五）尽合理地努力确保境外接收方采取如下技术和管理措施（综合考虑个人信息处理目的、个人信息的种类、规模、范围及敏感程度、传输的数量和频率、个人信息传输及境外接收方的保存期限等可能带来的个人信息安全风险），以履行本合同约定的义务:(如加密、匿名化、去标识化、访问控制等技术和管理措施)。	确保境外接收方采取技术和管理措施
（六）根据境外接收方的要求向境外接收方提供相关法律规定和技术标准的副本。	向境外接收方提供相关规则标准副本
（七）答复监管机构关于境外接收方的个人信息处理活动的询问。	答复监管机构询问
（八）按照相关法律法规对拟向境外接收方提供个人信息的活动开展个人信息保护影响评估。重点评估以下内容： 1. 个人信息处理者和境外接收方处理个人信息的目的、范围、方式等的合法性、正当性、必要性。 2. 出境个人信息的规模、范围、种类、敏感程度，个人信息出境可能对个人信息权益带来的风险。 3. 境外接收方承诺承担的义务，以及履行义务的管理和技术措施、能力等能否保障出境个人信息的安全。 4. 个人信息出境后遭到篡改、破坏、泄露、丢失、非法利用等的风险，个人信息权益维护的渠道是否通畅等。 5. 按照本合同第四条评估当地个人信息保护政策和法规对合同履行的影响。 6. 其他可能影响个人信息出境安全的事项。 保存个人信息保护影响评估报告至少3年。	个人信息保护影响评估

续表

条文内容	简要分析
（九）根据个人信息主体的要求向个人信息主体提供本合同的副本。如涉及商业秘密或者保密商务信息，在不影响个人信息主体理解的前提下，可对本合同副本相关内容进行适当处理。	依个人信息主体要求提供合同副本
（十）对本合同义务的履行承担举证责任。	举证责任
（十一）根据相关法律法规要求，向监管机构提供本合同第三条第十一项所述的信息，包括所有合规审计结果。	向监管机构提供必要信息

2）第3条 境外接收方的义务

境外接收方的义务内容及分析如表2-17所示。

表2-17 境外接收方的义务内容及分析

条文内容	简要分析
境外接收方应当履行下列义务： （一）按照附录一"个人信息出境说明"所列约定处理个人信息。如超出约定的处理目的、处理方式和处理的个人信息种类，基于个人同意处理个人信息的，应当事先取得个人信息主体的单独同意；涉及不满十四周岁未成年人个人信息的，应当取得未成年人的父母或者其他监护人的单独同意。	按照约定处理个人信息；超出约定处理需事先取得同意；不满十四周岁应取得监护人同意
（二）受个人信息处理者委托处理个人信息的，应当按照与个人信息处理者的约定处理个人信息，不得超出与个人信息处理者约定的处理目的、处理方式等处理个人信息。	受委托处理不得超出约定范围
（三）根据个人信息主体的要求向个人信息主体提供本合同的副本。如涉及商业秘密或者保密商务信息，在不影响个人信息主体理解的前提下，可对本合同副本相关内容进行适当处理。	根据个人信息主体要求提供合同副本
（四）采取对个人权益影响最小的方式处理个人信息。	必要最小原则
（五）个人信息的保存期限为实现处理目的所必要的最短时间，保存期限届满的，应当删除个人信息（包括所有备份）。受个人信息处理者委托处理个人信息，委托合同未生效、无效、被撤销或者终止的，应当将个人信息返还个人信息处理者或者予以删除，并向个人信息处理者提供书面说明。删除个人信息从技术上难以实现的，应当停止除存储和采取必要的安全保护措施之外的处理。	个人信息保存期限必要最短，届满删除；委托处理终止返还或删除个人信息

续表

条文内容	简要分析
（六）按下列方式保障个人信息处理安全： 1. 采取包括但不限于本合同第二条第五项的技术和管理措施，并定期进行检查，确保个人信息安全。 2. 确保授权处理个人信息的人员履行保密义务，并建立最小授权的访问控制权限。	个人信息处理安全措施
（七）如处理的个人信息发生或者可能发生篡改、破坏、泄露、丢失、非法利用、未经授权提供或者访问，应当开展下列工作： 1. 及时采取适当补救措施，减轻对个人信息主体造成的不利影响。 2. 立即通知个人信息处理者，并根据相关法律法规要求报告监管机构。通知应当包含下列事项： （1）发生或者可能发生篡改、破坏、泄露、丢失、非法利用、未经授权提供或者访问的个人信息种类、原因和可能造成的危害。 （2）已采取的补救措施。 （3）个人信息主体可以采取的减轻危害的措施。 （4）负责处理相关情况的负责人或者负责团队的联系方式。 3. 相关法律法规要求通知个人信息主体的，通知的内容包含本项第2目的事项。受个人信息处理者委托处理个人信息的，由个人信息处理者通知个人信息主体。 4. 记录并留存所有与发生或者可能发生篡改、破坏、泄露、丢失、非法利用、未经授权提供或者访问有关的情况，包括采取的所有补救措施。	发生或者可能发生安全事件的补救措施、通知和记录留存
（八）同时符合下列条件的，方可向中华人民共和国境外的第三方提供个人信息： 1. 确有业务需要。 2. 已告知个人信息主体该第三方的名称或者姓名、联系方式、处理目的、处理方式、个人信息种类、保存期限以及行使个人信息主体权利的方式和程序等事项。向第三方提供敏感个人信息的，还应当向个人信息主体告知提供敏感个人信息的必要性以及对个人权益的影响。但是法律、行政法规规定不需要告知的除外。 3. 基于个人同意处理个人信息的，应当取得个人信息主体的单独同意。涉及不满十四周岁未成年人个人信息的，应当取得未成年人的父母或者其他监护人的单独同意。法律、行政法规规定应当取得书面同意的，应当取得书面同意。	向第三方提供个人信息的，应同时符合必要、告知、同意、签署并提供书面协议等要求

续表

条文内容	简要分析
4. 与第三方达成书面协议，确保第三方的个人信息处理活动达到中华人民共和国相关法律法规规定的个人信息保护标准，并承担因向中华人民共和国境外的第三方提供个人信息而侵害个人信息主体享有权利的法律责任。 5. 根据个人信息主体的要求向个人信息主体提供该书面协议的副本。如涉及商业秘密或者保密商务信息，在不影响个人信息主体理解的前提下，可对该书面协议相关内容进行适当处理。	
（九）受个人信息处理者委托处理个人信息，转委托第三方处理的，应当事先征得个人信息处理者同意，要求该第三方不得超出本合同附录一"个人信息出境说明"中约定的处理目的、处理方式等处理个人信息，并对该第三方的个人信息处理活动进行监督。	转委托第三方处理应取得个人信息处理者同意；第三方不得超出约定处理；转委托方对第三方监督
（十）利用个人信息进行自动化决策的，应当保证决策的透明度和结果公平、公正，不得对个人信息主体在交易价格等交易条件上实行不合理的差别待遇。通过自动化决策方式向个人信息主体进行信息推送、商业营销的，应当同时提供不针对其个人特征的选项，或者向个人信息主体提供便捷的拒绝方式。	自动化决策公平、公正，提供不针对选项或拒绝方式
（十一）承诺向个人信息处理者提供已遵守本合同义务所需的必要信息，允许个人信息处理者对必要数据文件和文档进行查阅，或者对本合同涵盖的处理活动进行合规审计，并为个人信息处理者开展合规审计提供便利。	提供必要信息，允许查阅或审计
（十二）对开展的个人信息处理活动进行客观记录，保存记录至少3年，并按照相关法律法规要求直接或者通过个人信息处理者向监管机构提供相关记录文件。	客观记录3年
（十三）同意在监督本合同实施的相关程序中接受监管机构的监督管理，包括但不限于答复监管机构询问、配合监管机构检查、服从监管机构采取的措施或者作出的决定、提供已采取必要行动的书面证明等。	接受监管机构监督管理

3）第4条 境外接收方所在国家或者地区个人信息保护政策和法规对合同履行的影响

境外接收方所在国家或者地区个人信息保护政策和法规对合同履行的影响内容及分析如表2-18所示。

表 2-18　境外接收方所在国家或者地区个人信息保护政策和法规对合同履行的影响内容及分析

条文内容	简要分析
（一）双方应当保证在本合同订立时已尽到合理注意义务，未发现境外接收方所在国家或者地区的个人信息保护政策和法规（包括任何提供个人信息的要求或者授权公共机关访问个人信息的规定）影响境外接收方履行本合同约定的义务。	双方合理注意义务保证
（二）双方声明，在作出本条第一项的保证时，已经结合下列情形进行评估： 1. 出境的具体情况，包括个人信息处理目的、传输个人信息的种类、规模、范围及敏感程度、传输的规模和频率、个人信息传输及境外接收方的保存期限、境外接收方此前类似的个人信息跨境传输和处理相关经验、境外接收方是否曾发生个人信息安全相关事件及是否进行了及时有效地处置、境外接收方是否曾收到其所在国家或者地区公共机关要求其提供个人信息的请求及境外接收方应对的情况。 2. 境外接收方所在国家或者地区的个人信息保护政策和法规，包括下列要素： （1）该国家或者地区现行的个人信息保护法律法规及普遍适用的标准。 （2）该国家或者地区加入的区域性或者全球性的个人信息保护方面的组织，以及所作出的具有约束力的国际承诺。 （3）该国家或者地区落实个人信息保护的机制，如是否具备个人信息保护的监督执法机构和相关司法机构等。 3. 境外接收方安全管理制度和技术手段保障能力。	双方声明已经评估出境的具体情况和境外接收方所在地的个人信息保护政策和法规
（三）境外接收方保证，在根据本条第二项进行评估时，已尽最大努力为个人信息处理者提供了必要的相关信息。	境外接收方保证已提供必要信息
（四）双方应当记录根据本条第二项进行评估的过程和结果。	双方记录评估过程和结果
（五）因境外接收方所在国家或者地区的个人信息保护政策和法规发生变化（包括境外接收方所在国家或者地区更改法律，或者采取强制性措施）导致境外接收方无法履行本合同的，境外接收方应当在知道该变化后立即通知个人信息处理者。	境外接收方所在地政策和法规变化无法履行的，应立即通知个人信息处理者
（六）境外接收方接到所在国家或者地区的政府部门、司法机构关于提供本合同项下的个人信息要求的，应当立即通知个人信息处理者。	境外接收方收到政府部门、司法机构个人信息要求应立即通知

4）第5条 个人信息主体的权利

个人信息主体的权利内容及分析如表2-19所示。

表2-19　个人信息主体的权利内容及分析

条文内容	简要分析
双方约定个人信息主体作为本合同第三方受益人享有以下权利： （一）个人信息主体依据相关法律法规，对其个人信息的处理享有知情权、决定权，有权限制或者拒绝他人对其个人信息进行处理，有权要求查阅、复制、更正、补充、删除其个人信息，有权要求对其个人信息处理规则进行解释说明。	知情、决定、限制、拒绝、查阅、复制、更正、补充、删除、要求解释说明的权利
（二）当个人信息主体要求对已经出境的个人信息行使上述权利时，个人信息主体可以请求个人信息处理者采取适当措施实现，或者直接向境外接收方提出请求。个人信息处理者无法实现的，应当通知并要求境外接收方协助实现。	可向个人信息处理者或境外接收方提出实现权利请求
（三）境外接收方应当按照个人信息处理者的通知，或者根据个人信息主体的请求，在合理期限内实现个人信息主体依照相关法律法规所有的权利。 境外接收方应当以显著的方式、清晰易懂的语言真实、准确、完整地告知个人信息主体相关信息。	境外接收方应按照通知或请求实现个人信息主体的权利
（四）境外接收方拒绝个人信息主体的请求的，应当告知个人信息主体其拒绝的原因，以及个人信息主体向相关监管机构提出投诉和寻求司法救济的途径。	境外接收方拒绝请求的应告知原因和投诉救济途径
（五）个人信息主体作为本合同第三方受益人有权根据本合同条款向个人信息处理者和境外接收方的一方或者双方主张并要求履行本合同项下与个人信息主体权利相关的下列条款： 1.第二条，但第二条第五项、第六项、第七项、第十一项除外。 2.第三条，但第三条第七项第2目和第4目、第九项、第十一项、第十二项、第十三项除外。 3.第四条，但第四条第五项、第六项除外。 4.第五条。 5.第六条。 6.第八条第二项、第三项。 7.第九条第五项。 上述约定不影响个人信息主体依据《中华人民共和国个人信息保护法》享有的权益。	个人信息主体作为第三方受益人有权要求个人信息处理者和境外接收方履行义务

5）第 6 条 救济

救济内容及分析如表 2-20 所示。

表 2-20　救济内容及分析

条文内容	简要分析
（一）境外接收方应当确定一个联系人，授权其答复有关个人信息处理的询问或者投诉，并应当及时处理个人信息主体的询问或者投诉。境外接收方应当将联系人信息告知个人信息处理者，并以简洁易懂的方式，通过单独通知或者在其网站公告，告知个人信息主体该联系人信息，具体为：联系人及联系方式（办公电话或电子邮箱）。	境外接收方应确定联系人
（二）一方因履行本合同与个人信息主体发生争议的，应当通知另一方，双方应当合作解决争议。	一方与个人信息主体发生争议的，应通知另一方
（三）争议未能友好解决，个人信息主体根据第五条行使第三方受益人的权利的，境外接收方接受个人信息主体通过下列形式维护权利： 1. 向监管机构投诉。 2. 向本条第五项约定的法院提起诉讼。	境外接收方接受个人信息主体的投诉或诉讼
（四）双方同意个人信息主体就本合同争议行使第三方受益人权利，个人信息主体选择适用中华人民共和国相关法律法规的，从其选择。	个人信息主体可就争议选择适用中国法律
（五）双方同意个人信息主体就本合同争议行使第三方受益人权利的，个人信息主体可以依据《中华人民共和国民事诉讼法》向有管辖权的人民法院提起诉讼。	个人信息主体可就争议依据中国法律向有管辖权的人民法院提起诉讼
（六）双方同意个人信息主体所作的维权选择不会减损个人信息主体根据其他法律法规寻求救济的权利。	双方不因维权选择而减损个人信息主体寻求救济的权利

6）第 7 条 合同解除

合同解除内容及分析如表 2-21 所示。

表 2-21　合同解除内容及分析

条文内容	简要分析
（一）境外接收方违反本合同约定的义务，或者境外接收方所在国家或者地区的个人信息保护政策和法规发生变化（包括境外接收方所在国家或者地区更改法律，或者采取强制性措施）导致境外接收方无法履行本合同的，个人信息处理者可以暂停向境外接收方提供个人信息，直到违约行为被改正或者合同被解除。	境外接收方因违约或境外政策、法规、强制性措施无法履行合同，个人信息处理者可以暂停提供个人信息，直至改正或合同解除

续表

条文内容	简要分析
（二）有下列情形之一的，个人信息处理者有权解除本合同，并在必要时通知监管机构： 1. 个人信息处理者根据本条第一项的规定暂停向境外接收方提供个人信息的时间超过1个月。 2. 境外接收方遵守本合同将违反其所在国家或者地区的法律规定。 3. 境外接收方严重或者持续违反本合同约定的义务。 4. 根据境外接收方的主管法院或者监管机构作出的终局决定，境外接收方或者个人信息处理者违反了本合同约定的义务。 在本项第1目、第2目、第4目的情况下，境外接收方可以解除本合同。	个人信息处理者可约定解除合同情形：暂停提供个人信息超过1个月，境外接收方违反其所在地法律规定、严重或持续违约、根据其主管法院或监管机构的终局决定违约
（三）经双方同意解除本合同的，合同解除不免除其在个人信息处理过程中的个人信息保护义务。	合同解除不免除个人信息保护义务
（四）合同解除时，境外接收方应当及时返还或者删除其根据本合同所接收到的个人信息（包括所有备份），并向个人信息处理者提供书面说明。删除个人信息从技术上难以实现的，应当停止除存储和采取必要的安全保护措施之外的处理。	合同解除应返还或删除个人信息并提供书面说明

7）第8条 违约责任

违约责任内容及分析如表2-22所示。

表2-22 违约责任内容及分析

条文内容	简要分析
（一）双方应就其违反本合同而给对方造成的损失承担责任。	对给对方造成的损失承担责任
（二）任何一方因违反本合同而侵害个人信息主体享有的权利，应当对个人信息主体承担民事法律责任，且不影响相关法律法规规定个人信息处理者应当承担的行政、刑事等法律责任。	一方侵害个人信息主体权利，应承担民事法律责任，且不影响其承担行政、刑事法律责任
（三）双方依法承担连带责任的，个人信息主体有权请求任何一方或者双方承担责任。一方承担的责任超过其应当承担的责任份额时，有权向另一方追偿。	连带责任追偿

8）第 9 条 其他

其他内容及分析如表 2-23 所示。

表 2-23　其他内容及分析

条文内容	简要分析
（一）如本合同与双方订立的任何其他法律文件发生冲突，本合同的条款优先适用。	合同条款优先
（二）本合同的成立、效力、履行、解释、因本合同引起的双方间的任何争议，适用中华人民共和国相关法律法规。	适用中国法律解释
（三）发出的通知应当以电子邮件、电报、电传、传真（以航空信件寄送确认副本）或者航空挂号信发往（具体地址）或者书面通知取代该地址的其他地址。如以航空挂号信寄出本合同项下的通知，在邮戳日期后的＿＿＿天应当视为收讫；如以电子邮件、电报、电传或者传真发出，在发出以后的＿＿＿个工作日应当视为收讫。	通知
（四）双方因本合同产生的争议以及任何一方因先行赔偿个人信息主体损害赔偿责任而向另一方的追偿，双方应当协商解决；协商解决不成的，任何一方可以采取下列第＿＿＿种方式加以解决（如选择仲裁，请勾选仲裁机构）： 1. 仲裁。将该争议提交 □中国国际经济贸易仲裁委员会 □中国海事仲裁委员会 □北京仲裁委员会（北京国际仲裁中心） □上海国际仲裁中心 □其他《承认及执行外国仲裁裁决公约》成员的仲裁机构＿＿＿＿＿＿＿按其届时有效的仲裁规则在（仲裁地点）进行仲裁； 2. 诉讼。依法向中华人民共和国有管辖权的人民法院提起诉讼。	争议解决方式
（五）本合同应当按照相关法律法规的规定进行解释，不得以与相关法律法规规定的权利、义务相抵触的方式解释本合同。	依法解释
（六）本合同正本一式＿＿＿份，双方各执＿＿＿份，其法律效力相同。本合同在（地点）签订。	文本和签订地点

3. 要点总结

根据《个人信息出境标准合同》的内容，我们可发现以下主要特点。

1）个人信息主体权利的强调

从《个人信息出境标准合同》模板可以看出，对于个人信息处理者和境外接收方，其主要强调"义务"；对于个人信息主体，其主要关注"权利"。由此可见，标准合同虽然是由个人信息处理者与境外接收方签订，但实际是为保护个人信息主体的权利。

2）告知同意规则是重点

标准合同中多处提到个人信息处理者和境外接收方需要就个人信息处理的事项告知个人信息主体并取得其同意，告知同意是个人信息主体行使权利的关键保障，决定个人信息主体能否及时、充分地行使知情权和决定权。因此，无论是否涉及个人信息出境的场景，告知同意都是维护个人信息主体权利的重中之重。

3）个人信息出境说明须注意

对于个人信息处理者应向个人信息主体告知的具体内容，标准合同列出附录"个人信息出境说明"（见图2-11）以参照。需要注意的是，个人信息出境说明针对的是标准合同备案的情况，在标准合同签署后，既是双方约定的义务，又是标准合同备案的要求。这并不排除个人信息处理者依据其他规定需就其他内容另外告知个人信息主体，并取得其同意。

4）第三方受益人权利的享有

标准合同第5条"个人信息主体的权利"中，个人信息主体作为第三方受益人享有一系列权利，如有权要求个人信息处理者和境外接收方履行标准合同义务、请求个人信息处理者和境外接收方采取适当措施实现其权利、有权独立寻求救济等。根据标准合同第2条规定，个人信息处理者"向个人信息主体告知其与境外接收方通过本合同约定个人信息主体为第三方受益人，如个人信息主体未在30日内明确拒绝，则可以依据本合同享有第三方受益人的权利"。也就是说，只要在被告知后30日内未明确拒绝，个人信息主体就被默认具有第三方受益人地位。该规定为个人信息主体提供救济主张的合法来源，通过合同相对性的突破，在境外接收方和个人信息主体之间建立权利义务的关系，有效地解决权利找谁主张的问题。

附录一

个人信息出境说明

根据本合同向境外提供个人信息的详情约定如下：

（一）处理目的：

（二）处理方式：

（三）出境个人信息的规模：

（四）出境个人信息种类（参考 GB/T 35273《信息安全技术　个人信息安全规范》和相关标准）：

（五）出境敏感个人信息种类（如适用，参考 GB/T 35273《信息安全技术　个人信息安全规范》和相关标准）：

（六）境外接收方只向以下中华人民共和国境外第三方提供个人信息（如适用）：

（七）传输方式：

（八）出境后保存期限：
（　　年　月　日至　　年　月　日）

（九）出境后保存地点：

（十）其他事项（视情况填写）：

图 2-11　标准合同中的个人信息出境说明

5）其他条款补充

除标准合同对双方规定的权利义务外，如果双方存在其他需要补充约定、具体约定的事项，可以在附录二中进行约定，但需要注意的是这里的补充约定不应当对标准合同原来的内容进行实质性变更，双方可以细化或增加各方的权利义务，但不应贬损个人信息主体的权利。

6）争议解决的选择

在涉及个人信息出境的场景中，如果产生纠纷，就会变成国内主体和国外主体的争议，遇到适用法律和管辖机构的选择问题。

标准合同第9条中规定："（二）本合同的成立、效力、履行、解释、因本合同引起的双方间的任何争议，适用中华人民共和国相关法律法规。"也就是说，当合同发生争议时，所适用的法律应以中国的法律法规为准。

关于争议解决方式，可以在标准合同中约定仲裁或诉讼。如果选择诉讼方式，那么标准合同要求管辖法院为"中华人民共和国有管辖权的人民法院"，排除国外的法院。如果选择仲裁方式，那么标准合同中列明一些国内的仲裁机构以供选择，最后列出一个"其他《承认及执行外国仲裁裁决公约》成员的仲裁机构"选项。因此，如果选择仲裁，那么双方可以约定国内的仲裁机构，也可以约定《承认及执行外国仲裁裁决公约》成员的国外仲裁机构；如果选择诉讼，那么只能是国内的法院管辖。

2.4.4 实务概要

2023年6月25日，北京市互联网信息办公室公布个人信息出境标准合同首批备案情况，北京德亿信数据有限公司成为全国首个个人信息出境标准合同备案获批案例（备案编号：京合同备202300001），而后其他地区陆续公布首例，如辽宁的信华信（大连）软件服务股份有限公司、浙江的邦贝液压机械（杭州）有限公司、湖南的伟创力技术（长沙）有限公司、海南星创互联网医药有限公司等。

除已经公布首例的地区外，部分地区保持谨慎的态度，部分地方网信办虽然已经接受一些企业的个人信息标准合同备案申请，但是仍没有通过的实例，而是等待更加明确的法规要求。可以确定的是，与个人信息保护认证相比，个人信息标准合同备案除企业聘请律所、技术公司等专业机构协助所支出的高额费用外，就向地方网信办申请备案这一流程而言，并不需要费用，对需要控制合规预算的企业来说可能是更好的选择。

第 3 章 IPO 数据合规

3.1 算法合规及科技伦理或成企业 IPO 问询难题[1]

在大数据迅速发展的时代，算法大行其道，全方位渗透人们的生活。"大数据杀熟"、引导舆论走向、导致用户沉迷等算法乱象层出不穷，个人隐私受到侵犯，企业算法野蛮生长。

在《数据安全法》和《个人信息保护法》相继发布施行的背景下，数据和信息安全的重要性毋庸置疑。2021 年 9 月 17 日，国家互联网信息办公室联合多个部委发布《关于加强互联网信息服务算法综合治理的指导意见》（以下简称《算法指导意见》），明确"算法治理"的规范化概念，要求建立机制健全、监管有力、规范系统的算法治理格局。这标志着我国正式进入"算法合规"的新时代。2022 年 3 月 1 日，国家互联网信息办公室等 4 个部门联合发布的《互联网信息服务算法推荐管理规定》（以下简称《算法推荐规定》）开始正式施行。《算法推荐规定》进一步明确算法治理在适用主体、合规义务及用户权益方面的多重要求，要求规制算法乱象。

---

[1] 李金招，蒋晓焜，范梦.《算法推荐管理规定》视域下算法合规及科技伦理或成企业 IPO 问询难题 [EB/OL].（2022-03-11）[2023-10-20]. https://mp.weixin.qq.com/s/FDmBEZB5iTkzd_VYzxjSMA.

3.1.1 《算法推荐规定》下的企业合规监管方向

《算法推荐规定》旨在规范互联网信息服务算法推荐活动，促进互联网信息服务健康有序发展。总体而言，《算法推荐规定》侧重于强调科技伦理、落实安全责任、规范合法合规义务、尊重用户选择及维护用户权益。

强调科技伦理。《算法推荐规定》第 4 条规定："提供算法推荐服务，应当遵守法律法规，尊重社会公德和伦理，遵守商业道德和职业道德，遵循公正公平、公开透明、科学合理和诚实信用的原则。"科技伦理主要包括算法透明、算法公平与个人隐私，技术可控性成为重点监管方向。企业在业务中应规范技术措施并保护用户隐私，遵循以人为本原则和技术可控原则。

落实安全责任。《算法推荐规定》第 7 条规定："算法推荐服务提供者应当落实算法安全主体责任，建立健全算法机制机理审核、科技伦理审查、用户注册、信息发布审核、数据安全和个人信息保护、反电信网络诈骗、安全评估监测、安全事件应急处置等管理制度和技术措施，制定并公开算法推荐服务相关规则，配备与算法推荐服务规模相适应的专业人员和技术支撑。"要求企业强化责任意识，落实安全主体责任，健全相关管理措施，建立完备的算法安全系统。

规范合法合规义务。《算法推荐规定》第 8 条规定："算法推荐服务提供者应当定期审核、评估、验证算法机制机理、模型、数据和应用结果等，不得设置诱导用户沉迷、过度消费等违反法律法规或者违背伦理道德的算法模型。"第 9 条规定："算法推荐服务提供者应当加强信息安全管理，建立健全用于识别违法和不良信息的特征库，完善入库标准、规则和程序。"企业应当完善审核制度，留存记录以备监管机关核查，并采取"防沉迷"措施，在企业利益与社会责任之间保持平衡，依法依规识别违法信息并及时作出处理，承担企业社会责任。

尊重用户选择。《算法推荐规定》第 10 条规定："算法推荐服务提供者应当加强用户模型和用户标签管理，完善记入用户模型的兴趣点规则和用户标签管理规则，不得将违法和不良信息关键词记入用户兴趣点或者作为用户标签并据以推送信息。"第 11 条规定，建立完善人工干预和用户自主选择机制。第 17 条规定："算法推荐服务提供者应当向用户提供不针对其个人特征的选项，或者向用户提供便捷的关闭算法推荐服务的选项。用户选择关闭算法推荐服务的，算法推荐服务提供者应当立即停止提供相关服务。"企业利用算法推荐对个人信息进行标签化处理，为用户提供良好的个性化体验服务时，应当保证用户的知情权与选择权，使用户可自行选择去标签化服务或者关闭推荐服务。在信息不对称的场景下，企业算法获益应为用户隐私留有余地。

维护用户权益。《算法推荐规定》第 18 条、第 19 条、第 20 条和第 21 条，分别规定在向未成年人、老年人、劳动者和消费者提供算法推荐服务时应考虑不同群体的特点与利益诉求，提供相适应的人性化与智能化服务，切实维护不同群体的利益。第 22 条规定，应设置投诉入口、维权措施，作为用户利益受损后的维权途径。

监管部门遵循《数据安全法》和《个人信息保护法》的规范指导，陆续出台《算法指导意见》《算法推荐规定》等规范性文件，对企业数据安全、个人信息保护及算法安全等提出更为系统和具体的规范要求。正因为数据合规和算法安全的相关文件不断出台，所以在 IPO 场景下，对企业在上市过程中涉及数据合规和科技伦理方面的披露要求与核查深度也在不断加大问询难度。

3.1.2 科技企业上市过程中遭遇算法合规问询难题——以旷视科技为例

北京旷视科技有限公司（以下简称"旷视科技"）为中国"AI 四小龙"之一，曾被业界一度看好有能力冲击 AI 第一股，但是由于行业特殊性质，在数据安全与算法管理的强监管背景下，其 IPO 之路可谓一波三折。2021 年 3 月 12 日，旷视科技的科创板 IPO 获上海证券交易所（以下简称"上交所"）受理，在首轮问询中数据合规与科技伦理方面受到重点关注。上交所提出的关于算法合规和科技伦理的问询内容如下。

（1）发行人的 AI 核心技术包括系统层及算法层，涉及数据的处理、清洗和管理能力，算力的共享、调度和分布式能力，以及算法的训练、推理及部署能力。

请发行人说明：发行人的技术、业务及产品（或服务）中涉及数据采集、清洗、管理、运用的具体环节，不同环节涉及数据的具体类型，文字、图像、视频等具体情况；发行人自身核心技术（如算法的训练、系统的搭建等）是否涉及大量的数据的应用，如果是，那么相关数据的来源及其合规性；发行人对外提供的产品（或服务）是否涉及数据的采集运用，如果是，那么说明数据的来源及其合法合规性；发行人保证数据采集、清洗、管理、运用等各方面的合规措施；发行人的数据来源是否包含向供应商采购，如果是，那么说明是否在相关合同中约定数据合规的条款或措施，并结合《民法典》《网络安全法》《信息安全技术 个人信息安全规范》《中华人民共和国数据安全法（草案）》《中华人民共和国个人信息保护法（草案）》等相关规定，说明相关措施是否能切实保证发行人不出现数据合规风险或法律纠纷；结合发行人的产品交付及部署模式，说明发行人的产品（或服务）涉及用户个人数据的情形和场景，该类数据的运用、管理及其合规性；发行人产品至今是否面临数据合规方面的诉讼或纠纷，并结合相关公开报道说明发行人数据的合规性。

（2）中国电子技术标准化研究院发布的《人工智能标准化白皮书（2018 版）》形成了人工智能标准体系框架，并对基础、平台或支撑、关键技术、产品及服务、应用及安全或伦理等 6 个方面的人工智能标准化工作进行战略部署。发行人目前在研项目包括人工智能安全与伦理研究中心，旨在研发面向数据全生命周期保护的数据安全和隐私保护基础平台。

请发行人补充披露公司在人工智能伦理方面的组织架构、核心原则、内部控制及执行情况。

请发行人说明公司在研发和业务开展过程中落实相关责任、遵守伦理相关规范和标准的措施及执行情况；结合境内外法律法规、技术规范、行业共识等，进一步分析公司在保证人工智能技术可控、符合伦理规范的措施和规划，在技术开发和业务开展过程中所面临的伦理风险。

请保荐机构核查并就发行人是否在人工智能伦理方面建立有效的内部控制，是否在研发和业务开展过程中落实相关责任，是否遵守伦理相关规范和标准发表明确意见。

请保荐机构、发行人律师核查并发表明确意见。

针对前述问询，笔者整理发行人的答复如下。

问询：发行人自身核心技术（如算法的训练、系统的搭建）是否涉及大量的数据应用，如果是，那么相关数据的来源及其合规性。

回复：发行人在核心技术研发过程中使用数据来源的合规管理措施为：配合式收集是在相对封闭的模拟现实生活场景中，由被采集人员作出特定动作所进行图像与视频数据的收集；公开数据收集是对互联网上公开的可用数据按照公司统一的网络与数据安全要求，从技术、制度和人员等维度进行管理与维护。

问询：发行人对外提供的产品或服务是否涉及数据的采集运用，如果是，那么说明数据的来源及其合法合规性。

回复：公司已采取在硬件产品物料箱中放置《数据安全与免责声明》及通过协议方式提示客户遵守数据合规要求，在遵守法律和伦理道德的前提下使用产品。公司与客户签订的业务合同及线上平台注册服务协议均明确要求客户应确保在合法、正当、必要的前提下使用公司提供的产品与技术，涉及人体相关数据的，客户还应提前取得终端个人用户的明确授权同意。

问询：发行人保证数据采集、清洗、管理、运用等方面的合规措施。

回复：在技术上，公司积极利用技术手段解决数据安全问题，如在采集端完成人脸图像的混淆加密脱敏，脱敏后的数据难以逆推出原始图像，仅可用于算法开发优化的创新技术方案。在数据采集与传输过程中，采用多种加密的手段与措施。在数据清洗过程中，通过自动添加水印的方式对待标数据进行标记，确保数据可追溯。公司采取多方面的技术保护措施，如网站隔离措施、网站防护措施、漏洞管理措施与数据防泄露措施等。

在制度上，公司建立不同层级的数据安全与合规相关的内部制度体系，从业务操作规范、信息安全管理、合规性管理等方面出发，加强数据采集、清洗、管理、运用等方面的合规性。

在人员机构上，公司设立信息安全部门、培养员工的合规意识、管控员工权限等，以保证数据安全。

问询：发行人的数据来源是否包含向供应商采购，如果是，那么是否在相关合同中约定数据合规的条款或者措施，并结合《民法典》《数据安全法》《个人信息保护法》等规定，说明相关措施是否能切实保证发行人不出现数据合规风险或法律纠纷。

回复：报告期内，公司的数据来源不包含向供应商采集数据的情况，所涉收集方式是供应商在发行人模拟的场景下配合进行数据收集，而且发行人会与供应商签订标准的数据服务协议。

问询：发行人在研发和业务开展过程中落实相关责任、遵守伦理相关规范和标准的措施及执行情况。

回复：公司在人工智能伦理方面搭建以伦理道德委员会与人工智能治理研究院为核心的组织架构，确定内部在业务执行过程中的应用准则，并努力采用技术手段解决人工智能面临的伦理道德问题。

虽然旷视科技在2021年12月底提交了相应的问询回复，但是问询机构仍然对其合规性存有质疑，并决定发起第二轮问询。旷视科技如果不能就数据合规与算法安全给出令监管层满意的答复，其IPO前景并不乐观。

3.1.3 企业如何应对算法合规

除旷视科技外，其他企业也受到相应监管。上海合合信息科技股份有限公司（以下简称"合合信息"）为人工智能及大数据科技企业，基于自主研发的智能文字识别及商业大数据核心技术，为全球C端用户和多元行业B端客户提供数字化、智能化的产品及服务。上交所对合合信息审核问询，要求对其数据来源与数据控制制度进行说明。合合信息回复：数据来源主要包括直接采购、数据与数据互换、广告与数据互换、自动化访问获取数据4种形式，并制定覆盖数据采集、数据使用、数据访问权限控制、数据导出和数据删除的管理制度。同时，上交所就发行人的数据管理不到位与用户个人信息保护不规范问题要求作出回应，合合信息称目前已制定用户个人信息使用限制及数据分析需求处理流程，通过定义个人信息存储方式、期限、到期删除或匿名化处理标准等方式加以整改和解决。

北京市商汤科技开发有限公司（以下简称"商汤科技"）为"AI 四小龙"之一，在招股说明书的"业务—数据隐私及个人信息保护"模块中表示，高度重视数据安全及保护，已采取标准保护措施，包括保密分类、访问控制、数据加密及脱敏，以防止未经授权访问、泄露、不当使用或修改、损害或丢失数据及个人数据；已建立全面的个人资料管理系统，并制定一系列技术标准及规范，以确保数据及个人资料在整个生命周期内的安全。在数据隐私和个人信息保护方面，商汤科技表示已建立独立数据库及安全服务器系统，制定全面的数据及个人资料安全和管理政策，完善数据使用审批程序及数据追踪机制，以确保数据库的安全。

随着监管不断趋严，企业算法合规已是大势所趋。为进一步做好算法合规，笔者提出如下建议。

1. 建立算法治理体系

建立良好的算法治理体系是企业算法合规的基础。企业应当基于技术层面、制度层面及机构人员层面建立完备有效的合规体系，应利用优化算法技术，在数据采集与传输过程中使用多种加密手段与措施。在数据处理过程中，对数据进行技术标记，确保数据可追溯，并在以后的数据争议纠纷中能够为技术规范性佐证。同时，应采取多方面的技术保护措施，如网站隔离措施、网站防护措施、漏洞管理措施与数据防泄露措施等。

在制度上，企业需完善不同层级的数据安全与合规相关的内部制度体系，从业务操作规范、信息安全管理、合规性管理等方面出发，加强数据采集、清洗、管理、运用等方面的合规性。在人员机构上，企业应设立信息安全部门、培养员工的合规意识、管控员工权限等，以保证数据安全。

2. 进行算法安全评估

《算法推荐规定》第 7 条、第 8 条要求建立健全算法机制机理审核、科技伦理审查、安全评估监测，并定期评估算法机制机理、模型、数据和应用结果，明确应当按照国家有关规定开展安全评估，定期对算法运行效果进行审核、评估、验证，畅通用户申诉渠道，对用户诉求积极反应，以及时更新有效的自测体系。

此外，由于算法推荐服务提供者应当履行备案的义务，在填报备案系统信息时需提交算法自评估报告，所以企业应当及时有效地开展算法安全自测活动，防范算法合规风险。

3. 积极承担社会责任

《算法推荐规定》第18条、第19条、第20条和第21条分别指向未成年人、老年人、劳动者和消费者的权益问题，企业应当建立对应的群体区分的差别化算法运行机制，切实维护相关群体利益。

同时，需要重视个人信息保护，企业应根据《个人信息保护法》《数据安全法》等法律规定，构建以制度为依据、以伦理为要求的个人信息保护体系。企业与用户签订的业务合同及线上平台注册服务协议，应确保用户在知情、自愿、公平的前提下使用产品与技术，涉及人体相关数据时应提前取得终端个人用户的明确授权同意。

科技伦理主要包括算法透明、算法公平和个人隐私，技术可控性成为重点监管方向。企业在业务中应规范技术措施并保护用户隐私，遵循以人为本原则和技术可控原则；服务用户时应当保证其知情权和选择权，避免算法歧视。

4. 密切关注监管趋势

密切关注人工智能立法、监管趋势。虽然目前监管的重点和落实的方向主要是数据合规与个人信息的算法规制，但是结合《算法推荐规定》及行业实践发展趋势，算法治理更加强调社会性治理，所以企业在规范运营时需要承担更多的社会义务，而且不能滥用算法引导公众舆论，业务推介时划定合理的宣传范围。

在社会性治理与自主性监测的规制背景下，企业需要对算法合规作出及时有效的回应，密切关注算法治理相关的人工智能立法、监管趋势。随着人工智能技术的发展，先进算法的应用对企业的发展至关重要，企业的算法合规之路任重而道远。

3.2 网络安全审查视域下滴滴被审查的法律思考

根据网络安全审查结论及发现的问题和线索，国家互联网信息办公室依法对滴滴涉嫌违法行为进行立案调查。经查实，滴滴违反《网络安全法》《数据安全法》《个人信息保护法》的违法违规行为事实清楚、证据确凿、情节严重、性质恶劣。

2022年7月21日，国家互联网信息办公室依据《网络安全法》《数据安全法》《个人信息保护法》《中华人民共和国行政处罚法》等法律法规，对滴滴处人民币80.26亿元罚款，对滴滴董事长兼CEO程维、总裁柳青各处人民币100万元罚款。消息出来后，一时间引起社会各界的高度关注和激烈讨论。历时一年多的"滴滴大案"虽然已经"靴子落地"，但大家心中仍然有许多困惑，如"为什么滴滴被罚款80.26亿元""网络安全审查流程是什么"等。

为解答大家的疑惑，笔者总结了6个法律问题，并对其一一进行经验范围内的解答。

3.2.1 网络安全审查办公室对滴滴进场审查后，为何由国家互联网信息办公室作出处罚

根据《网络安全审查办法》（2021年版）第4条规定："在中央网络安全和信息化委员会领导下，国家互联网信息办公室会同中华人民共和国国家发展和改革委员会、中华人民共和国工业和信息化部、中华人民共和国公安部、中华人民共和国国家安全部、中华人民共和国财政部、中华人民共和国商务部、中国人民银行、国家市场监督管理总局、国家广播电视总局、中国证券监督管理

委员会、国家保密局、国家密码管理局建立国家网络安全审查工作机制。网络安全审查办公室设在国家互联网信息办公室，负责制定网络安全审查相关制度规范，组织网络安全审查。"

因此，根据《网络安全审查办法》规定，网络安全审查办公室是由中央网络安全和信息化委员会牵头领导，国家发展改革委、工业和信息化部、公安部等13个部门组成的执行网络安全审查的办事机构。由于网络安全涉及网络技术问题，因此具体的审查工作实际上是"委托中国网络安全审查技术与认证中心承担。中国网络安全审查技术与认证中心在网络安全审查办公室的指导下，承担接收申报材料、对申报材料进行形式审查等任务"。

而根据《网络安全审查办法》第20条规定："当事人违反本办法规定的，依照《中华人民共和国网络安全法》《中华人民共和国数据安全法》的规定处理。"经查阅《网络安全法》《数据安全法》，二者对执法主体均用"有关主管部门"指称，并未明确表示执法部门为国家互联网信息办公室。根据滴滴的处罚金额，笔者认为其处罚依据应为《个人信息保护法》第66条，即"有前款规定的违法行为，情节严重的，由省级以上履行个人信息保护职责的部门责令改正，没收违法所得，并处五千万元以下或者上一年度营业额百分之五以下罚款，并可以责令暂停相关业务或者停业整顿、通报有关主管部门吊销相关业务许可或者吊销营业执照；对直接负责的主管人员和其他直接责任人员处十万元以上一百万元以下罚款，并可以决定禁止其在一定期限内担任相关企业的董事、监事、高级管理人员和个人信息保护负责人"。

关于"省级以上履行个人信息保护职责的部门"的具体规定，则出现在《个人信息保护法》第60条"国家网信部门负责统筹协调个人信息保护工作和相关监督管理工作。国务院有关部门依照本法和有关法律、行政法规的规定，在各自职责范围内负责个人信息保护和监督管理工作。县级以上地方人民政府有关部门的个人信息保护和监督管理职责，按照国家有关规定确定。前两款规定的部门统称为履行个人信息保护职责的部门"中。

综上所述，最终处罚作出主体为国家互联网信息办公室。

3.2.2　滴滴的处罚金额为什么是80.26亿元，个人的处罚金额为什么是100万元

根据官方报道，国家互联网信息办公室依据《个人信息保护法》等法律法规，对滴滴处人民币80.26亿元罚款，对滴滴董事长兼CEO程维、总裁柳青各处人民币100万元罚款。其中，《个人信息保护法》第66条规定："有前款规定的违法行为，情节严重的，由省级以上履行个人信息保护职责的部门责令改正，没收违法所得，并处五千万元以下或者上一年度营业额百分之五以下罚款，并可以责令暂停相关业务或者停业整顿、通报有关主管部门吊销相关业务许可或者吊销营业执照；对直接负责的主管人员和其他直接责任人员处十万元以上一百万元以下罚款，并可以决定禁止其在一定期限内担任相关企业的董事、监事、高级管理人员和个人信息保护负责人。"

根据国家互联网信息办公室有关负责人答记者问中的表述，"滴滴公司违反《网络安全法》《数据安全法》《个人信息保护法》的违法违规行为事实清楚、证据确凿、情节严重、性质恶劣，应当从严从重予以处罚""滴滴公司董事长兼CEO程维、总裁柳青，对违法行为负主管责任""滴滴公司违法违规行为情节严重，结合网络安全审查情况，应当予以从严从重处罚"。可以看出其处罚力度较大，甚至可能为顶格处罚。❶

通过公开渠道检索发现，滴滴2021年全年实现营业收入1738.27亿元，按照营业额百分之五计算约为86.91亿元，而滴滴被处罚金额为80.26亿元，符合《个人信息保护法》第66条"上一年度营业额百分之五以下罚款"的规定；对滴滴董事长兼CEO程维、总裁柳青各处人民币100万元罚款，符合《个人信息保护法》第66条"对直接负责的主管人员和其他直接责任人员处十万元以上一百万元以下罚款"的顶格处罚。

---

❶ 国家网信办：滴滴存在严重影响国家安全的数据处理活动[EB/OL].（2022-07-21）[2023-10-20]. http://finance.people.com.cn/n1/2022/0721/c1004-32482059.html.

3.2.3 滴滴被审查的可能原因有哪些

2021年7月2日，网络安全审查办公室发布《网络安全审查办公室关于对"滴滴出行"启动网络安全审查的公告》，宣布对"滴滴出行"实施网络安全审查。虽然国家互联网信息办公室随即在7月10日发布《网络安全审查办法（修订草案征求意见稿）》，但可以确认网络安全审查办公室当时适用的是《网络安全审查办法》（2020年版）。

根据《网络安全审查办法》（2020年版）第2条规定："关键信息基础设施运营者采购网络产品和服务，影响或可能影响国家安全的，应当按照本办法进行网络安全审查。"由此可以看出，网络安全审查办公室应该是将滴滴视为"关键信息基础设施运营者"，并认为滴滴"采购网络产品和服务，影响或可能影响国家安全"，所以主动发起网络安全审查。

那么，延伸思考的问题有两个：一是滴滴为什么是"关键信息基础设施运营者"。根据《关键信息基础设施安全保护条例》第2条规定："本条例所称关键信息基础设施，是指公共通信和信息服务、能源、交通、水利、金融、公共服务、电子政务、国防科技工业等重要行业和领域的，以及其他一旦遭到破坏、丧失功能或者数据泄露，可能严重危害国家安全、国计民生、公共利益的重要网络设施、信息系统等。"《网络安全审查办法》（2020年版）第20条进一步规定："本办法中关键信息基础设施运营者是指经关键信息基础设施保护工作部门认定的运营者。"因此，结合滴滴的行业属性，笔者认为网络安全审查办公室应该是将滴滴认定为交通领域的关键信息基础设施运营者。二是滴滴采购的网络产品和服务为什么会"影响或可能影响国家安全"。根据《网络安全审查办法》（2020年版）第9条规定："网络安全审查重点评估采购网络产品和服务可能带来的国家安全风险，主要考虑以下因素：（一）产品和服务使用后带来的关键信息基础设施被非法控制、遭受干扰或破坏，以及重要数据被窃取、泄露、毁损的风险……（五）其他可能危害关键信息基础设施安全和国家安全的因素。"笔者认为，网络安全审查办公室可能是以滴滴采购网络产品和服务可能导致"重要数据被窃取、泄露、毁损"为由,对其启动网络安全审查。2020 年 11 月 23 日,美国证券交易委员会公司财务部在美国证券交易委员会(SEC)官网发布《中国发行人的信息披露考虑因素》一文,对中国公司赴美国上市的整体披露事项,特别是网络安全事项做了较为详细的规定。2021 年 6 月 30 日,滴滴正式在美国纽约证券交易所上市。因上市需要,滴滴必然需要向 SEC 披露相关的网络安全数据,这将可能导致滴滴向外国政府部门披露中国交通领域的大量数据,进而"影响或可能影响国家安全"。于是,在 2021 年 7 月 2 日网络安全审查办公室立刻启动对滴滴的网络安全审查。

3.2.4 对滴滴的调查结果与发起审查的动因是否一致

根据官方报道披露,滴滴被处罚的原因是其存在违法违规收集个人信息的问题[1],具体如下:

(1)违法收集用户手机相册中的截图信息 1196.39 万条。

(2)过度收集用户剪切板信息、应用列表信息 83.23 亿条。

(3)过度收集乘客人脸识别信息 1.07 亿条、年龄段信息 5350.92 万条、职业信息 1633.56 万条、亲情关系信息 138.29 万条、"家"和"公司"的打车地址信息 1.53 亿条。

(4)过度收集乘客评价代驾服务、App 后台运行、手机连接桔视记录仪设备时的精准位置(经纬度)信息 1.67 亿条。

(5)过度收集司机学历信息 14.29 万条,以明文形式存储司机身份证号码信息 5780.26 万条。

(6)在未明确告知乘客的情况下分析乘客出行意图信息 539.76 亿条、常驻城市信息 15.38 亿条、异地商务或异地旅游信息 3.04 亿条。

(7)在乘客使用顺风车服务时频繁索取无关的"电话权限"。

---

[1] 国家网信办:滴滴存在严重影响国家安全的数据处理活动 [EB/OL].(2022-07-21)[2023-10-20]. http://finance.people.com.cn/n1/2022/0721/c1004-32482059.html.

（8）未准确、清晰说明用户设备信息等19项个人信息处理目的。

由此可知，对滴滴的调查结果和发起审查的动因是不一致的。结合滴滴被审查的可能原因可以看出，根据《网络安全审查办法》（2020年版）的规定，网络安全审查办公室当时应该是将滴滴视为"关键信息基础设施运营者"，认为滴滴"采购网络产品和服务，影响或可能影响国家安全"，所以主动发起网络安全审查。但是，最终的调查结果是滴滴本身存在违法违规收集个人信息的问题，而非因"采购网络产品和服务"导致"重要数据被窃取、泄露、毁损"。

笔者认为，实际上网络安全审查办公室出于滴滴可能违规收集个人信息的查处动因启动网络安全审查，但由于《网络安全审查办法》（2020年版）并未赋予其查处依据，所以只能先将滴滴视为"关键信息基础设施运营者"，以滴滴"采购网络产品和服务，影响或可能影响国家安全"为由发起网络安全审查。笔者的推论来自网络安全审查办公室在2021年7月2日启动对滴滴的网络安全审查，在紧接着一周后，国家互联网信息办公室发布《网络安全审查办法（修订草案征求意见稿）》，其中增加了"数据处理者开展数据处理活动，影响或者可能影响国家安全的，应当按照本办法进行网络安全审查"，最终生效的《网络安全审查办法》将其修改为"网络平台运营者开展数据处理活动，影响或者可能影响国家安全的，应当按照本办法进行网络安全审查"，最终赋予网络安全审查办公室对"网络平台运营者开展数据处理活动"的审查权。随后生效的还包括《网络安全法》《个人信息保护法》等。

3.2.5 滴滴经历哪些网络安全审查流程

《网络安全法》第35条规定："关键信息基础设施的运营者采购网络产品和服务，可能影响国家安全的，应当通过国家网信部门会同国务院有关部门组织的国家安全审查。"该条款确立网络产品和服务的安全审查制度。为细化网络产品和服务的安全审查制度，国家互联网信息办公室于2017年发布《网络产品和

第3章　IPO数据合规

服务安全审查办法（试行）》，并于2020年和2021年分别修订发布《网络安全审查办法》（2020年版）和《网络安全审查办法》（2021年版）。

无论是《网络安全审查办法》（2020年版），还是《网络安全审查办法》（2021年版），都对网络安全审查流程做了详细规定。结合滴滴被审查，我们可知滴滴到底经过哪些网络安全审查流程。

一方面，《网络安全审查办法》（2020年版）第5条规定："运营者采购网络产品和服务的，应当预判该产品和服务投入使用后可能带来的国家安全风险。影响或者可能影响国家安全的，应当向网络安全审查办公室申报网络安全审查。"《网络安全审查办法》（2021年版）第7条规定："掌握超过100万用户个人信息的网络平台运营者赴国外上市，必须向网络安全审查办公室申报网络安全审查。"因此，笔者推断滴滴存在"恶意逃避监管"的问题，滴滴赴美国上市不仅未主动申报网络安全审查，而且低调筹备上市事宜。

另一方面，《网络安全审查办法》规定：网络安全审查办公室可以主动发起审查通知，在向当事人发出书面通知之日起30个工作日内完成初步审查，包括形成审查结论建议和将审查结论建议发送给网络安全审查工作机制成员单位、相关部门征求意见；情况复杂的，可以延长15个工作日。网络安全审查工作机制成员单位和相关部门应当自收到审查结论建议之日起15个工作日内书面回复意见，意见不一致的，按照特别审查程序处理，并通知当事人。特别审查程序一般应当在90个工作日内完成，情况复杂的可以延长。

按照前述规定，初步审查时间（以情况复杂计）为45个工作日，回复意见时间为15个工作日，加上按照特别审查程序处理的90个工作日，网络安全审查的最长时间为150个工作日。在审查滴滴过程中，网络安全审查办公室于2021年7月2日正式启动调查程序，于2022年7月21日对外发布调查结果，整个调查时间持续一年有余，显然超过正常的调查时间。从中可以猜测，网络安全审查办公室在调查过程中可能遇到较多的阻碍，滴滴可能未积极配合开展调查工作，以至于网络安全审查办公室不得不延长调查时间。国家互联网信息办公室有关负责人答记者问时说："……拒不履行监管部门的明确要求，阳奉阴

违、恶意逃避监管等其他违法违规问题。滴滴公司违法违规运营给国家关键信息基础设施安全和数据安全带来严重安全风险隐患。"❶

3.2.6　为什么认定滴滴全球股份有限公司为违法主体

网络安全审查办公室有可能援引《网络安全审查办法》（2020年版）第2条规定，将滴滴视为"关键信息基础设施运营者"。那么，为什么此处"关键信息基础设施运营者"是"滴滴全球股份有限公司"，而不是其境内的运营主体呢？

《关键信息基础设施安全保护条例》第2条规定："本条例所称关键信息基础设施，是指公共通信和信息服务、能源、交通、水利、金融、公共服务、电子政务、国防科技工业等重要行业和领域的，以及其他一旦遭到破坏、丧失功能或者数据泄露，可能严重危害国家安全、国计民生、公共利益的重要网络设施、信息系统等。"第8条规定："本条例第2条涉及的重要行业和领域的主管部门、监督管理部门是负责关键信息基础设施安全保护工作的部门。"由此可以看出，关键信息基础设施安全保护工作部门主要包括公共通信和信息服务、能源、交通、水利、金融、公共服务、电子政务、国防科技工业等重要行业和领域的主管、监管部门，如工业和信息化部、国家发展改革委、中国人民银行、银保监会、中国证监会等关键信息基础设施的保护部门，这些部门有权认定关键信息基础设施运营者的名单。

而正如《网络安全审查办法》（2020年版）第4条所述，国家网络安全审查工作机制正是由"国家互联网信息办公室会同中华人民共和国国家发展和改革委员会、中华人民共和国工业和信息化部、中华人民共和国公安部、中华人民共和国国家安全部、中华人民共和国财政部、中华人民共和国商务部、中国人民银行、国家市场监督管理总局、国家广播电视总局、国家保密局、国家密码管理局"组建而成，因此网络安全审查办公室作为前述部门的办事机构，应

---

❶ 国家网信办：滴滴存在严重影响国家安全的数据处理活动[EB/OL].（2022-07-21）[2023-10-20]. http://finance.people.com.cn/n1/2022/0721/c1004-32482059.html.

有权根据实际审查情况认定滴滴全球股份有限公司的违法主体身份。

如果网络安全审查办公室援引的是《网络安全审查办法》（2021年版）第2条规定，将滴滴视为"网络平台运营者"，那么违法主体是否还是滴滴全球股份有限公司？《网络安全法》第76条第3款规定："网络运营者，是指网络的所有者、管理者和网络服务提供者。"该条款虽然提及的仅是网络运营者，而非网络平台运营者，但结合《互联网平台分类分级指南（征求意见稿）》的相关定义和分类，大体可以知道网络平台运营者是指网络平台的所有者、管理者和网络服务提供者。而根据国家互联网信息办公室有关负责人答记者问所述"滴滴公司对境内各业务线重大事项具有最高决策权，制定的企业内部制度规范对境内各业务线全部适用，且对落实情况负监督管理责任。该公司通过滴滴信息与数据安全委员会及其下设的个人信息保护委员会、数据安全委员会，参与网约车、顺风车等业务线相关行为的决策指导、监督管理，各业务线违法行为是在该公司统一决策和部署下的具体落实"❶，因此综合认定滴滴全球股份有限公司为处罚的违法主体。

3.3 跨境电商在IPO审核中的数据合规重点问题❷

数据合规已经成为拟上市企业在IPO审核过程中被问询的重点问题，跨境电商也不例外。例如，赛维时代科技股份有限公司（以下简称"赛维时代"）在申请上市过程中，深圳证券交易所（以下简称"深交所"）对其与跨境相关的数据接连发起多次问询。在首轮问询函中，深交所重点关注的问题：跨境企业在开展业务过程中获取用户相关个人信息和商业秘密等用户数据的相关情况；是否已建立完善的防止泄密和保障网络安全的内部管理制度；业务开展是

---

❶ 国家网信办：滴滴存在严重影响国家安全的数据处理活动[EB/OL].（2022-07-21）[2023-10-20]. http://finance.people.com.cn/n1/2022/0721/c1004-32482059.html.

❷ 李金招，蒋晓焜，王陈炜铭.跨境电商系列（二）:跨境电商数据合规问题探析[EB/OL].（2023-02-02）[2024-03-19]. https://mp.weixin.qq.com/s/aqlJTKGSZlkUavNJ3QOZ_A.

否符合境内及境外国家数据保护、网络安全等法律法规的规定；报告期内是否存在数据泄露造成跨境企业及客户损失的情形，是否存在跨境企业利用相关个人消费者或企业客户信息进行牟利等违法违规行为，是否存在侵犯个人隐私、商业秘密或其他侵权方面的情形。在第三轮问询函中，深交所在首轮问询函的基础上继续追问的问题：说明谷歌趋势的获取方法、不同周期数据的有效性，跨境企业产品研发时选择的数据集及周期，数字化分析方式的具体运用及效果；说明智能调价的原理和具体操作方法，相关决策数据的来源、周期及有效性，人工复核的参与情况，智能调价对销售的影响，结合选择各个系列的产品举例说明。同样的，深圳市三态电子商务股份有限公司（以下简称"三态股份"）在上市过程中也在首轮问询函及第二轮问询函中被提到相同或类似的问题。跨境电商出海的重点区域是美国和欧盟地区，因此跨境电商在境外不可避免地要受到欧盟《通用数据保护条例》和美国《加州消费者隐私法案》(CCPA)等相关个人信息监管法规的约束。随着我国《个人信息保护法》《数据安全法》的出台，上市监管部门对个人信息和数据安全特别关注，因此在国内外数据法规的双重约束下跨境电商在IPO审核过程中必将面临更严格的数据合规考验。

3.3.1 跨境电商在业务开展过程中涉及的数据类型

跨境电商的数据合规与其业务类型密切相关。根据业务类型的不同，跨境电商可分为跨境出口电商和跨境进口电商，而跨境出口电商可根据销售平台的不同分类，也可根据销售产品分类。

1. 跨境出口电商所涉数据类型

1）基于销售平台的分类

一般来说，跨境出口电商可根据销售平台的不同分为基于第三方电商平台和基于自建独立站。

（1）基于第三方电商平台所涉数据类型。一般来说，国内的"大卖"主要依靠亚马逊、易贝、虾皮或来赞达等平台进行商品的跨境销售。如果是基于第三方电商平台的跨境出口电商，那么他们在销售端、推广端和设计端都会涉及相关数据的收集。

在销售端，跨境出口电商的商品主要通过3种方式进行销售。一是通过第三方电商平台负责仓储、物流、发货等流程；二是通过国际物流公司将商品发至跨境企业自营的海外仓，并通过当地的物流公司进行商品的终端配送；三是通过国内仓直接配送给消费者。因此，如果终端用户是个人，订单中除收货地址及经第三方电商平台加密后的用户虚拟邮箱信息外，那么跨境出口电商通常无法直接获取个人用户的其他信息（B2C模式）；如果终端用户是企业，那么跨境出口电商除可通过第三方电商平台获取收货地址、虚拟邮箱外，还可获取企业主的其他信息，如对接人的真实姓名、联系方式、邮箱等信息（B2B模式）。

在推广端中，跨境出口电商主要通过第三方电商平台的站内推广工具进行宣传，其间很少涉及数据的收集、使用。

在设计端中，跨境出口电商会通过站内推广工具、第三方趋势分析、热词检索进行新品或爆品设计，涉及对公开数据的抓取和再利用。

基于第三方电商平台进行销售的跨境出口电商衍生的数据合规问题还有多账号运营的合规风险，涉及注册店铺所有人的个人信息如何得到有效保护的问题。因此，在多账号运营模式中，跨境出口电商在个人注册店铺后如需使用该店铺，应与该店铺所有权人签订店铺租赁协议；如果店铺是通过中介机构进行交易的，须核实店铺所有权人的身份，并与店铺所有权人、中介机构签订三方租赁协议。值得注意的是，如跨境出口电商利用个人身份开店并从事店铺交易业务的，则可能因涉嫌买卖个人信息触犯刑事犯罪。

（2）自建独立站所涉数据类型。众所周知，近年来跨境出口电商的竞争越发激烈，跨境行业已不是当年的蓝海市场。在激烈的竞争中，亚马逊、易贝、虾皮、来赞达等平台的客户流量越来越稀缺，导致市场推广的费用不断增加。因此，越来越多的跨境出口电商开始自建独立站，吸引私域流量。如果是自建独立站的跨境出口电商，那么他们在销售端、推广端和设计端都会涉及相关数据的收集。

在销售端，跨境出口电商的商品主要通过两种方式进行销售。一是通过国际物流公司将商品发至跨境企业自营的海外仓，并通过当地的物流公司进行商品的终端配送；二是通过国内仓直接配送给消费者。如果终端用户是个人，那么跨境出口电商可获取个人用户的收货地址、电子邮箱等相关订单信息（B2C模式）；如果终端用户是企业，那么跨境出口电商除可获得个人用户的收货地址、电子邮箱等相关订单信息外，还可获取企业主的其他信息，如对接人的其他相关信息（B2B模式）。

在推广端中，跨境出口电商的宣传方式包括通过自媒体进行宣传，此时会涉及收集粉丝昵称、位置、手机设备型号等信息；通过广告联盟（自建淘宝客、第三方淘宝客）进行产品推广，会涉及消费者及淘宝客个人信息的采集。

在设计端中，跨境出口电商会通过站内工具、第三方趋势分析、热词检索进行新品或爆品设计，涉及对公开数据的抓取和再利用。

2）基于销售产品的分类

跨境出口电商除可根据销售平台的不同分类外，还可基于销售产品的不同分类，也会涉及不同数据类型的收集。

对提供非科技类产品或设备的跨境出口电商来说，通常不涉及信息的采集；对提供科技类产品或设备的跨境出口电商，会涉及收集消费者的个人身份信息、个人生物识别信息、个人健康生理信息、个人教育工作信息、个人财产信息等。例如，深圳市睿联技术股份有限公司跨境销售视频监控摄像机产品，所以在该公司上市过程中，监管部门重点关注产品是否涉及数据出境问题：发行人主要通过跨境电商销售视频监控摄像机产品，同时通过官方网站进行产品销售。需要发行人说明是否掌握重要数据或掌握100万人以上个人信息，报告期内是否存在数据泄露造成发行人及客户损失的情形，是否存在发行人利用相关个人消费者或企业客户信息进行牟利等违法违规行为，是否存在侵犯个人隐私、商业秘密或其他侵权行为。

2. 跨境进口电商涉及的数据类型

跨境进口电商通过采购境外产品并在境内通过淘宝、京东、苏宁或者自营平台销售，在销售端、推广端和设计端涉及相关数据的收集情况如下。

在销售端，跨境进口电商通过采购境外产品在境内通过淘宝、京东、苏宁或者自营平台销售，存在向境外主体提供境内个人的姓名、联系方式、邮箱等信息。

在推广端，跨境进口电商的宣传方式：一是通过自媒体（微博、小红书、抖音等）进行宣传，会涉及收集境内消费者的位置、手机设备型号等信息；二是通过广告联盟（自建淘宝客、第三方淘宝客等）进行产品推广，会涉及消费者及淘宝客个人信息的采集。

在设计端，跨境进口电商会通过站内工具、第三方趋势分析、热词检索进行新品或爆品设计，涉及对公开数据的再利用。

实际上，随着跨境电商成为经济增长不可忽视的重要组成部分后，跨境电商也推动中介服务机构的兴起。这些中介服务机构在提供服务过程中，会存储大量的数据信息，跨境服务商对数据的使用权限可能涉及将数据提供给第三方服务商、境外服务商、客户等。以支付企业为例，跨境电商的第三方支付业务开展流程往往会涉及敏感个人信息的处理，如用户的金融产品使用习惯、消费习惯数据，结合既有的平台数据对用户进行分析并形成用户画像，基于用户画像针对用户开展金融营销活动，为用户提供推荐其可能感兴趣的商品或者金融服务。

3.3.2 跨境电商业务开展所涉数据生命周期

根据上文的分析可以看出，跨境电商在各个环节均涉及对数据的相关处理，将前文跨境电商业务开展所涉数据类型按照数据生命周期环节划分，可分为数据收集、使用、传输等重要环节。下面对各环节进行具体分析。

1. 数据收集环节

跨境电商在各业务环节中都有收集数据的可能。在销售业务中，可能涉及的数据有用户 ID、邮箱、收货人姓名、收货人地址、收货国家、商品名称、商品数量、商品金额、购买时间、购买站点、退换货等。在物流业务中，可能涉及的数据主要包括物流运输地址、发货人及收货人的姓名、地址、电话及法人客户的工商营业执照等。在产品设计业务中，可能从搜索引擎网站上获取公开数据，如赛维时代，谷歌趋势为跨境企业从谷歌网站上获取公开数据，这些数据是谷歌通过对一段时间内的关键词搜寻量进行的统计。跨境电商在进行产品研发时所选择的数据集来源于自身积累的关键词、不断增长的自有产品标签及分类属性库建立的核心关键词库。跨境电商在推广、服务业务中，可能涉及的数据包括个人姓名、生日、性别、民族、国籍、家庭关系、住址、个人电话号码、电子邮箱地址、位置、工作单位、教育经历、工作经历等。

2. 数据使用环节

跨境电商在收集前述数据后分别应用于处理用户订单、物流信息，以完成商品的销售及运输，确保将商品正确且准确及时地送到消费者手中；应用于商品推广及品牌管理、市场消费趋势分析、平台消费者需求挖掘等场景。

3. 数据传输环节

数据传输实际上包括普通的传输及数据跨境访问。数据的访问方基于特定需求，访问位于另一法域的系统服务器，读取其数据库中的部分或全部数据并进行一定的自动化处理。此外，数据传输还包括为维护销售业务、客户关系、数据分析而将开设店铺账号的公司收集的客户信息上传给主体公司。在数据运用于产品研发、设计与选品决策、推广和服务流程中，境内跨境电商还可能将个人信息处理业务外包给境内或境外公司，委托其他服务商分析其用户数据等。

3.3.3 跨境电商数据合规的实体与程序性合规要点

对于数据的收集、运用与价值发掘，全球范围内的主要国家和地区基本保持鼓励、激励的态度，但是在数据的规范与治理方面各国有不同的规则与制度，监管风险的重点也会有所不同。对于跨境电商这类高度依赖大量的境内外数据信息的企业，应当提前熟悉国内外不同的数据规则与监管要点，防止"合规点"变成威胁企业生存发展的"风险点"。

1. 各个国家与地区的数据法律渊源

无论收集、使用或访问的数据来源于何处，了解各个国家和地区的主要数据法律渊源是开展数据合规的前提。如果数据来源于我国境内，那么应遵守我国境内的数据保护规则，我国境内收集、使用、传输数据主要由《网络安全法》《数据安全法》和《个人信息保护法》调整约束。对于来自欧洲市场的数据，数据活动主要应遵守《通用数据保护条例》《数据治理法案》（DGA）及《数据法案》（Data Act）、《数字市场法案》（DMA）等。对于来自美国市场的数据，数据活动主要应遵守《儿童在线隐私保护法》（COPPA）、《联邦贸易委员会法案》（FTC法案）、《加州消费者隐私法案》《美国数据隐私和保护法》（ADPPA）等。当然，各州也有不同的实践，如《华盛顿隐私法》（参议院法案5062）、《犹他州消费者隐私法案》（SB 227）、《康涅狄格州数据隐私法案》（SB 6）、《科罗拉多州隐私法案》（SB 21-190）和《弗吉尼亚州消费者数据保护法案》（SB 1392）等。对于来自日本市场的数据，数据活动主要应遵循《日本个人信息保护法》（APPI）。对于来自俄罗斯市场的数据，数据活动主要应遵循《俄罗斯联邦个人数据法》，该法律于2022年7月进行大幅度修正。

2. 收集使用的数据分类、定义及其风险点

无论收集、使用或访问的数据来源于何处，各个国家和地区对数据的分类、定义都是首要的。主要国家和地区对个人信息的规定大多以 GDPR 为参照，相

关规定也较相近。

我国不同阶段对个人信息的定义略有不同，目前主要采取"相关说"，具体以《个人信息保护法》为准。根据《个人信息保护法》第4条规定："个人信息是以电子或者其他方式记录的与已识别或者可识别的自然人有关的各种信息，不包括匿名化处理后的信息。"《个人信息保护法》第28条规定："敏感个人信息是一旦泄露或者非法使用，容易导致自然人的人格尊严受到侵害或者人身、财产安全受到危害的个人信息，包括生物识别、宗教信仰、特定身份、医疗健康、金融账户、行踪轨迹等信息，以及不满十四周岁未成年人的个人信息。"

欧盟 GDPR 采用"识别说＋关联说"，即与已识别或可识别的人有关的任何信息都属于个人数据。这样的定义是广泛的，因为在大数据下几乎所有信息在技术上都可以识别个人。欧盟认为 IP 地址也属于个人信息，欧盟法院认为当一个人访问一个网站时，网站记录此人的动态 IP 地址，如果网站可以合法地从此人的网络服务商处获得额外信息，并且这些额外信息与动态 IP 地址结合后可以识别此人，那么动态 IP 地址构成个人数据。❶

《美国数据隐私和保护法》《加州消费者隐私法案》等其他消费者隐私法一致，将"被涵盖数据"广泛定义为"可识别个人或设备的信息或与个人或设备相关联或可合理地进行关联的信息"，且该信息包括衍生数据和独特标识符，这将包括如 cookies 和 IP 地址等数字标记，排除去识别化的数据、员工数据、公开可用的信息，以及"完全从多个独立的公开可用信息（这些信息并不显示与个人有关的敏感被涵盖数据）来源做出的推断"❷。

《日本个人信息保护法》与《俄罗斯联邦个人数据法》规定类似。《日本个人信息保护法》列举出"敏感数据"，除我国列出的几项外，还包括种族、犯罪记录、诊疗配方等。

---

❶ 动态 IP 构成个人数据，或将大大拓展个人信息的范围｜欧盟案例观察 [EB/OL]．（2022-11-26）[2023-04-05]．https://mp.weixin.qq.com/s/-uISz43jokdwnd2PkOwZVw．

❷ 网络、隐私和数据创新｜修订后的《美国数据隐私和保护法》：十大要点 [EB/OL]．（2022-12-02）[2023-04-05]．https://mp.weixin.qq.com/s/NSoNoEyNPx7LoICr2S-k_A．

3. 我国处理个人信息的原则

1）告知—同意原则

收集数据等行为在各法域存在共性，即遵循部分通用的法律原则。以中国为例，收集使用个人信息需要遵循"告知—同意原则"。

我国《个人信息保护法》第17条规定："个人信息处理者在处理个人信息前，应当以显著方式、清晰易懂的语言真实、准确、完整地向个人告知下列事项：（一）个人信息处理者的名称或者姓名和联系方式；（二）个人信息的处理目的、处理方式，处理的个人信息种类、保存期限；（三）个人行使本法规定权利的方式和程序；（四）法律、行政法规规定应当告知的其他事项。前款规定事项发生变更的，应当将变更部分告知个人。个人信息处理者通过制定个人信息处理规则的方式告知第一款规定事项的，处理规则应当公开，并且便于查阅和保存。"

作为跨境出口电商，如果采取基于第三方电商平台的商业模式，那么消费者个人信息由平台运营商掌握，告知—同意原则的约束主体为电商平台和消费者；如果基于自建独立站的商业模式，那么消费者个人信息由跨境出口电商掌握，告知—同意原则的约束主体为跨境出口电商和消费者，跨境出口电商必须制定个人信息处理规则。

作为跨境进口电商，如果在第三方电商平台的商业模式下，那么消费者个人信息由淘宝、京东等运营商掌握，告知—同意原则的约束主体为平台和消费者；如果在自营网站的商业模式下，那么消费者个人信息由跨境进口电商掌握，告知—同意原则的约束主体为跨境进口电商和消费者，跨境进口电商必须制定个人信息处理规则。

2）最小必要原则

《个人信息保护法》第6条规定的最小必要原则，是指对个人权益影响最小，限于处理明确、合理的目的中的最小范围。例如，《常见类型移动互联网应用程序必要个人信息范围规定》第5条第（六）项规定：网上购物类，必要个人信息包括注册用户移动电话号码；收货人姓名（名称）、地址、联系电话；支付时间、支付金额、支付渠道等支付信息。

3）安全原则

《个人信息保护法》第9条规定的责任原则与安全原则，对个人信息处理活动负责，并采取措施保证安全。例如，三态股份在IPO审核中被关注的相关问题有对被授权访问人员应建立最小授权的访问控制；对个人信息的重要操作设置内部审批流程；对管理人员、操作人员、审计人员的角色进行分离设置；确需授权超权限处理个人信息的应审批，并记录在册；建立内部管理制度等。

4）责任原则

在我国，对于违法违规处理个人信息的行为，可能需承担如表3-1所列的法律责任。

表3-1 违法违规处理个人信息需承担的法律责任

法律责任类型	法律依据	责任内容
行政责任	《个人信息保护法》	违反本法规定处理个人信息，或者处理个人信息未履行本法规定的个人信息保护义务的，由履行个人信息保护职责的部门责令改正，给予警告，没收违法所得，对违法处理个人信息的应用程序，责令暂停或者终止提供服务；拒不改正的，并处一百万元以下罚款；对直接负责的主管人员和其他直接责任人员处一万元以上十万元以下罚款。 情节严重的，由省级以上履行个人信息保护职责的部门责令改正，没收违法所得，并处五千万元以下或者上一年度营业额百分之五以下罚款，并可以责令暂停相关业务或者停业整顿、通报有关主管部门吊销相关业务许可或者吊销营业执照；对直接负责的主管人员和其他直接责任人员处十万元以上一百万元以下罚款，并可以决定禁止其在一定期限内担任相关企业的董事、监事、高级管理人员和个人信息保护负责人。
	《数据安全法》	第44~48条、第51条、第52条针对不同的行为设置不同梯度的处罚。
民事责任	《个人信息保护法》	个人信息处理者不能证明自己没有过错的，应当承担损害赔偿等侵权责任。
	《数据安全法》	违反本法规定，给他人造成损害的，依法承担民事责任。

续表

法律责任类型	法律依据	责任内容
刑事责任	《中华人民共和国刑法》	侵犯公民个人信息罪：情节严重的，处三年以下有期徒刑或者拘役，并处或者单处罚金；情节特别严重的，处三年以上七年以下有期徒刑，并处罚金。
		拒不履行信息网络安全管理义务罪：处三年以下有期徒刑、拘役或者管制，并处或者单处罚金。
		破坏计算机信息系统罪：造成计算机信息系统不能正常运行，后果严重的，处五年以下有期徒刑或者拘役；后果特别严重的，处五年以上有期徒刑。
		非法获取计算机信息系统数据、非法控制计算机信息系统罪：情节严重的，处三年以下有期徒刑或者拘役，并处或者单处罚金；情节特别严重的，处三年以上七年以下有期徒刑，并处罚金。

4. 国外处理个人信息的规定

在欧洲，GDPR对个人数据处理以禁止为原则，以合法授权为例外，以告知—同意为基本框架；以被遗忘为原则，以不遗忘为例外。GDPR对个人主体的数据权利进行详尽规定，包括查询权、更正权、删除权、拒绝权、自动化决策自决权、被遗忘权、限制处理权、数据可携带权等。

美国的个人数据处理以允许为原则，以附条件禁止为例外，通知即构成收集个人信息的合法性基础；规定用户有权自愿选择退出数据处理进程。美国重点保护13岁以下的儿童信息，收集的前提是通知并取得儿童父母的"可验证同意"。企业应当受其对数据隐私政策和数据安全承诺约束，否则联邦贸易委员会可以"不公平或欺骗性贸易行为"为由发起执法行动。

在俄罗斯，新修订的《俄罗斯联邦个人数据法》无须提前通报即可处理个人数据的情形减少，并且通报内容有所调整，2022年9月1日起，无须通报即可处理个人数据的情形仅有为保障国家安全和公共秩序而建立的国家个人数据信息系统中的个人数据；处理者不使用自动化方式处理个人数据；依照在俄罗斯联邦交通安全立法，为确保交通运输综合体的安全稳定运行，保护

个人、社会和国家在交通运输综合体中的利益和免受非法干扰所处理的个人数据。❶

在日本，对敏感数据非经明示同意禁止收集和使用；线上交易数据禁止采用概括同意和初步同意的形式等。

在责任法则的规定上，欧洲的 GDPR 设置严厉的处罚，以罚款为主。❷第一类罚款金额是根据 GDPR 第 83 条第 4 款的规定，上限为 1000 万欧元或者企业上一年度全球营业收入的 2%，二者竞合取其高。此类罚款主要适用于未遵守儿童同意的规定、未履行设计保护或默认保护的义务、未保存数据处理记录、不配合数据保护机构的监管、未采取数据安全措施、未履行数据泄露通知义务、未进行个人数据影响评估、未要求任命数据保护官、未遵守行为准则和认证要求等情况。第二类罚款金额是根据 GDPR 第 83 条第 5 款、第 6 款的规定，上限为 2000 万欧元或者企业上一年度全球营业收入的 4%，二者竞合取其高。此类罚款主要适用于不符合数据处理基本原则、未获得数据主体的有效同意、违反个人敏感数据的禁止性规定、侵犯数据主体的权利、违反数据跨境规定、对监管机构的调查不配合、不履行监管机构的矫正要求等情况。根据 GDPR 第 58 条第 2 款规定，对于显著轻微违反 GDPR 而不太适合直接予以处罚的行为，欧盟数据监管机构可以采取警告、训斥命令遵从数据主体的权利请求、命令遵守数据处理规则、命令通知数据泄露情况、实施强制性措施、撤销认证、暂停数据跨境等矫正性强制措施。

在美国，联邦贸易委员会拥有对不公平和欺骗性贸易行为进行执法的一般权力，特别是包括有权提出针对某些公司"不公平和欺骗性的商业行为"的执法行动。❸美国州政府也有权对被指控侵犯数据隐私安全的公司提出执法行动，这些行动通常是在一个或多个州检察长的授权下进行的，他们根据自己的州

---

❶ 张玫. 俄罗斯大修《个人数据法》[EB/OL].（2022-08-16）[2023-03-15]. https://mp.weixin.qq.com/s/Mnmp5I1SDzY6vlYk7fQrIQ.

❷ 何渊. 数据法学 [M]. 北京：北京大学出版社，2020：59-60.

❸ 何渊. 数据法学 [M]. 北京：北京大学出版社，2020：64.

隐私法（如加州的CCPA）提起诉讼，而各州采取的执法行动因违法行为的性质、违反的法规和州监管机构的权力而有很大不同。

《日本个人信息保护法》规定，当经营者明显违法时，个人信息保护委员会可依法根据具体情况采用必要措施，如要求经营者提交报告或资料、例行抽查、劝告或下达中止违法行为命令等。

《俄罗斯联邦个人数据法》规定行政责任、刑事责任、民事责任和纪律责任。❶

5.数据出境的程序性合规要点

当前，对于数据出境的规制措施，不同国家有不同的规定。我国主要以本地储存为原则，以境外传输为例外。

我国对于境外传输的基本要求是进行个人信息保护影响评估。《个人信息保护法》第55条规定："有下列情形之一的，个人信息处理者应当事前进行个人信息保护影响评估，并对处理情况进行记录：……（四）向境外提供个人信息。"对于如何做好个人信息保护影响评估，《个人信息保护法》第56条进一步规定："个人信息保护影响评估应当包括下列内容：（一）个人信息的处理目的、处理方式等是否合法、正当、必要；（二）对个人权益的影响及安全风险；（三）所采取的保护措施是否合法、有效并与风险程度相适应。个人信息保护影响评估报告和处理情况记录应当至少保存三年。"

在满足基本的个人信息保护影响评估后，《个人信息保护法》第38条规定："个人信息处理者因业务等需要，确需向中华人民共和国境外提供个人信息的，应当具备下列条件之一：（一）依照本法第四十条的规定通过国家网信部门组织的安全评估；（二）按照国家网信部门的规定经专业机构进行个人信息保护认证；（三）按照国家网信部门制定的标准合同与境外接收方订立合同，约定双方的权利和义务；（四）法律、行政法规或者国家网信部门规定的其他条件。"

---

❶ 王婷婷，等.俄罗斯联邦个人数据法解读之法律责任[EB/OL].（2022-03-31）[2023-04-05]. https://mp.weixin.qq.com/s/Fpzc7KZKa6HLYgkfRHJY6w.

因此，跨境电商数据传输的条件是或落实安全评估，或进行个人信息保护认证，或与境外接收方订立合同，约定双方的权利和义务。

1）境外传输例外之一：安全评估

如果跨境电商企业要通过国家网信部门组织的安全评估进行数据跨境传输，那么跨境电商需要自行判断是否属于CIIO，以及处理的数据量是否达到一定数量，通过相关的申报指南完成数据出境评估申报，并取得获批出境的批文。

2）境外传输例外之二：个人信息保护认证

《个人信息保护法》第55条规定：向境外提供个人信息的信息处理者，应当事前进行个人信息保护影响评估，并对处理情况进行记录。第56条规定："个人信息保护影响评估应当包括下列内容：（一）个人信息的处理目的、处理方式等是否合法、正当、必要；（二）对个人权益的影响及安全风险；（三）所采取的保护措施是否合法、有效并与风险程度相适应。个人信息保护影响评估报告和处理情况记录应当至少保存三年。"

3）境外传输例外之三：标准合同

根据《个人信息保护法》第38条："个人信息处理者因业务等需要，确需向中华人民共和国境外提供个人信息的，应当具备下列条件之一：……（二）按照国家网信部门的规定经专业机构进行个人信息保护认证；（三）按照国家网信部门制定的标准合同与境外接收方订立合同，约定双方的权利和义务……"除了我国关于数据出境的相关规定外，其他国家也有相关的监管规定。

在欧洲，GDPR对数据跨境转移进行严格限制，设置充分性认定白名单、遵循适当保障措施、公司约束规则、国际协议及通过"必要性测试"和"偶然性判定"五道关口。[1]

在个人数据跨境传输的政策规制上，美国保持开放态度，但在其他重要的非个人数据上采取相应限制，如《出口管理条例》（EAR）对部分关键技术与特定

---

[1] 何渊. 数据法学 [M]. 北京：北京大学出版社，2020：68.

领域的数据出口进行限制。❶此外，还应重点关注医疗健康领域的《健康保险携带和责任法案》（HIPAA）、金融服务数据方面的《格雷姆 - 里奇 - 比利雷法案》（GLBA）等。

在日本，2022 年 4 月生效的修订版《日本个人信息保护法》呈现如下新变化：修订之前 APPI 仅要求事先取得数据主体的同意方可向境外第三方提供个人数据，而新版 APPI 要求处理个人信息的经营者在获取数据主体的同意前，应当事先披露信息接收方所在国家及该国的个人信息保护体系、信息接收方采取的个人信息保护措施；采取必要措施确保该境外第三方持续实施与 APPI 对个人信息的保护要求相当的保护措施，并能够在数据主体要求的情况下提供关于企业采取的必要措施的信息。❷但上述要求仅适用于个人信息处理者基于事先取得用户的同意而向境外第三方提供日本境内个人信息的场景，而不适用于以下例外：一是向位于被日本个人信息保护委员会（PPC）认定为具有与日本同等个人信息保护水平的国家的第三方提供用户个人信息的；二是符合 PPC 制定的规则中的标准：基于信息提供方与接收方之间的合同，或者信息提供方与接收方属于同一集团且建立了适用于双方的内部规章、隐私政策等，以及信息接收方已经取得关于个人信息处理的国际体系的认证，如 APEC 跨境隐私规则体系的认证，其中的例外制度与 GDPR 的"标准合同条款"和"有约束力的公司准则"类似。

在俄罗斯，新修订的《俄罗斯联邦个人数据法》第 22 条规定"个人数据处理通报"义务，增加个人数据跨境传输的前置通报，这意味运营商要履行两份通报义务，即"个人数据处理通报"义务和"个人数据跨境流动通报"义务，两份通报要分开发送，该部分于 2023 年 3 月 1 日起生效。具体而言：俄罗斯将个人数据跨境传输目的国分为充分保护个人数据主体权利的国家和不充分保

---

❶ 国际视野下的数据跨境（出境）传输合规丨欧盟、美国、俄罗斯……[EB/OL].（2021-04-03）[2023-04-05]. https://mp.weixin.qq.com/s/UeXD_Hm1U73Cz2IeHHUNvg.

❷ 陶佳鸿. 日本 2022 新版《个人信息保护法》生效，如何应对日本数据跨境合规 [EB/OL].（2022-04-06）[2023-06-26]. https://mp.weixin.qq.com/s/fzxSiqo_gQSeniGWAIlmeA.

护个人数据主体权利的国家，名单由俄罗斯通信监督局（RKN）制定。❶我国于 2022 年 9 月 23 日被列入充分保护个人数据主体权利的国家。新规定生效后，无论目的地国类别，在向其传输个人数据前，均应当收集接收方数据处理措施、接收方所在国法律规定、接收方的信息，并且向 RKN 通报跨境传输个人数据的计划。我国作为充分保护个人数据主体权利的国家，遵循"通知"模式，在向 RKN 发出通报后即可开始数据传输；而不充分保护个人数据主体权利的国家，遵循"许可"模式，应当等待 RKN 审理其通报内容才能进行数据跨境传输。如果 RKN 对发出方做出禁止或限制跨境传输个人数据的决定，那么发出方应确保外国接收方销毁其此前接收的个人数据。

3.3.4　跨境电商数据合规建议

笔者建议：跨境电商企业如果要做好数据合规，应先梳理内部数据类型及在收集、使用、共享、转让等各个环节中的数据合规风险点，在清楚自身数据类型及存在的风险点的基础上进行业务整改，以满足合规的要求，如起草数据保护的相关制度文件，包括但不限于与相关员工签订保密协议，从制度层面对客户个人信息进行保护；对员工账号权限进行管理，不同管理权限的员工对应的账号权限也不同，仅能在其工作岗位授权范围内有限地接触客户个人信息，不得越权操作，从业务操作层面对客户个人信息进行保护；针对外部网络安全攻击建立防火墙、入侵检测、访问控制等网络安全系统，从技术层面对客户个人信息进行保护。除了做好制度、技术等全方位整改外，企业内部也应做好整改实施方案，包括起草操作指引、进行内部动员宣传、成立执行小组等。

---

❶ 数治君. 俄罗斯修改个人数据跨境传输程序 [EB/OL].（2022-08-19）[2023-06-26]. https://mp.weixin.qq.com/s/iS2LA21YKTaBqTTzmirquw.

第 4 章　数据合规案例与法条解读

4.1　从"脉博之争"到"头腾大战"的数据之争

2016 年，北京微梦创科网络技术有限公司（新浪微博的运营商）以"第三方数据侵权"为由起诉北京淘友天下技术有限公司、北京淘友天下科技发展有限公司（脉脉软件和脉脉网站的共同运营商），并最终胜诉❶（下称"脉博之争"）。该案件被称为"大数据不正当竞争第一案"，轰动一时，引起互联网公司对第三方应用的关注。2019 年，深圳市腾讯计算机系统有限公司、腾讯数码有限公司和腾讯科技有限公司（微信、QQ 的共同运营商）以"第三方数据侵权"为由起诉北京微播视界科技有限公司（抖音运营商）、北京拍拍看看科技有限公司（多闪运营商）。❷ 由于本案（下称"头腾大战"）原告与被告分别坐拥数亿用户，影响远胜"脉博之争"，因此第三方应用如何合规运营的争议又一次被迅速掀起。

App 运营商为了快速积累用户资源，与开放平台签订开发者协议，通过开放平台的应用编程接口（API）接入平台，在成为平台生态圈组成部分的同时，利用双方的段位差将平台的用户流量顺势导入自己的应用程序，这些 App 运营商被称为"第三方应用"。其中，"脉博之争"的第三方应用是脉脉运营商，"头

---

❶ 参见（2016）京 73 民终 588 号民事判决书。

❷ 参见（2019）津 0116 民初 2091 号民事裁定书。

腾大战"的第三方应用是抖音和多闪运营商。

由此可知，开放平台和第三方应用本是互联网生态圈中相互依存，为什么二者会出现难以调和的矛盾呢？"脉博之争"和"头腾大战"中的矛盾究竟是什么？法院对"脉博之争"和"头腾大战"如何审判？法院的判决对第三方应用以后的发展有何影响？第三方应用如何做好数据合规工作？以下笔者结合"脉博之争"的判决书和"头腾大战"的裁定书，逐一分析并解答上述疑惑。

4.1.1 "数据之争"是什么

"脉博之争"和"头腾大战"实际上是"数据之争"，是微博、微信和 QQ 平台不愿开放数据给脉脉、抖音和多闪等第三方应用，但是脉脉、抖音和多闪等第三方应用仍试图从多个途径获取数据。具体而言，开放平台一般允许第三方应用在接入应用编程接口后仅能获取平台用户的头像、名称等基础数据，而且头像和名称仅能作为登录的依据，不能援作他用；然而第三方应用为了快速构建自己的社交链或者完成用户的原始积累，更倾向于获得平台用户更多的数据，以及将数据应用于更多的场景。因此，二者相互背离的诉求最终引发了"数据之争"。

1. "脉博之争"的焦点

在"脉博之争"中，微博的诉求有两个：一是控诉脉脉非法抓取新浪微博的用户信息，主要包括头像、名称、职业信息、教育信息、用户自定义标签及用户发布的微博内容；二是控诉脉脉利用用户手机通讯录与新浪微博用户的对应关系构建脉脉的社交链。

该案争论的焦点是微博认为脉脉获取的用户信息已经超出开发者协议约定的范畴。此外，脉脉还在构建自己的社交链上具体运用用户信息。换言之，脉脉不仅在用户信息的"获取链"上存在问题，在"应用链"上也存在问题。对此，脉脉的抗辩理由是微博用户信息的获取，不是得到用户的授权同意就是利用技术手段获取，不存在非法获取的问题，进而社交链的构建也就不存在问题。

2. "头腾大战"的焦点

在"头腾大战"中，腾讯的诉求有4个：一是控告抖音在向用户推荐好友时使用平台数据；二是控告抖音向第三方应用多闪提供平台数据；三是要求抖音和多闪立即删除平台数据；四是要求多闪不得在构建社交链时运用平台数据。

该案争论的焦点是腾讯认为抖音未经授权许可，将用于登录功能的平台数据不仅用于构建社交链，还传输给第三方，作为第三方登录的接口，并且第三方运用该数据构建社交链。对此，抖音的抗辩理由是对用户数据的获取已经得到用户的授权同意。

可以看出，"头腾大战"相较于"脉博之争"，法律上的问题更为复杂。"脉博之争"的焦点是脉脉是否越权获取微博数据及是否在社交链构建中运用微博数据。"头腾大战"的焦点是除了抖音是否将用于登录功能的数据用于建构社交链外，还涉及是否将平台数据转授权给第三方，并允许第三方运用数据建构社交链。两案的争论焦点见图4-1。

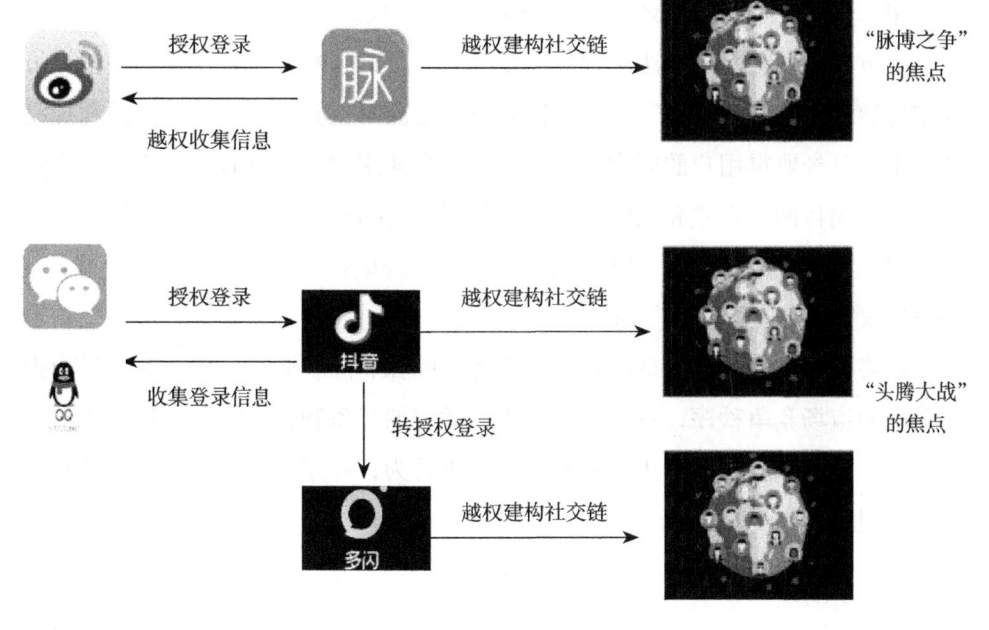

图4-1 两案的争论焦点

4.1.2 "数据之争"怎么判

从上述内容可以看出，无论是"脉博之争"还是"头腾大战"，它们的诉讼焦点大体相同，即开放平台认为自己拥有用户数据的占有权，第三方应用侵犯自己的占有权；而第三方应用认为自己使用用户数据已经得到用户授权同意，并没有侵犯开放平台的权利。针对此类诉讼纠纷，两起案件的审判法院一致认为，开放平台拥有的用户数据是其重要的商业资源，开放平台有权维护自己的商业利益，并都作出了有利于开放平台的判决和裁定。

1. "脉博之争"怎么判

在"脉博之争"中，针对脉脉非法抓取用户信息，一审法院认为脉脉既侵犯开放平台的合法权益，又侵犯用户的知情权。首先，法院认为微博用户是微博的重要商业资源，这些用户信息是微博开展经营活动的基础，也是保持竞争优势的必要条件，脉脉的行为侵犯微博的合法权利。其次，一审法院认为脉脉抓取用户信息并应用在社交链上侵犯用户的知情权。

二审法院在肯定一审法院判决的基础上，总结 API 开发合作模式中第三方应用应遵循的"三重授权"原则，即开放平台向第三方应用开放数据的前提是开放平台已经取得用户的同意，第三方应用在使用用户信息时还应当明确告知用户其使用目的、方式和范围，再次取得用户的同意。因此，在 API 开发合作模式中，第三方应用通过 API 获取用户信息时应坚持"用户授权＋平台授权＋用户授权"的"三重授权"原则。

最终，一审法院和二审法院一致认为，脉脉非法获取或应用数据的行为损害公平的市场竞争秩序，一定程度上损害微博的竞争利益，因此支持微博的诉讼请求，判决脉脉立即停止涉案不正当竞争行为，并赔偿微博经济损失 200 万元及合理费用 208 998 元。

2."头腾大战"怎么判

在"头腾大战"中,法院同意"脉博之争"中二审法院提出的"三重授权"原则,认为该原则已经成为开放平台领域网络经营者应当遵守的商业道德。同时,法院进一步规定第三方应用在获得平台授权后,在数据的获取和使用中应遵循"合理、正当、必要"原则,即仅能将数据用于登录目的,而不能用于授权登录以外的任何用途,因此第三方应用既不能将用户数据用于社交链的建构,也不能将数据转授权给第三方,转授权的第三方更不能使用该数据。

换言之,审理"头腾大战"的法院在肯认"脉博之争"中"三重授权"原则的基础上,又细化"三重授权"中"平台授权"的具体要求,即经平台授权的数据要遵循"最小必要原则",平台授权的数据仅能用于登录目的。基于此思路,法院裁定抖音和多闪的行为已经侵犯腾讯的合法权利,因此支持腾讯提出行为保全的诉请,要求抖音和多闪立即停止侵权的行为。

4.1.3 "数据之争"怎么看

从"脉博之争"到"头腾大战",实际上法院在实务操作中已经建构出一套具体审理第三方应用的审查基准,即数据控制者首先在遵循"合理、正当、必要"原则的基础上,在获取用户同意后可以收集并使用用户的信息;因数据控制者经过多年的苦心经营,累积大量的用户数据,这类用户数据是数据控制者的商业资源,数据控制者拥有其合法权益,任何第三方非法获取或使用该类数据将会侵犯数据控制者的合法权益;第三方应用如果想快速获取用户流量,可与数据控制者签订开发者协议,在经过数据控制者授权同意后通过API接入平台,但第三方应用对平台数据的使用十分有限,并且该部分数据仅能适用于登录目的,无法援作他用。同时,第三方应用在经过平台授权后,还需要经过用户的同意,才能最终完成数据的登录使用。第三方应用的审查基准流程见图4-2。

图 4-2　第三方应用的审查基准流程

从上述内容可以看出，实务操作中，司法机关不仅认可数据控制者对用户数据享有商业权利，并且赋予这种权利极大的保护。例如，"头腾大战"的审理法院具体要求"平台授权"下第三方应用对数据的使用仅限于登录目的，实际上该规定已经限制第三方应用对该部分数据的应用，该部分数据自始至终都只能用于登录目的，第三方应用即使获得用户授权也不能进行任何数据的再收集和再处理，无形之中数据已经被开放平台独占使用。

实际上，笔者认为法院所确认的"三重授权"原则存在一定的讨论空间。法院认为第三方应用需要经过"平台授权"，但是"平台授权"的权利来自哪里？法院认为"平台授权"的权利来自平台对用户资源的长期管理和使用，即平台的长期积累使其自动获得对用户数据的占有权。那么，当平台不愿意授权给第三方应用，但用户认为平台需要授权给第三方应用时，如何处理该类问题？按照法院的观点，在这种情况下用户是否已经丧失自己对数据的所有权，无权要求平台授权第三方应用。如果出现这种情况，那么是否已经与"用户信息自决权"的理念发生背离。

仔细研究会发现，即使腾讯平台本身，也不认为自己拥有主动转移数据的权利。微信的隐私政策规定微信不会主动共享或者转移用户的个人信息到腾讯以外的第三方，除非征得用户的明示同意；QQ 的隐私政策同样规定未经用户同意，QQ及QQ的关联公司不会与任何第三方分享用户的个人信息。可见，即使是开放平台本身，也都认为用户数据的所有权始终归用户所有。而将目光投向国外会发现，针对用户数据转移的行为，欧盟制定的《通用数据保护条例》规定用户拥有可携带权，即权利主体有权从控制者处获得结构化、通用化的，机器可读的，能共同操作的以格式形式提供的个人数据，并允许该类数据传输给其他控制者。❶换言之，欧盟针对第三方应用所设置的审查基准是"双重授权"原则，即"用户授权+用户授权"模式。中国为维护数据控制者的权利，在"双重授权"外追加"平台授权"，形成"三重授权"模式。

当然，欧盟的个人信息保护法根植于欧盟对隐私权本源的追求，所以其成文法上的规定更侧重于对数据主体的权利保护。即使我国在实务操作中允许"平台授权"，如今"平台授权"的审查基准也不够细致，但为避免出现"平台不愿授权第三方应用"与"用户执意授权第三方应用"之间的矛盾，"平台授权"的规则应被更精细地进行技术设计。

4.1.4 第三方应用如何做好数据合规

众所周知，随着云计算、物联网、人工智能等高新技术的快速发展，数据已经成为互联网公司的核心资产，大多数互联网公司都已将数据保护上升至公司发展战略的高度。因此，即使开放平台开放应用编程接口，它们也不会放弃对数据的保护，会设置各种限制第三方应用获取数据的要求；而第三方应用要生存，就需要获取用户数据。"脉博之争"和"头腾大战"便是开放平台与第三方应用之间的矛盾无法调和的产物，而且这些纠纷只是开端，第三方应用如不做好数据的合规审查，纠纷还会继续出现。那么，第三方应用该如何做好数据的合规审查呢？笔者认为可从以下3个方面入手。

---

❶ 京东法律研究院.欧盟数据宪章：《一般数据保护条例》（GDPR）评述及实务指引[M].北京：法律出版社，2018：63.

第一，由于"三重授权"原则已经获得实务上的认可，因此对于平台授权第三方应用的数据，该类数据仅可作为登录目的使用，不能用于其他目的。第三方应用应运用技术手段，严格区分平台授权下获取的数据和自己获取的用户数据，建立隔离机制和定期审查机制，并对自己获取的用户数据进行安全备份，以便当自己获取的数据与平台授权的数据发生竞合时有抗辩的依据。

第二，在第三方应用完成初期的用户积累后，如果 API 开发合作模式不能再促进第三方应用有效地引流，受"平台授权"因素的干扰，那么第三方应用以后不仅很难完成有效导流，而且可能因为开发者协议的规定掣肘自身获取用户数据的能力。当出现这种情况时，笔者认为第三方应用应果断放弃 API 开发合作模式，而选择运用其他模式引流。

第三，如果第三方应用也是开放平台，那么第三方应用在草拟开发者协议时要采取自身数据的保护措施，可规定数据收集方在收集用户任何数据时必须事先获得用户的明确同意，而且仅应当收集为应用程序运行及功能实现目的必要的用户数据，同时应当告知用户相关数据收集的目的、范围及使用方式等，保障用户知情权。

4.2　政府信息公开下个人数据如何得到有效保护

2019 年，国务院对外发布《中华人民共和国政府信息公开条例》（以下简称《条例》），并宣布《条例》于 2019 年 5 月 15 日起施行。《条例》对司法实践中存在的诸多问题进行明晰，特别是确定的"以公开为常态，不公开为例外"原则得到实务界的广泛赞誉。

笔者长期致力于数据保护研究，深知《条例》的出台使政府信息的公开范围扩大，但也更容易导致个人数据的泄露。那么，在政府信息公开下，个人数据会面临哪些潜在的威胁呢？面对信息泄露的风险，政府应如何保障个人数据安全呢？

4.2.1 解读《条例》的内容

笔者认为,为了让读者更好地认识个人数据泄露的潜在威胁,有必要先对《条例》做大致解读。值得注意的是,由于2019年版《条例》对2007年版《条例》做了大幅度修改和调整,所以下面的解读势必无法全面细致,只能选取部分重要内容进行分析。

1. 框架结构更规范

在框架结构上,《条例》更加规范和合理。2007年版《条例》共5章内容,分别为总则、公开的范围、公开的方式和程序、监督和保障及附则。2019年版《条例》在2007年版《条例》的基础上,将第3章"公开的方式和程序"分为两章,设为第3章"主动公开"和第4章"依申请公开",结构更为清晰合理。其中"主动公开"章节规定的内容更为翔实,"依申请公开"章节对程序的规定更具有可操作性。2019年版《条例》在2007年版《条例》第2章"公开的范围"中加入"主体"要件,使政府信息公开的主体更加明确。2019年版《条例》与2007年版《条例》的框架结构对比见表4-1。

表4-1 2019年版《条例》与2007年版《条例》的框架结构对比

2007年版《条例》	2019年版《条例》	解读
第1章 总则	第1章 总则	由原来8条扩充为9条;条款的内容有所扩充
第2章 公开的范围	第2章 公开的主体和范围	增加公开的"主体";由原来6条扩充为9条;条款的内容有所扩充
第3章 公开的方式和程序	第3章 主动公开	将旧条例中主动公开和依申请公开的程序拆分为更精细的两章;由原来14条扩充为27条;条款的内容有所扩充
	第4章 依申请公开	
第4章 监督和保障	第5章 监督和保障	由原来7条扩充为8条;条款的内容有所扩充
第5章 附则	第6章 附则	条款的内容有所扩充

2. 增设"以公开为常态，不公开为例外"原则

相比于2007年版《条例》，2019年版《条例》对原则的规定更加准确合理。例如，虽然2007年版《条例》规定"行政机关公开政府信息，应当遵循公正、公平、便民的原则"，但对于如何确定"公正、公平、便民的原则"未给出可行的操作方案，使该原则在实务中无法贯彻实施。为解决2007年版《条例》的原则失范问题，2019年版《条例》增设"以公开为常态，不公开为例外"的原则条款，并形成规范体系，贯彻始终。

具体而言，2019年版《条例》在公开范围中规定，除特殊事项外，政府信息应当一律公开，同时列举政府应当公开的具体事项，其中增加公开公务员招考录取的信息、行政处罚信息等。此外，2019年版《条例》还规定行政机关要按照上级行政机关的部署，不断增加主动公开的内容。该具体条款的规定使得《条例》确定的"以公开为常态"有了法律上的依据；而在"不公开为例外"上，《条例》在不公开的范围中规定绝对不公开事项、相对不公开事项和可以不公开事项等，通过规定"例外"事项，打通信息公开的渠道。

3. 主体和范围更明确

在主体方面，《条例》厘清制作机关、牵头机关和保存机关的关系，明确承担公开职责的各权力主体。例如，制作政府信息的行政机关负责公开该信息，保存政府信息的行政机关负责公开该保存信息，如果有多个行政机关同时涉及某类政府信息，由牵头机关负责公开该信息。此外，《条例》还赋予派出机构和内设机构公开信息的权限，公共企业、事业单位不适用《条例》的规定。

在公开的范围方面，《条例》规定除了国家秘密、商业秘密、个人隐私和行政机关的内部事务信息外，政府信息原则上都应当公开。公开的方式主要有主动公开和依申请公开两种。在主动公开上，《条例》要求"对涉及公众利益调整、需要公众广泛知晓或者需要公众参与决策的政府信息"应当主动公开，同时以列举的方式规定政府机关应当公开的事项；在依申请公开上，《条例》规定凡是公民以自己的名义都可以申请政府信息公开，并完善申请的程序流程。

4.2.2 个人数据泄露的潜在威胁

《条例》依循"以公开为常态，不公开为例外"的原则，对政府信息应当公开的内容做概括式要求、列举式规定，对政府信息不予公开的内容做绝对不予公开、相对不予公开和可以不予公开的界定，体系更加完整和规范，加大政府信息公开的力度。然而，笔者认为《条例》体系完整的背后隐藏着个人数据泄露的风险。换言之，《条例》对政府信息应该公开、不予公开的内容做详细分类的背后隐藏着个人数据泄露的威胁。具体来说，个人数据泄露的威胁来自3个方面：政府信息公开的内容存在泄露个人数据的风险、政府信息相对不予公开的内容存在泄露个人数据的风险、政府信息管理动态调整机制存在泄露个人数据的风险。

在政府信息公开的内容上，《条例》在主动公开范围中增加行政处罚的相关信息，公务员招考录用的信息，政府办公机构负责人的姓名、联系方式、办公时间、办公地址等信息。同时，规定设区的市级、县级人民政府及其部门还应该根据具体情况公布土地征收、房屋征收、治安管理、社会救助等方面信息，乡（镇）人民政府还应该公布农村土地承包经营权流转、宅基地使用情况审核、农田水利工程建设运营等信息。

上述所列信息基本上都会涉及个人数据的公开问题，如公务员招考录用会涉及拟录取公务员的个人信息，如姓名、联系方式、身份证号码、家庭住址等信息；行政处罚会涉及行政处罚人甚至行政相对人的相关信息；政府机构负责人的姓名、联系方式，甚至住址都会被公布；农村土地、宅基地更是涉及农民的财产信息。根据《条例》的规定，这些个人数据都会被公开。

《条例》在申请公开上，改变旧条例规定"生产、生活、科研等特殊需要"的公民才能申请信息公开的条件，而是不再设置任何门槛，只要依自己名义就有权申请政府信息公开。申请条件的放开是否会导致利益团体为获取个人数据恶意申请特定人的信息公开呢？笔者认为，随着数据在智能时代中的作用不断凸显，利益集团具有想方设法获取个人数据的动机。由此可见，个人数据在申请公开上也存在泄露的风险。

在政府信息相对不予公开的内容上,《条例》规定涉及商业秘密、个人隐私的数据,行政机关不得公开,但是如果行政机关认为不公开会对公共利益造成重大影响,那么可以公开。问题的关键是如何权衡个人隐私与公共利益之间的利益大小,《条例》并未给出裁量基准,而是将裁量权留给行政机关。如果行政机关更偏向于认为公共利益影响大于个人隐私的保护,那么个人数据的泄露不可阻挡。从这个角度看,政府信息相对不予公开也存在个人数据泄露的风险。

在政府信息管理动态调整机制上,《条例》规定除了负面清单列举的事项不公开外,其余事项都要公开,并且对"不予公开的政府信息进行定期评估审查",对因情势变化可以公开的政府信息进行公开。同时,要不断增加主动公开的内容。可见,《条例》不仅规定政府信息"以公开为常态,不公开为例外",而且这种"例外"还可能随着时间的推移变成"常态"。

4.2.3 政府信息公开下如何保障个人数据安全

《条例》中无论是政府信息应当公开的内容、相对不予公开的内容,还是政府信息管理动态调整机制,都存在可能泄露个人数据的风险。那么,政府信息公开下如何保障个人数据的安全呢?笔者认为,政府保障个人数据安全应从个人数据的收集、保存和使用3个方面着手。

1. 个人数据的收集

在个人数据的收集上,《关于加强网络信息保护的决定》第2条规定:网络服务提供者和其他企业事业单位在收集个人数据时,"应当遵循合法、正当、必要的原则,明示收集、使用信息的目的、方式和范围,并经被收集者同意,不得违反法律、法规的规定和双方的约定收集、使用信息"。2016年颁布的《网络安全法》第41条再次重申网络运营者应遵循上述要求。根据法律规定,政府机关也应该按照《关于加强网络信息保护的决定》和《网络安全法》的规定采集个人数据。

笔者认为，政府信息公开的合法基础是个人数据的合法收集，如果政府收集的个人数据超出必要的限度，那么对无关个人数据的公开可能会成为变相的信息泄露。因此，政府在个人数据的收集上也应当遵循网络运营者所遵循的"合法、正当、必要"的原则，明示收集信息的目的、方式和范围，不得超出必要限度。

2. 个人数据的保存

在个人数据的保存上，《关于加强网络信息保护的决定》和《网络安全法》对网络运营者如何保存个人数据都作出相应规定，如网络运营者"应当采取技术措施和其他必要措施，确保信息安全，防止在业务活动中收集的公民个人电子信息泄露、毁损、丢失。在发生或者可能发生信息泄露、毁损、丢失的情况时，应当立即采取补救措施"，网络运营者还需要做好保密措施。

笔者认为，个人数据的保存也是行政机关保护个人数据的重要组成部分，政府部门对个人数据的保存应参照网络运营者，应当采取技术措施和其他必要措施确保信息安全，防止在业务活动中收集的公民个人信息泄露、毁损、丢失。

3. 个人数据的使用

在个人数据的使用上，《网络安全法》规定个人数据的使用应当遵循法律、行政法规的规定和与用户的约定。欧盟《通用数据保护条例》指出网络运营者在收集个人数据时应遵循"目的必要性"原则，即使用的数据要与收集数据时明示的目的相符合，当使用的范围超出明示的目的时，要重新征得数据主体的同意。

在个人数据的使用上，政府也应遵循法律、行政法规的规定和与用户的约定，遵循"目的必要性"原则。

4.3 《数据安全管理办法》深度解读

2019年5月28日，国家互联网信息办公室发布《数据安全管理办法（征求意见稿)》(下称《征求意见稿》)。由于数据监管触及多方利益,所以《征求意见稿》一经发布,立即引起广泛关注。以下对《征求意见稿》的内容作出解读,希望为关注该领域的企业和个人提供帮助。

4.3.1 立法依据

第1条 根据《中华人民共和国网络安全法》等法律法规,制定本办法。

【解读】此处的"法律法规",笔者认为除了《网络安全法》外,还应包括《国家安全法》。我国十三届全国人大常委会立法规划将《个人信息保护法》和《数据安全法》列为"条件比较成熟、任期内拟提请审议的法律草案"。如果上述两部法律在十三届全国人大常委会通过,那么也应成为《征求意见稿》的依据之一。上述法律的层次顺序应为:《个人信息保护法》<《数据安全法》<《网络安全法》<《国家安全法》。

4.3.2 立法目的

第1条 为了维护国家安全、社会公共利益,保护公民、法人和其他组织在网络空间的合法权益,保障个人信息和重要数据安全。

【解读】《征求意见稿》的立法目的如上所述。笔者建议应着重关注"保障个人信息和重要数据安全"的表述,因为《征求意见稿》的内容主要围绕"个人信息"和"重要数据"两方面展开。

4.3.3 适用范围

第2条 在中华人民共和国境内利用网络开展数据收集、存储、传输、处理、使用等活动,以及数据安全的保护和监督管理,适用本办法。纯粹家庭和个人事务除外。法律、行政法规另有规定的,从其规定。

【解读】如何理解此处的"境内"。《电子商务法》在立法范围上将原本的"境内发生或者有境内电子商务经营主体、消费者参与的电子商务活动"改为"境内的电子商务活动",从而扩大法律的适用范围。参照《电子商务法》,笔者认为《征求意见稿》中的"境内"适用范围同样广泛,应理解为凡是涉及数据安全的、任何情况发生在境内的都应适用该办法。此外,《征求意见稿》将"纯粹家庭和个人事务"排除在外,符合世界立法通例,以欧盟为代表的GDPR也将家庭和个人事务排除在适用范围外。《征求意见稿》将"法律、行政法规另有规定的"排除在外,是为突发状况留下回旋的余地。

4.3.4 适用思路

第3条 国家坚持保障数据安全与发展并重,鼓励研发数据安全保护技术,积极推进数据资源开发利用,保障数据依法有序自由流动。

【解读】《征求意见稿》的主要思路是保障安全、鼓励发展。

4.3.5 权力机关

1. 监管机关

第5条 在中央网络安全和信息化委员会领导下,国家网信部门统筹协调、指导监督个人信息和重要数据安全保护工作。地(市)及以上网信部门依据职责指导监督本行政区内个人信息和重要数据安全保护工作。

第33条 网信部门在履行职责中,发现网络运营者数据安全管理责任落实不到位,应按照规定的权限和程序约谈网络运营者的主要负责人,督促整改。

【解读】上述两个条款的规定分别对应《网络安全法》的第8条和第56条。《征求意见稿》在《网络安全法》的基础上,细化网信部门在个人信息和重要数据安全保护领域的指导监督职能,并规定网信部门享有"约谈""督促整改"的权限。

2. 有关机关

第36条 国务院有关主管部门为履行维护国家安全、社会管理、经济调控等职责需要，依照法律、行政法规的规定，要求网络运营者提供掌握的相关数据的，网络运营者应当予以提供。

国务院有关主管部门对网络运营者提供的数据负有安全保护责任，不得用于与履行职责无关的用途。

第37条 网络运营者违反本办法规定的，由有关部门依照相关法律、行政法规的规定，根据情节给予公开曝光、没收违法所得、暂停相关业务、停业整顿、关闭网站、吊销相关业务许可证或吊销营业执照等处罚；构成犯罪的，依法追究刑事责任。

【解读】虽然网信部门是个人信息和重要数据安全保护领域的监管部门，但由于数据的适用范围特别广泛，几乎人人都会遇到数据问题，网信部门有限的行政工具无法触及每个角落。因此，《征求意见稿》规定"国务院有关主管部门"基于职责，有要求网络运营者提供数据的权力，并在网络运营者违反本办法规定时，有行使行政处罚甚至刑事处罚的权力，以便适应当前行政监管的实务现状。

从文本可以看出，该条款的规定过于笼统和概括，不能有效解决实际问题，甚至会造成一些新的问题。

首先，"国务院有关主管部门"指向不明，容易造成多头执法或者相互扯皮、互不监管的问题。其次，《征求意见稿》中关于网络运营者的条文规定有20余条，如果网络运营者违反这些规定，那么对于如何采取包括公开曝光、没收违法所得、暂停相关业务、停业整顿、关闭网站、吊销相关业务许可证或吊销营业执照等处罚措施，没有具体说明，赋予有关主管部门极大的自主裁量权。再次，国家有关主管部门之间如果缺乏沟通协作，那么是否会对网络运营者的同一问题重复作出处罚，进而违反"一事不再罚"原则。最后，监管机关和有关部门之间是何种关系，该《征求意见稿》并未明确。可见，监管上存在的诸多问题都有待厘清。

4.3.6 监督对象

第 6 条 网络运营者应当按照有关法律、行政法规的规定，参照国家网络安全标准，履行数据安全保护义务，建立数据安全管理责任和评价考核制度，制定数据安全计划，实施数据安全技术防护，开展数据安全风险评估，制定网络安全事件应急预案，及时处置安全事件，组织数据安全教育、培训。

【解读】《征求意见稿》第 38 条第 1 款规定："网络运营者，是指网络的所有者、管理者和网络服务提供者。"该规定主要沿用《网络安全法》第 76 条对"网络运营者"的定义。《征求意见稿》的监督对象实际上囊括政府机关和非政府机关，将运用网络的相关者都包括在内。同时，《征求意见稿》规定监督对象要履行上述八大义务。对于如何履行八大义务，笔者查看相关资料后发现，《信息安全技术　个人信息安全规范》第 9 点、第 10 点对于履行"开展数据安全风险评估""及时处置安全事件""组织数据安全教育、培训"已有详细操作指引，网络运营者可按照该规范要求操作。

前文对《征求意见稿》的立法依据、立法目的、适用范围和思路、权力机关和监督对象做了解读，实际上已经对其整体框架做了梳理。《征求意见稿》的第二章"数据收集"和第三章"数据处理使用"是网络经营者须履行的八大义务的细化规定，实际上还在上述框架范围内。

以下对"数据收集"和"数据处理使用"两章做相应解读。由于《征求意见稿》主要规定"个人信息"和"重要数据"两方面的内容，所以在解读前有必要先理清"数据""个人信息"和"重要数据"的关系。根据《征求意见稿》第 38 条规定：个人信息，是指以电子或者其他方式记录的能够单独或者与其他信息结合识别自然人个人身份的各种信息；重要数据，是指一旦泄露可能直接影响国家安全、经济安全、社会稳定、公共健康和安全的数据。其中，重要数据一般不包括个人信息。根据该规定可知，个人信息和重要数据归属于数据的范畴，同时个人信息和重要数据一般互不交叉、并无关联。在理解上述关系后，我们就可以知道《征求意见稿》第二章"数据收集"和第三章"数据处理使用"实际上主要是关于个人信息和重要数据的收集、处理使用。

1. 数据收集

在数据的收集上，个人信息和重要数据应遵循以下要求。

第一，重要数据和个人敏感信息要备案

第 15 条 网络运营者以经营为目的收集重要数据或个人敏感信息的，应向所在地网信部门备案。备案内容包括收集使用规则，收集使用的目的、规模、方式、范围、类型、期限等，不包括数据内容本身。

【解读】天津市出台《天津市数据安全管理办法（暂行）》（征求意见稿）时提出数据要备案，其规定备案的材料应包括："（一）数据运营者主体信息；（二）数据收集和使用规则；（三）数据收集的目的、方式、范围、类型等，不包括数据本身；（四）采集、传输、存储、处理、使用、保护个人信息和重要数据的应用、系统、平台等资产信息；（五）提供数据安全服务的企业及其人员、产品、技术等信息；（六）其他事关本市数据安全保护工作的信息。"相比之下，《征求意见稿》的备案要求看似较为轻松，然而细究仍会发现，备案存在一些值得思考的地方。

首先，《征求意见稿》中"以营利为目的"收集数据的网络运营者，是对一手数据收集的网络运营者，还是所有关联方（包括受委托的数据处理者、转让方、数据共享的第三方等）？其次，如果备案范围是指所有关联的网络运营者，即意味着所有以营利为目的的网络运营者都需要备案。此时，如何判断"所在地网信部门"。因为有时关联方是某企业的子公司，甚至分公司，当子公司、分公司与总公司分属不同地域时，是否需要多处备案？最后，由于数据的更新迭代快，网络运营者收集规则会因时因地发生变化，当收集使用的"目的、规模、方式、范围、类型、期限"任一要素发生变化时，是否都需要重新或者更新备案。

第二，网络爬虫收集网站数据，有底线要求。

第 16 条 网络运营者采取自动化手段访问收集网站数据，不得妨碍网站正常运行；此类行为严重影响网站运行，如自动化访问收集流量超过网站日均流量三分之一，网站要求停止自动化访问收集时，应当停止。

【解读】网络爬虫是因网络时代海量数据无法靠人工收集而产生的工具，它的出现符合网络发展的需要。然而，网络爬虫过度爬取网站平台的数据有时会影响平台的正常运行，影响平台的服务质量和水平，甚至有时会造成不正当竞争。基于此种考虑，《征求意见稿》以自动化访问收集流量不得超过网站日均流量三分之一作为网络爬虫爬取数据的红线，可有效平衡双方的利益。

第三，以经营为目的收集数据，要明确数据安全责任人。

第17条 网络运营者以经营为目的收集重要数据或个人敏感信息的，应当明确数据安全责任人。数据安全责任人由具有相关管理工作经历和数据安全专业知识的人员担任，参与有关数据活动的重要决策，直接向网络运营者的主要负责人报告工作。

第18条 数据安全责任人履行下列职责：

（一）组织制定数据保护计划并督促落实；

（二）组织开展数据安全风险评估，督促整改安全隐患；

（三）按要求向有关部门和网信部门报告数据安全保护和事件处置情况；

（四）受理并处理用户投诉和举报。

网络运营者应为数据安全责任人提供必要的资源，保障其独立履行职责。

【解读】欧盟GDPR规定：一般情况下企业人数超过250人的应设置数据保护官，专职负责企业的数据合规问题。自GDPR生效实施后，欧盟产生几十万名数据保护官。我国某些大型企业在《征求意见稿》未出台前，也已设立数据安全负责人的岗位。

除收集个人信息和重要数据的上述要求外，《征求意见稿》还专门对个人信息的收集规定额外的要求。

第一，制定收集使用规则。

第7条 网络运营者通过网站、应用程序等产品收集使用个人信息，应当分别制定并公开收集使用规则。收集使用规则可以包含在网站、应用程序等产品的隐私政策中，也可以其他形式提供给用户。

第8条 收集使用规则应当明确具体、简单通俗、易于访问，突出以下内容：

（一）网络运营者基本信息；

（二）网络运营者主要负责人、数据安全责任人的姓名及联系方式；

（三）收集使用个人信息的目的、种类、数量、频度、方式、范围等；

（四）个人信息保存地点、期限及到期后的处理方式；

（五）向他人提供个人信息的规则，如果向他人提供的；

（六）个人信息安全保护策略等相关信息；

（七）个人信息主体撤销同意，以及查询、更正、删除个人信息的途径和方法；

（八）投诉、举报渠道和方法等；

（九）法律、行政法规规定的其他内容。

第9条 如果收集使用规则包含在隐私政策中，应相对集中，明显提示，以方便阅读。另仅当用户知悉收集使用规则并明确同意后，网络运营者方可收集个人信息。

第10条 网络运营者应当严格遵守收集使用规则，网站、应用程序收集或使用个人信息的功能设计应同隐私政策保持一致，同步调整。

【解读】《征求意见稿》规定网络经营者在网站和应用程序上应分别制定收集使用规则，收集使用规则既可以在隐私政策中集中展示，也可以其他方式，如在用户协议中展示。收集使用规则应随着网站或者应用程序的功能设计同步调整，并具体列举收集使用规则应规定的内容。

其中，特别值得关注的是，《网络安全法》第41条、《关于加强网络信息保护的决定》第2条规定，"网络服务提供者和其他企业事业单位在业务活动中收集、使用公民个人电子信息，应当……，并经被收集者同意"。此处的"同意"并非收集信息的充分必要条件，而《征求意见稿》对个人信息收集的表述为"仅当用户知悉收集使用规则并明确同意后，网络运营者方可收集个人信息"。此时，"同意"成为网络运营者收集信息的充分必要条件。须知，即使GDPR，其规定除了用户同意外，网络经营者还可以基于用户的重大利益考虑、双方签订合同、为履行法定义务等其他条件收集用户信息。同时，《征求意见稿》第27条规定网络运营者在向他人提供个人信息除了用户同意外，也有例外情况规定。唯独在收集个人信息上，仅当用户同意才可以收集，《征求意见稿》设置的条件是否过于严苛，值得深入探讨。

《征求意见稿》第8条规定收集使用规则应规定"个人信息主体撤销同意，以及查询、更正、删除个人信息的途径和方法"，结合第14条"网络运营者从其他途径获得个人信息，与直接收集个人信息负有同等的保护责任和义务"理解，笔者认为该条款有一些值得商榷的地方。

首先，网络运营者对自身收集的个人信息及从其他途径收集的个人信息负有同等保护义务，是否意味着个人信息主体既有权查询、更正、删除网络运营者基于自身收集的个人信息，也有权查询、更正、删除网络运营者从其他途径收集的个人信息。

其次，目前法律，尤其会计、金融类的法律规定，某些个人信息需做工作底稿备份或者保存5年、10年。如果此时允许个人信息主体删除个人信息，那么如何协调法律之间的冲突。虽然《征求意见稿》第21条规定"网络运营者收到有关个人信息查询、更正、删除以及用户注销账号请求时，应当在合理时间和代价范围内予以查询、更正、删除或注销账号"，但是如何理解此处的"合理时间"和"代价范围"。《App违法违规收集使用个人信息行为认定方法（征求意见稿）》规定删除时间无约定的，以15个工作日为限，《信息安全技术 个人信息安全规范》规定的合理时长为30日。可见，"合理时间"目前并未有统一设置的标准，同样"代价范围"的概念也并不明确，因此如何在立法层面厘清该问题也值得讨论。

再次，由于个人信息有时夹杂他人信息，如社交上的聊天记录既有个人信息又包含他人信息，在这种情况下如何查询、更正及删除个人信息，在查询、更正及删除个人信息的同时，是否涉及侵犯他人隐私。

最后，目前国内中小企业是否有足够的技术条件处理用户的查询、更正和删除个人信息。

此外，在收集使用规则的内容设定上，《征求意见稿》第8条规定应设定个人信息的保存地点、期限和到期后的处理方式，第19条和第20条规定保存信息应参照国家标准，不得超过保存期限，到期后应及时删除或作匿名化处理。该类规定实际上主要参考《网络安全法》和《信息安全技术　个人信息安全规范》的内容，不再赘言。

第二，区分核心业务功能和附加业务功能。

第11条　网络运营者不得以改善服务质量、提升用户体验、定向推送信息、研发新产品等为由，以默认授权、功能捆绑等形式强迫、误导个人信息主体同意其收集个人信息。

个人信息主体同意收集保证网络产品核心业务功能运行的个人信息后，网络运营者应当向个人信息主体提供核心业务功能服务，不得因个人信息主体拒绝或者撤销同意收集上述信息以外的其他信息，而拒绝提供核心业务功能服务。

【解读】根据《信息安全技术　个人信息安全规范》附录C规定：常见的附加业务功能有提高产品（或服务）的使用体验等。可见，网络运营者所提出的改善服务质量、提升用户体验、定向推送信息、研发新产品的理由只是产品的附加业务功能，即使不同意授权，也不会影响产品核心业务功能的运行。而正如《关于开展App违法违规收集使用个人信息专项治理的公告》所指出，目前市面上大量App正是以改善服务质量、提升用户体验、定向推送信息、研发新产品等附加业务功能为由强制用户授权、过度索权。《征求意见稿》第11条规定正是为了切断网络运营者的无理理由，并对这种情况做出核心业务功能和附加业务功能的区分。

《征求意见稿》规定对于附加业务功能，网络运营者不得强制授权、过度索权；对于核心业务功能，收集数据时要遵循最小必要原则，不得因对用户收集信息的不同而采取价值歧视或者质量歧视。该条款的规定正式在法律层面区分核心业务功能和附加业务功能，但并未就"核心业务功能"和"附加业务功能"作出明确的概念界定。

2. 数据处理使用

在数据处理使用上，《征求意见稿》对数据的保存、使用和共享主要沿用

《关于加强网络信息保护的决定》《网络安全法》《App 违法违规收集使用个人信息行为认定方法（征求意见稿）》《App 违法违规收集使用个人信息自评估指南》《信息安全技术　个人信息安全规范》等法律法规及标准的规定。因此，对于相同部分不再解读，主要解读《征求意见稿》的创新之处。

第一，定向推送。

第 23 条 网络运营者利用用户数据和算法推送新闻信息、商业广告等，应当以明显方式标明"定推"字样，为用户提供停止接收定向推送信息的功能；用户选择停止接收定向推送信息时，应当停止推送，并删除已经收集的设备识别码等用户数据和个人信息。网络运营者开展定向推送活动应遵守法律、行政法规，尊重社会公德、商业道德、公序良俗，诚实守信，严禁歧视、欺诈等行为。

【解读】《信息安全技术　个人信息安全规范（草案）》7.4 条规定"个性化展示及退出"的内容，规定定向推送应标明"定推"等字样，并且禁止大数据杀熟。《征求意见稿》在该规定的基础上，进一步规定定向推送不得违反公序良俗等规定，以明显方式标明"定推"字样时，还应提供停止推送的功能，并且当用户选择停止推送后，网络运营者不仅应停止推送，还应删除用户的个人信息。该规定设置"定向推送"的红线，其与网络爬虫条款的立法思路一致，以利益平衡、保障安全和鼓励发展为导向。

第二，自动化洗稿。

第 24 条 网络运营者利用大数据、人工智能等技术自动合成新闻、博文、帖子、评论等信息，应以明显方式标明"合成"字样；不得以谋取利益或损害他人利益为目的自动合成信息。

【解读】为了规范互联网生态治理，《征求意见稿》规定"不得以谋取利益或损害他人利益为目的自动合成信息"，并且自动合成信息应标明"合成"字样。该规定将有力地打击互联网黑色、灰色交易，规范互联网生态。

第三，信息制作者身份标明。

第 25 条 网络运营者应采取措施督促提醒用户对自己的网络行为负责、加强自律，对于用户通过社交网络转发他人制作的信息，应自动标注信息制作者在该社交网络上的账户或不可更改的用户标识。

【解读】当前的网络环境存在以下问题：第一，博眼球、抢流量的问题突出。无论是互联网媒体还是自媒体，为了增加关注度，所推送新闻消息的真实性存疑，甚至谣言乱飞。第二，由于网络环境缺乏必要的监管，加上网民的版权保护意识薄弱，有些人甚至明知侵犯他人版权，仍利用网络难以追踪定位之机，肆意侵犯他人的劳动成果。针对上述情况，《征求意见稿》规定，用户转发他人的信息时，应标注用户标识。笔者认为，该规定有利于监管机构溯源追踪，打击造谣者，也有利于保障版权人的合法权益，但当前的技术能否达到准确标明信息制作者身份。须知个人的网络账号、昵称都是可以改变的，《征求意见稿》也规定个人信息主体有更正个人信息的权利，因此如何制作"不可更改"的身份还有待进一步研究。

第四，第三方应用责任归属。

第30条 网络运营者对接入其平台的第三方应用，应明确数据安全要求和责任，督促监督第三方应用运营者加强数据安全管理。第三方应用发生数据安全事件对用户造成损失的，网络运营者应当承担部分或全部责任，除非网络运营者能够证明无过错。

【解读】App运营商为了快速积累用户资源，与开放平台签订开发者协议，通过开放平台的应用编程接口接入平台，在成为平台生态圈组成部分的同时，利用双方的段位差，将平台的用户流量顺势导入自己的应用程序，这些App运营商被称为"第三方应用"。

在"头腾大战"中，法院确立"三重授权"的法律规则，认可平台经营者对用户数据享有商业权利。《征求意见稿》规定第三方应用的责任原则上归属于平台经营者，笔者认为立法者背后的立法逻辑与"头腾大战"确定的"三重授权"规则有关。立法者的立法逻辑是，既然实务中确定平台经营者对用户数据享有商业权利，平台经营者就应当承担更大的审慎监管义务，第三方应用如果出现侵犯用户数据的情况，就应当由平台经营者承担责任，也即立法者承认实务中确定的判决规则，并以该判决规则作为立法的前提条件，从而规定该法律条款。

对于该条款，笔者认为虽然《征求意见稿》将主要责任归于平台经营者，但由于平台经营者在和第三方应用的谈判中处于优势，所以平台经营者容易把《征求意见稿》所规定的责任转嫁给第三方应用，可能会在开发者协议中对第三方应用提出诸多限制条件。当然，如果此类限制条件有助于第三方应用合规处理数据，那么该规定将有利于互联网平台生态圈的繁荣，但如果第三方应用因受到诸多限制条件而难以蓬勃发展，那么该规定可能会限制互联网的兴盛发展。

4.3.7 小结

《数据安全管理办法（征求意见稿）》从部门规章的层面对数据的收集、使用、处理等环节进行诸多创新和突破，是数据管理安全上具有里程碑意义的新跨越。同时，如前文所述，《数据安全管理办法（征求意见稿）》存在一些问题，有待改变和调整。

4.4 《个人信息保护法（草案）》核心问题解读

2020年10月21日，《中华人民共和国个人信息保护法（草案）》[以下简称《个人信息保护法（草案）》]全文公布，引起业界的广泛关注。虽然《个人信息保护法（草案）》真正落地尚需时日，但个人信息保护的立法思路已定。该草案以《民法典》为立法基础，借鉴域外多方立法经验，如欧盟的GDPR、美国的《加州消费者隐私法案》，既符合国情，又与国际接轨。由于篇幅限制，以下着重选取《个人信息保护法（草案）》的热点问题进行解读。

4.4.1 个人信息的法律属性

个人信息究竟属于何种权利客体，是否存在一种独立的个人信息权，一直是业界争论的话题。从域外法的角度看，现有两种个人信息属性的主流模式：美国的信息隐私权模式和德国的个人信息自决权模式。信息隐私权模式是将个人信息视为隐私权进行保护。1890年，萨缪尔·D.沃伦和路易斯·D.布兰代斯发表经典论文《论隐私权》，指出隐私权是不受打扰的自我决定权（"独处权说"），后来美国通过"惠伦案"在"独处权说"的基础上进一步发展出"信息隐私权说"，旨在揭示所谓的个人信息具有隐私权的法律属性。个人信息自决权模式是指"个人依照法律控制自己的个人信息并决定是否被收集和利用的权利"❶。该模式是由施泰姆勒（Wilhelm Steinmüller）于1971年提出，并在1983年的"人口普查案"中经确认，旨在说明个人信息的法律属性为自决权的一种。

相较于域外法对个人信息法律属性的清晰确定，我国始终未明确个人信息的权利属性。2020年公布的《民法典》第110条规定："自然人享有生命权、身体权、健康权、姓名权、肖像权、名誉权、荣誉权、隐私权、婚姻自主权等权利。"《民法典》在第4编人格权第6章隐私权和个人信息保护中明确划分隐私权和个人信息的界限，指出"个人信息中的私密信息，适用有关隐私权的规定；没有规定的，适用有关个人信息保护的规定"。由此可以看出，个人信息应不是隐私权的组成部分，那么个人信息究竟属于何种权利，是一般人格权，还是财产权，《个人信息保护法（草案）》仍未明确其权利属性，只在第1条立法目的中提及本法是"为了保护个人信息权益"，至于该权益的法律属性未置可否。

笔者认为，个人信息的法律属性不明确影响较大。举例来说，当前在涉及个人信息纠纷的民事案件中，法院常将个人信息划入隐私权保护的范畴。而根

---

❶ 王利明.论个人信息权在人格权法中的地位[J].苏州大学学报（哲学社会科学版），2012，33（6）：68-75，199-200.

据《民法典》第 4 编第 6 章的规定，私密信息属于隐私权保护的范畴，而私密信息又与个人信息中的敏感信息有交叉。因此，一旦侵犯个人敏感信息（私密信息），是适用《个人信息保护法》进行保护，还是划入隐私权保护的范畴？当前，法院的审判思路更可能将其划入隐私权保护，从而要求侵权者承担停止侵害、赔礼道歉等法律责任，使得《个人信息保护法（草案）》所规定情节严重的违法行为要"处五千万元以下或者上一年度营业额百分之五以下罚款"可能被架空。

4.4.2 个人信息的定义

《个人信息保护法（草案）》第 4 条规定："个人信息是以电子或者其他方式记录的与已识别或者可识别的自然人有关的各种信息，不包括匿名化处理后的信息。"该草案对"个人信息"的定义不同于以往法律的界定，甚至不同于《民法典》，所使用的"已识别"和"可识别"实际上借鉴欧盟 GDPR 第 4 条关于"个人数据"的定义。按照 GDPR 的定义，"可识别"是指"通过姓名、身份证号、定位数据、网络标识符等，或通过特定的身体、心理、基因、精神状态、经济、文化、社会等方面个人属性能够被直接或者间接识别"。由此可见，个人信息可以直接识别、间接识别，甚至只要是相关联的均属于个人信息。实际上，我国法律对个人信息的界定经历从"直接识别说""直接识别说+间接识别说"到"识别说+关联说"，再到"直接识别说+间接识别说"的过程。

2012 年，第十一届全国人民代表大会常务委员会发布的《关于加强网络信息保护的决定》规定"国家保护能够识别公民个人身份和涉及公民个人隐私的电子信息"，在法律效力位阶上确定个人信息"直接识别"的判断标准。

2016 年，第十二届全国人民代表大会常务委员会发布的《网络安全法》规定个人信息是指"以电子或者其他方式记录的能够单独或者与其他信息结合识别自然人个人身份的各种信息"，将判断标准拓宽为"直接识别+间接识别"，使得个人信息的界定范围扩大。

2017年，最高人民法院、最高人民检察院发布的《关于办理侵犯公民个人信息刑事案件适用法律若干问题的解释》规定公民个人信息是指"以电子或者其他方式记录的能够单独或者与其他信息结合识别特定自然人身份或者反映特定自然人活动情况的各种信息"。《信息安全技术 个人信息安全规范》进一步解释，判定某项信息是否属于个人信息，应考虑两个路径：一是识别，即从信息到个人；二是关联，即从个人到信息，从而将个人信息识别机制确定为"识别＋关联"的判断标准。

2020年，《民法典》第1034条规定"个人信息是以电子或者其他方式记录的能够单独或者与其他信息结合识别特定自然人的各种信息"，又将个人信息的范围作了限缩，将判断标准调整为"直接识别＋间接识别"。然而《个人信息保护法（草案）》又拓宽个人信息的识别标准，将个人信息的识别机制确定为"识别＋关联"。暂且不论草案的规定与《民法典》的规定不一致，只就个人信息在界定上的反复变化，也可看出立法机构对当前何种信息属于个人信息还处于摸索阶段。

4.4.3 处理个人信息的合法性基础

《个人信息保护法（草案）》大大拓宽处理个人信息的合法性基础，范围由原来的"同意"机制拓展为订立或履行合同、履行义务或职责、应对突发事件或紧急情形及新闻报道或舆论监督，并设置兜底条款，留出其他合法性基础空间。《网络安全法》第41条只规定"同意"是处理个人信息的唯一合法性标准。由于"同意"机制过于狭窄，《信息安全技术 个人信息安全规范》将"同意"拓宽为"明示同意"和"默示同意"，进一步放宽处理个人信息的标准。但是，何为"默示同意"，如何举证证明已经得到自然人的默示同意一直是实务中的难题。有鉴于此，2020年的《民法典》第1035条规定："处理个人信息的，应当遵循合法、正当、必要原则，不得过度处理，并符合下列条件：（一）征得该自然人或者其监护人同意，但是法律、行政法规另有规定的除外。"《民法典》指出除了"同意"机制外，法律另有规定的从其规定。因此，在《民法典》的基础上，《个人信息保护法（草案）》借鉴欧盟 GDPR，顺势拓宽处理个人信息的合法性基础。

然而，虽然该草案放宽处理个人信息的范围，但纵观整部草案，立法机构的立法思路似乎仍局限于以往的"同意"机制，多数条款的设计仍以"同意"机制作为预设前提，使得处理个人信息范围的扩大失去实质性作用。比如，《个人信息保护法（草案）》第 22 条规定"未经个人信息处理者同意，受托方不得转委托他人处理个人信息"；第 23 条规定"接收方变更原先的处理目的、处理方式的，应当依照本法规定重新向个人告知并取得其同意"；第 24 条规定"第三方变更原先的处理目的、处理方式的，应当依照本法规定重新向个人告知并取得其同意"等。无论是转委托时要获得同意，还是变更原先使用目的需要"重新向个人告知并取得其同意"，本质上均认为最初就应该获得自然人的同意。而在该草案拓宽处理个人信息合法性基础后，收集个人信息也可能是基于合同约定或法律义务的，不一定是获得自然人的同意。可见，该草案在设计时仍然将"同意"作为预设前提。

除此之外，《个人信息保护法（草案）》还对"同意"机制进行重新设计，分为"一般同意""单独同意"和"书面同意"等多类。通常情况下，处理个人信息应取得自然人的同意，此处同意是指一般同意。笔者认为，一般同意既可以是书面同意，也可以是口头同意；可以是主动同意，也可以是类似默认勾选式的同意。一般同意机制与该草案未出台前的"同意机制"并无明显区别。区别较大的是"单独同意"和"书面同意"。《个人信息保护法（草案）》第 24 条规定向第三方提供个人信息的，应取得个人的单独同意；第 30 条规定处理个人敏感信息的，应取得个人的单独同意，法律法规另有要求书面同意的，从其规定。实际上，无论是单独同意还是书面同意，在现实中均较难实现。对于 App 运营商的隐私政策来说，通常隐私政策都会规定收集用户的个人信息，包括个人敏感信息，但多数 App 运营商对个人敏感信息都是以整版隐私政策的方式要求用户点击同意，几乎不会以单独条款的方式让用户勾选同意。实施"单独同意"

机制对运营商来说，一是合规成本过高，二是用户体验不佳。因此，落实《个人信息保护法（草案）》要求的同意分类型机制，或将改变现有的业态模式。

4.4.4 自然人的权利

《个人信息保护法（草案）》第 4 章专门规定"个人在个人信息处理活动中的权利"。对于自然人享有的权利，第 44 条规定自然人享有知情权和决定权；第 45 条规定自然人享有查阅权和复制权；第 46 条规定自然人享有更正权和补充权；第 47 条规定自然人享有删除权；第 48 条规定自然人享有要求解释说明的权利；第 49 条规定个人信息处理者应当建立自然人的申请受理和处理机制。

首先，笔者认为《个人信息保护法（草案）》第 49 条属于个人信息处理者所应履行的义务，并不属于"个人在个人信息处理活动中的权利"，最好移至第 5 章"个人信息处理者的义务"。其次，由于实践中常出现受限于其他法规导致个人信息无法删掉的情形，如法律规定网络日志起码要留存 6 个月以上，发票、账册等要保留 5 年、10 年等。鉴于此，《个人信息保护法（草案）》第 47 条规定："法律、行政法规规定的保存期限未届满，或者删除个人信息从技术上难以实现的，个人信息处理者应当停止处理个人信息。"同时，《个人信息保护法（草案）》还对删除权的内容做了扩充规定。然而即便如此，笔者认为当前阶段要求个人信息处理者删除自然人的信息仍存在困难。实际上，很多互联网公司在用户要求删除个人信息后，虽表面上删除但实际上仍会保留用户信息。最后，纵观《个人信息保护法（草案）》全文，并未规定自然人对个人信息的可携带权，只在第 45 条规定"可复制权"。可见，在权衡个人信息流通和自然人权利保障上，我国的立法思路似乎更侧重于个人信息的有序流通。

4.4.5 监管部门

《个人信息保护法（草案）》第 56 条规定国家网信部门负责个人信息的统筹

工作,其他部门在各自职责范围内负责个人信息的保护和监督管理,前述规定的部门"统称为履行个人信息保护职责的部门"。

不同于《中华人民共和国数据安全法(草案)》规定的"中央国家安全领导机构负责数据安全工作的决策和统筹协调,研究制定、指导实施国家数据安全战略和有关重大方针政策",《个人信息保护法(草案)》对于监管部门仍然延续之前的监管思路,由网信办统筹协调,其他部门配合。其原因可能是我国最初对个人信息的保护规定散落于各个部门的法律法规甚至红头文件中,导致前期诸多部门均有监管个人信息的职责,内容交错复杂,关系已经难以厘清。随着社会变化,个人信息的内涵乃至外延都可能不断发生变化,仅限定单一的监管机构难免监管乏力。

尽管如此,多部门共同监管不免会出现一些问题。例如,2019年的App个人信息专项治理行动,工业和信息化部、网信办、公安部和国家市场监督管理总局在联合成立App专项治理工作小组后,又单独开展行动,分别制订不同的专项整治计划,如工业和信息化部开展"App侵害用户权益专项整治工作",公安部开展"净网2019"专项行动,国家市场监督管理总局开展"守护消费"暨打击侵害消费者个人信息违法行为专项执法行动等。

4.4.6 个人信息跨境

《网络安全法》规定关键信息基础设施运营者的个人信息出境需要经过安全评估,《个人信息保护法(草案)》拓展个人信息出境的规定,不仅将所有个人信息出境纳入安全评估范围,还设置保护认证、签订合同等出境的新路径。

实际上,个人信息跨境一直是一个复杂的问题,在金融领域特别突出。对于金融机构的个人信息出境,2016年的《金融消费者权益保护实施办法》建构"原则禁止,以业务必需+客户同意+关联机构+保密为例外"的监管模式;《网络安全法》建构"原则禁止,以经安全评估为例外"的监管模式。虽然2020年发布的《中国人民银行金融消费者权益保护实施办法》取消银行内部对个人出境的监管要求，使得个人信息出境的监管统一以《网络安全法》为基准，但对于个人信息出境如何做好《网络安全法》所规定的安全评估，国家网信办接连发布《个人信息和重要数据出境安全评估办法（征求意见稿）》和《个人信息出境安全评估办法（征求意见稿）》，两份规范性文件作出截然不同的规定，使得个人信息出境问题至今仍未解决。

《个人信息保护法（草案）》并未对《网络安全法》所规定的安全评估作出具体的规定，同时规定"保护认证"和"订立合同"的路径，以后3条路径如何衔接、程序如何设置值得继续关注。

4.4.7 政府处理个人信息

《个人信息保护法（草案）》第2章第3节"国家机关处理个人信息的特别规定"中第33条规定，"国家机关处理个人信息的活动适用本法；本节有特别规定的，适用本节规定"，从而规范政府机构的个人信息处理行为。

由于我国政府是为人民提供服务的机构，每个自然人终生都需要跟政府机构接触，因此政府是处理个人信息较活跃的机构，也是收集个人信息较全面、集中的机构。然而，对于国家机关如何合法收集个人信息，一直以来都没有专门的法律规定。实际上，政务相关部门在收集自然人信息时存在一些问题，如在个人信息委托处理上，《政务信息资源共享管理暂行办法》规定各级政务部门应按要求编制、维护、更新部门政务信息资源目录，但由于政务信息资源目录编制工程量较大，不少政务部门常将个人信息外包给第三方机构处理，而且有时未严格评估第三方机构的资质能力。

《个人信息保护法（草案）》将国家机关纳入规范的主体范畴，在一定程度上有利于政务相关部门对个人信息的规范处理。值得关注的是，《个人信息保护法（草案）》仍以自然人同意作为处理个人信息的基础，对于国家机关，自然人"同意"机制是否会面临被架空的风险，值得我们继续关注。

4.4.8 法律责任

《个人信息保护法（草案）》第 62 条规定违法处理个人信息，情节严重的，处最高 5000 万元以下或上一年度营业额 5% 以下罚款，相关负责人处以 10 万元以上 100 万元以下罚款。

正如前文所述，由于个人信息的法律属性界定不明，当涉及个人信息纠纷时，是适用《个人信息保护法（草案）》还是直接适用《民法典》的侵权规定不够明确。如果直接适用《民法典》的侵权规定，那么《个人信息保护法（草案）》的处罚条款可能会被架空。与欧盟出台 GDPR 的背景不同，欧洲设置无论是巨额罚款还是数字税，更多是针对以美国为代表的外企，本意是维护甚至扶植欧洲本土企业的发展。我国的巨额处罚，针对的是国内企业，行政机构一旦采用《个人信息保护法（草案）》第 62 条规定，势必不利于大数据行业的发展，将与《个人信息保护法（草案）》第 1 条规定"保障个人信息依法有序自由流动"相悖。因此，该条款如何适用、如何使用、使用后效果如何、都需要谨慎对待。

4.5 《儿童个人信息网络保护规定（征求意见稿）》解读

2019 年 5 月 31 日，国家互联网信息办公室发布《儿童个人信息网络保护规定（征求意见稿）》（以下简称《征求意见稿》）。根据国务院办公厅 2019 年 5 月 11 日发布的《国务院 2019 年立法工作计划》，《未成年人网络保护条例》名列其中，反映出国家对保护未成年人网络合法权益的重视和关切。以下对《征求意见稿》做相应解读，尝试为网络运营者提供指导和帮助。

第一，适用对象、立法目的、适用范围和适用原则。《征求意见稿》规定儿童是指不满 14 周岁的未成年人，从而界定本规定的适用对象。《征求意见稿》的立法目的是"保护儿童个人信息安全，促进儿童健康成长"。适用范围主要是"在中华人民共和国境内通过网络从事收集、存储、使用、转移、披露儿童个人信息等活动"。《征求意见稿》规定网络运营者的收集、使用、存储等活动应遵循"正当必要、知情同意、目的明确、安全保障、依法利用的原则"。

第二，收集儿童信息。《征求意见稿》第5条、第6条、第7条和第8条规定网络运营者应该设置保护儿童个人信息的规则或者用户协议，规则或协议须具体明确、通俗易懂，不得收集与目的无关的个人信息，并应设置个人信息保护专员。收集儿童信息须征得监护人的明示同意，并应设置拒绝选项。

其中，如何理解设置收集儿童个人信息的规则或者用户协议？须知，当前的隐私政策大多数都有设置"未成年人信息保护"的条款，用户协议也有适当说明，对儿童信息的收集并非全无告知。因此，笔者分析，此处的制定规则应是专设收集儿童信息的规则或者与儿童用户之间的协议。网络运营者应重视该条款的规定。

此外，《征求意见稿》规定针对儿童要设置个人信息保护专员，《数据安全管理办法（征求意见稿）》规定，收集个人敏感信息和重要数据要设置数据安全责任人，《网络安全法》要求关键基础设施设置安全管理负责人，《个人信息安全规范（征求意见稿）》规定要任命个人信息保护负责人。如何理解这四者的关系？个人信息保护专员、数据安全责任人、安全管理负责人和个人信息保护负责人是否可以是同一个人。笔者认为，如果可以是同一个人，那么此人最好具有相关管理工作经历和数据安全专业知识，参与有关数据活动的重要决策，直接向网络运营者的主要负责人报告工作。

第三，保存儿童信息。《征求意见稿》规定应采取加密措施保存儿童信息，并且存储的期限不得违反实现收集、使用儿童信息的目的。

第四，使用儿童信息。《征求意见稿》规定网络运营者使用儿童个人信息，不得超出约定的目的和范围。因业务需要超出目的使用儿童信息的，须再次征得监护人的明示同意。同时，《征求意见稿》进一步规定使用儿童信息的工作人员应遵循最小授权原则，严守儿童秘密，访问时要经审批手续等。该规定从内部控制的角度确定一线工作人员使用儿童信息的规范操作，在一定程度上有利于保障儿童的信息安全。然而，由于一线工作人员多以技术人员为主，所以采取技术手段避免工作人员复制、下载个人信息时,也需警惕技术人员的反技术措施。因此,笔者建议该规定还需进一步提出,网络运营者应采取措施,明确一线工作人员如违反操作要求应受的惩罚。

第五,委托第三方处理数据。《征求意见稿》规定网络运营者委托第三方处理数据前要进行安全评估,评估安全后应签订委托协议,明晰双方责任和义务,受委托方不得再转委托,应承担对儿童信息的保护义务。

第六,数据转移。《征求意见稿》规定网络经营者在转移儿童信息时应进行安全评估,并征得儿童监护人的明示同意。

第七,数据共享。《征求意见稿》规定网络运营者和第三方共同使用儿童个人信息的,应当征得儿童监护人的明示同意。

《征求意见稿》在数据转移和共享上均要求网络运营者应进行安全评估。其中,《信息安全技术 个人信息安全规范》对如何安全评估有相应规定,网络运营者可参考此标准。那么,何为儿童的监护人的"明示同意"?如何确定已经得到监护人的"明示同意"?"明示"是儿童的监护人基于主观自愿的原则,以具体、明确、可被第三人确知的方式允许网络经营者收集儿童信息,但这种"明示"的表达如何以互联网技术的方式确认、网络运营者如何确认点击同意按钮的一方就是儿童的监护人,种种问题都有待继续探讨。

第八,数据披露。《征求意见稿》规定除例外规定外,网络运营者不得披露儿童个人信息。

第九,停止运营产品或服务。《征求意见稿》规定运营产品或服务后,网络运营者应当立即停止收集儿童个人信息的活动,删除其持有的儿童个人信息,并将停止运营的通知及时告知儿童监护人。

《信息安全技术 个人信息安全规范(征求意见稿)》明确规定网络运营者发生兼并、重组、破产的,数据承接方应承担原网络运营者的数据安全责任与义务。《数据安全管理办法(征求意见稿)》进一步规定,在没有数据承接方时应对数据作删除处理。《征求意见稿》在上述规定的基础上,规定网络运营者不仅应删除儿童个人信息,还应将"停止运营的通知及时告知儿童监护人",进一步保障儿童的信息安全,在产品或者服务已经停止运营的情况下,多数意味着公司倒闭或者破产,网络运营者是否有动力采取后面的处理措施。因为一旦公司破产清算注销,就意味着公司的市场主体身份已经灭失,如果网络运营者未通知儿童的监护人,那么后面如何确定承担责任的主体,所以立法者应进一步厘清该问题。

第十,儿童信息主体权利。《征求意见稿》规定儿童或者其监护人有以合理理由要求网络运营者更正、删除儿童信息的权利。

第十一,监督处罚。《征求意见稿》规定网信部门在"网络运营者落实儿童个人信息安全管理责任不到位,存在较大安全风险或者发生安全事件"的情况下,有约谈、督促网络运营者整改的权力。当网络运营者有违反本规定的情况时,网信部门和有关部门有权"根据情节单处或者并处警告、没收违法所得、处违法所得一倍以上十倍以下罚款,没有违法所得的,处一百万元以下罚款,对直接负责的主管人员和其他直接责任人员处一万元以上十万元以下罚款;情节严重的,并可以责令暂停相关业务、停业整顿、关闭网站、吊销相关业务许可证或者吊销营业执照;构成犯罪的,依法追究刑事责任",并将网络运营者的行为记入信用档案。

《数据安全管理办法(征求意见稿)》规定违反本办法,将"根据情节给予公开曝光、没收违法所得、暂停相关业务、停业整顿、关闭网站、吊销相关业务许可证或吊销营业执照等处罚;构成犯罪的,依法追究刑事责任"。《征求意见稿》进一步规定罚款措施和信用惩戒措施,有助于网络运营者的规范运营。

综上所述,《征求意见稿》在儿童信息的收集、存储、使用、委托、共享、转移、披露等方面都做了规定,并设置相应的惩处措施,规定完整、脉络清晰;同时也存在一些问题,有待调整。

4.6 深度解读《儿童个人信息网络保护规定》

2019年8月22日,国家互联网信息办公室发布《儿童个人信息网络保护

第 4 章　数据合规案例与法条解读

规定》，该规定于 2019 年 10 月 1 日起施行。

《儿童个人信息网络保护规定》有哪些内容？相比《征求意见稿》，正式稿的内容有哪些变动？以下对正式稿的内容进行解读，为关注该领域的企业和个人提供帮助。

1. 立法依据及目的

第 1 条　为了保护儿童个人信息安全，促进儿童健康成长，根据《中华人民共和国网络安全法》《中华人民共和国未成年人保护法》等法律法规，制定本规定。

【解读】从《儿童个人信息网络保护规定》第 1 条可以看出，其立法目的是"保护儿童个人信息安全，促进儿童健康成长"，与《征求意见稿》的目的保持一致，并无改变。此外，其立法依据包括但不限于《网络安全法》和《未成年人保护法》。其中，第 26 条规定："违反本规定的，由网信部门和其他有关部门依据职责，根据《中华人民共和国网络安全法》《互联网信息服务管理办法》等相关法律法规规定处理；构成犯罪的，依法追究刑事责任。"可见，《互联网信息服务管理办法》等规定也是正式稿的立法依据。

2. 适用范围和适用对象

第 2 条　本规定所称儿童，是指不满十四周岁的未成年人。

第 3 条　在中华人民共和国境内通过网络从事收集、存储、使用、转移、披露儿童个人信息等活动，适用本规定。

【解读】《儿童个人信息网络保护规定》的适用对象是不满 14 周岁的未成年人，与《征求意见稿》保持一致。其适用范围是"中华人民共和国境内通过网络从事收集、存储、使用、转移、披露儿童个人信息等活动"，如何理解"境内"？《电子商务法》在适用范围上将原来的"境内发生或者有境内电子商务经营主体、消费者参与的电子商务活动"改为"境内的电子商务活动"，从而扩大其适用范围。参照《电子商务法》，笔者认为该规定的"境内"适用范围同样广泛，应理解为凡是涉及从事收集、存储、使用、转移、披露儿童个人信息等活动的任何情况发生在境内的，都适用该规定。

3.各方职责

第4条 任何组织和个人不得制作、发布、传播侵害儿童个人信息安全的信息。

第5条 儿童监护人应当正确履行监护职责，教育引导儿童增强个人信息保护意识和能力，保护儿童个人信息安全。

第6条 鼓励互联网行业组织指导推动网络运营者制定儿童个人信息保护的行业规范、行为准则等，加强行业自律，履行社会责任。

第7条 网络运营者收集、存储、使用、转移、披露儿童个人信息的，应当遵循正当必要、知情同意、目的明确、安全保障、依法利用的原则。

第8条 网络运营者应当设置专门的儿童个人信息保护规则和用户协议，并指定专人负责儿童个人信息保护。

【解读】首先，《儿童个人信息网络保护规定》对各方主体都做了职责规定，如对于儿童监护人，要求其正确履行监护职责（第5条）；对于互联网行业鼓励其组织推动建立行业规范、行为准则（第6条）；对于网络运营者则要求在儿童信息的全生命周期做到合法合规，并特别强调设置专门针对儿童信息的保护规则和用户协议，专人专管（第7条、第8条），并且在对各方职责提出规定前，为防止遗漏其他组织或个人对儿童个人信息的侵害，专门在诸条款前加置《征求意见稿》所未规定的条款"任何组织和个人不得制作、发布、传播侵害儿童个人信息安全的信息"（第4条）。

其次，该规定除了增加第4条外，关于监护人职责的条款（第5条）也是新增条款。增加该条款的原因是为，将《征求意见稿》所规定的"明示同意"改为"同意"，这一变动意味着降低对网络运营者的高标准要求，此后网络运营者可能以获取"授权同意"甚至"默示同意"的方式收集儿童信息。为防止因降低对网络运营者的要求而对儿童造成伤害，需要儿童的监护人履行监护职责。该条款的增加意在警示儿童的监护人做好尽责义务，切实保障儿童信息安全。

最后，《儿童个人信息网络保护规定》第 8 条规定儿童信息应当专人专管，删除《征求意见稿》规定的"设立个人信息保护专员""适用于儿童的用户协议应当简洁、易懂"。笔者认为，删除《征求意见稿》的"专员规定"可能是因为《网络安全法》已规定网络运营者应设立"网络安全负责人"，《信息安全技术 个人信息安全规范》也规定符合条件的应设立专职的"个人信息保护负责人"，《征求意见稿》还规定"设立个人信息保护专员"，这样容易导致机构设置烦琐冗余。该规定删除专员规定，只规定专人负责，有利于与《网络安全法》等法律法规保持一致，体系一。而删除"适用于儿童的用户协议应当简洁、易懂"的理由可能是：第一，用户协议本质上是合同，难免出现法言法语，因此根本上的法律障碍使得用户协议难以做到易懂；第二，儿童的识字水平有限，而且识字断句水平差距很大，面对不同年龄的儿童，网络运营者难以把握用户协议"简洁、易懂"的尺度；第三，既然用户协议本质上是合同，就意味着只能有对应法律行为能力的人签订，因此用户协议更可能是与儿童监护人签订，不需要做到特别"简洁、易懂"。

4. 儿童信息生命周期合规

第 9 条 网络运营者收集、使用、转移、披露儿童个人信息的，应当以显著、清晰的方式告知儿童监护人，并应当征得儿童监护人的同意。

第 10 条 网络运营者征得同意时，应当同时提供拒绝选项，并明确告知以下事项：

（一）收集、存储、使用、转移、披露儿童个人信息的目的、方式和范围；

（二）儿童个人信息存储的地点、期限和到期后的处理方式；

（三）儿童个人信息的安全保障措施；

（四）拒绝的后果；

（五）投诉、举报的渠道和方式；

（六）更正、删除儿童个人信息的途径和方法；

（七）其他应当告知的事项。

前款规定的告知事项发生实质性变化的，应当再次征得儿童监护人的同意。

【解读】《儿童个人信息网络保护规定》和《征求意见稿》都在规定儿童信息生命周期的各个环节前明确整个生命周期注意事项，即网络运营者收集、使用、转移、披露儿童个人信息时应履行充分告知及征得同意的事项。

首先，《征求意见稿》规定的生命周期不包括转移和披露，该规定增加这两个环节，使儿童信息的生命周期更加完整。

其次，该规定取消《征求意见稿》规定的"明示同意"，认为取得儿童监护人"同意"即可开展收集等活动。笔者认为，该规定修改的可能原因是：第一，《网络安全法》第41条规定开展信息生命周期活动须"经被收集者同意"。该规定和上位法的规定统一，使得体系完整。第二，"明示同意"标准过高，现实中极易形成阻碍，选择"同意"即可。

最后，在拒绝选项中，该规定主要增加"投诉、举报的渠道和方式"和"更正、删除儿童个人信息的途径和方法"，保障儿童监护人等的合法权利。

1）收集信息

第11条 网络运营者不得收集与其提供的服务无关的儿童个人信息，不得违反法律、行政法规的规定和双方的约定收集儿童个人信息。

【解读】在收集环节，《儿童个人信息网络保护规定》规定收集信息应满足最小必要原则，由于《网络安全法》等法律法规对此已经做详细规定，因此该规定不再重复，只规定"不得违反法律、行政法规的规定"。同时，《征求意见稿》规定不得违反"双方用户协议的约定"，该规定改为不得违反"双方的约定"，双方的约定不仅包括用户协议约定，还包括隐私政策约定、产品套餐约定等，使得约定范围得以扩大。

2）存储信息

第12条 网络运营者存储儿童个人信息，不得超过实现其收集、使用目的所必需的期限。

第 13 条 网络运营者应当采取加密等措施存储儿童个人信息，确保信息安全。

【解读】在存储环节，《儿童个人信息网络保护规定》同样规定存储信息应满足最小必要原则，同时要采取加密措施，切实保障信息安全。然而，随着技术的不断发展，在加密措施进步的同时，反加密措施也在发展，正如匿名化发展的同时，反匿名化也在发展。因此，如何真正确保信息的安全一直是无法彻底解决的难题。

3）使用信息

第 14 条 网络运营者使用儿童个人信息，不得违反法律、行政法规的规定和双方约定的目的、范围。因业务需要，确需超出约定的目的、范围使用的，应当再次征得儿童监护人的同意。

第 15 条 网络运营者对其工作人员应当以最小授权为原则，严格设定信息访问权限，控制儿童个人信息知悉范围。工作人员访问儿童个人信息的，应当经过儿童个人信息保护负责人或者其授权的管理人员审批，记录访问情况，并采取技术措施，避免违法复制、下载儿童个人信息。

第 16 条 网络运营者委托第三方处理儿童个人信息的，应当对受委托方及委托行为等进行安全评估，签署委托协议，明确双方责任、处理事项、处理期限、处理性质和目的等，委托行为不得超出授权范围。

前款规定的受委托方，应当履行以下义务：

（一）按照法律、行政法规的规定和网络运营者的要求处理儿童个人信息；

（二）协助网络运营者回应儿童监护人提出的申请；

（三）采取措施保障信息安全，并在发生儿童个人信息泄露安全事件时，及时向网络运营者反馈；

（四）委托关系解除时及时删除儿童个人信息；

（五）不得转委托；

（六）其他依法应当履行的儿童个人信息保护义务。

【解读】在使用环节，《儿童个人信息网络保护规定》对使用目的和范围的禁止事项、使用信息的内部控制及第三方处理儿童信息的内容做了相关规定。

在使用信息的内部控制上，笔者认为该条款明确一线工作人员使用儿童信息的规范操作，在一定程度上有利于保障儿童的信息安全。然而，由于一线工作人员多以技术人员为主，采取技术手段防止工作人员复制、下载个人信息时，也需警惕技术人员的技术反制措施。因此，网络运营者应在该规定的基础上，制定内部规章制度，明确一线工作人员如违反操作要求应受到的惩罚。

在委托第三方处理信息上，条款规定应做安全评估工作，并签署委托协议。该条款所称的"安全评估"具体如何操作？是双方协商评估，还是邀请第三方评估？如果委托的第三方是境外机构，那么会涉及数据出境问题。《个人信息出境安全评估办法（征求意见稿）》规定数据出境应向所在地省级网信部门申报安全评估。那么，数据出境下委托第三方处理中的"安全评估"又该如何理解？这些问题有待实务解决。

4）转移信息

第17条 网络运营者向第三方转移儿童个人信息的，应当自行或者委托第三方机构进行安全评估。

【解读】在转移环节，《儿童个人信息网络保护规定》规定安全评估应当自行或者委托第三方机构处理。这与《个人信息出境安全评估办法（征求意见稿）》规定数据出境应向所在地省级网信部门申报安全评估存在出入，是否要自行或委托第三方机构安全评估后再向省级网信部门申请评估。

5）披露信息

第18条 网络运营者不得披露儿童个人信息，但法律、行政法规规定应当披露或者根据与儿童监护人的约定可以披露的除外。

【解读】在披露环节，《儿童个人信息网络保护规定》规定网络经营者原则上不得披露儿童个人信息，例外情形可以披露。实际上，《征求意见稿》曾在第19条规定"网络运营者收集、使用、转移、披露儿童个人信息，有以下情形之一的，可以不经过儿童监护人的明示同意：（一）为维护国家安全或者公共利益；（二）为消除儿童人身或者财产上的紧急危险；（三）法律、行政法规规定的其他情形"，但是在该规定中取消了该条款。

该规定在多个地方增加"依据法律、行政法规的规定",笔者认为立法者的意图是协调统一立法体系,凡是上位法或其他规范性文件已有规定的地方,为避免内容上的冲突、不协调,都以"依据法律、行政法规的规定"一笔带过。

6) 删除信息

第 23 条 网络运营者停止运营产品或者服务的,应当立即停止收集儿童个人信息的活动,删除其持有的儿童个人信息,并将停止运营的通知及时告知儿童监护人。

【解读】《信息安全技术 个人信息安全规范(征求意见稿)》明确规定网络运营者发生兼并、重组、破产的,数据承接方应承接原网络运营者数据的安全责任与义务。《数据安全管理办法(征求意见稿)》进一步规定,在没有数据承接方时,应对数据作删除处理。《征求意见稿》在上述两个规定的基础上,规定网络运营者不仅应删除儿童个人信息,还应"将停止运营的通知及时告知儿童监护人",更进一步保障儿童的信息安全,但在产品或者服务已经停止运营的情况下多数意味着公司的倒闭或者破产,那么网络运营者是否有动力采取后面的处理措施。因为一旦公司破产清算注销,就意味着公司的市场主体身份已经灭失,如果网络运营者未通知儿童监护人,那么如何确定承担责任的主体。该问题还需在实务中逐步解决。

5. 保护儿童信息机制

第 19 条 儿童或者其监护人发现网络运营者收集、存储、使用、披露的儿童个人信息有错误的,有权要求网络运营者予以更正。网络运营者应当及时采取措施予以更正。

第 20 条 儿童或者其监护人要求网络运营者删除其收集、存储、使用、披露的儿童个人信息的,网络运营者应当及时采取措施予以删除,包括但不限于以下情形:

(一) 网络运营者违反法律、行政法规的规定或者双方的约定收集、存储、使用、转移、披露儿童个人信息的;

（二）超出目的范围或者必要期限收集、存储、使用、转移、披露儿童个人信息的；

（三）儿童监护人撤回同意的；

（四）儿童或者其监护人通过注销等方式终止使用产品或者服务的。

第 21 条 网络运营者发现儿童个人信息发生或者可能发生泄露、毁损、丢失的，应当立即启动应急预案，采取补救措施；造成或者可能造成严重后果的，应当立即向有关主管部门报告，并将事件相关情况以邮件、信函、电话、推送通知等方式告知受影响的儿童及其监护人，难以逐一告知的，应当采取合理、有效的方式发布相关警示信息。

第 22 条 网络运营者应当对网信部门和其他有关部门依法开展的监督检查予以配合。

第 24 条 任何组织和个人发现有违反本规定行为的，可以向网信部门和其他有关部门举报。

网信部门和其他有关部门收到相关举报的，应当依据职责及时进行处理。

第 25 条 网络运营者落实儿童个人信息安全管理责任不到位，存在较大安全风险或者发生安全事件的，由网信部门依据职责进行约谈，网络运营者应当及时采取措施进行整改，消除隐患。

第 26 条 违反本规定的，由网信部门和其他有关部门依据职责，根据《中华人民共和国网络安全法》《互联网信息服务管理办法》等相关法律法规规定处理；构成犯罪的，依法追究刑事责任。

第 27 条 违反本规定被追究法律责任的，依照有关法律、行政法规的规定记入信用档案，并予以公示。

【解读】在保护儿童信息机制的设置上，《儿童个人信息网络保护规定》规定儿童及其监护人的权利、网络运营者的义务、网信部门和其他有关部门的权力。

在儿童及其监护人的权利上，该规定赋予其在合理的理由下可要求网络运营者更正、删除儿童信息的权利。《征求意见稿》原来只赋予儿童及其监护人在收集、存储环节的更正权，该规定将其延伸至收集、存储、使用和披露等环节。

在网络运营者的义务上，该规定网络运营者要有应急预案，在突发情况下应立即采取补救措施，在重大突发事件前不得隐瞒，须向有关主管部门报告，并应确保儿童及其监护人的知情权。同时，要切实保障儿童及其监护人的更正权和删除权的行使。

在网信部门和其他有关部门的权力上，该规定指出网信部门和其他有关部门有监督检查、约谈、接收举报等权力。《征求意见稿》详细列举网信部门和其他有关部门有"根据情节单处或者并处警告、没收违法所得、处违法所得一倍以上十倍以下罚款，没有违法所得的，处一百万元以下罚款，对直接负责的主管人员和其他直接责任人员处一万元以上十万元以下罚款；情节严重的，并可以责令暂停相关业务、停业整顿、关闭网站、吊销相关业务许可证或者吊销营业执照"等权力，但该规定取消具体条款，只规定"根据《中华人民共和国网络安全法》《互联网信息服务管理办法》等相关法律法规规定处理"。该规定只是简化权力的内容，但《征求意见稿》所规定的权力种类实际上并未被取消，网信部门和其他有关部门仍然具有这些权力。《儿童个人信息网络保护规定》与《征求意见稿》条款对比见表4-2。

表4-2 《儿童个人信息网络保护规定》与《征求意见稿》条款对比

《儿童个人信息网络保护规定》条款	《征求意见稿》条款	备注
第一条 为了保护儿童个人信息安全，促进儿童健康成长，根据《中华人民共和国网络安全法》《中华人民共和国未成年人保护法》等法律法规，制定本规定。	第一条 为了保护儿童个人信息安全，促进儿童健康成长，根据《中华人民共和国网络安全法》《中华人民共和国未成年人保护法》等法律制定本规定。	内容相同
第二条 本规定所称儿童，是指不满十四周岁的未成年人。	第二十七条 本规定所称儿童，是指不满十四周岁的未成年人。	将《征求意见稿》第二十七条提至第二条，定义清晰明显、结构更合理
第三条 在中华人民共和国境内通过网络从事收集、存储、使用、转移、披露儿童个人信息等活动，适用本规定。	第二条 在中华人民共和国境内通过网络从事收集、存储、使用、转移、披露儿童个人信息等活动，适用本规定。	内容相同

续表

《儿童个人信息网络保护规定》条款	《征求意见稿》条款	备注
第四条 任何组织和个人不得制作、发布、传播侵害儿童个人信息安全的信息。		新增：禁止任何组织和个人侵害儿童个人信息安全
第五条 儿童监护人应当正确履行监护职责，教育引导儿童增强个人信息保护意识和能力，保护儿童个人信息安全。		新增：单独规定儿童监护人的职责
第六条 鼓励互联网行业组织指导推动网络运营者制定儿童个人信息保护的行业规范、行为准则等，加强行业自律，履行社会责任。	第四条 鼓励互联网行业组织指导推动网络运营者制定儿童个人信息保护的行业规范、行为准则等，加强行业自律，履行社会责任。	内容相同
第七条 网络运营者收集、存储、使用、转移、披露儿童个人信息的，应当遵循正当必要、知情同意、目的明确、安全保障、依法利用的原则。	第三条 网络运营者收集、存储、使用、转移、披露儿童个人信息的，应当遵循正当必要、知情同意、目的明确、安全保障、依法利用的原则。	内容相同
第八条 网络运营者应当设置专门的儿童个人信息保护规则和用户协议，并指定专人负责儿童个人信息保护。	第五条 网络运营者应当设置专门的儿童个人信息保护规则和用户协议，并设立个人信息保护专员或者指定专人负责儿童个人信息保护。适用于儿童的用户协议应当简洁、易懂。	删除"设立个人信息保护专员""适用于儿童的用户协议应当简洁、易懂"规定
第九条 网络运营者收集、使用、转移、披露儿童个人信息的，应以显著、清晰的方式告知儿童监护人，并应当征得儿童监护人的同意。	第七条 网络运营者收集、使用儿童个人信息的，应当以显著、清晰的方式告知儿童监护人，并应当征得儿童监护人的明示同意。明示同意应当具体、清楚、明确，基于自愿。	增加"转移、披露"；将"明示同意"改为"同意"；删除"明示同意应当具体、清楚、明确，基于自愿"
第十条 网络运营者征得同意时，应当同时提供拒绝选项，并明确告知以下事项： （一）收集、存储、使用、转移、披露儿童个人信息的目的、方式和范围；	第八条 网络运营者征得同意时，应当同时提供拒绝选项，并明确告知以下事项： （一）收集、存储、使用、转移或者披露儿童个人信息的目的、范围、方式和期限；	增加存储的"期限"、"投诉、举报的渠道和方式""更正、删除儿童个人信息的途径和方法"；删除收集、存储、使用、转移或者披露的"期限"、"个人信息保护专员或者其他联系方式"、拒绝的"影响"

—172—

续表

《儿童个人信息网络保护规定》条款	《征求意见稿》条款	备注
（二）儿童个人信息存储的地点、期限和到期后的处理方式； （三）儿童个人信息的安全保障措施； （四）拒绝的后果； （五）投诉、举报的渠道和方式； （六）更正、删除儿童个人信息的途径和方法； （七）其他应当告知的事项。 前款规定的告知事项发生实质性变化的，应当再次征得儿童监护人的同意。	（二）儿童个人信息的存储地点和到期后的处理方式； （三）儿童个人信息的安全保障措施； （四）个人信息保护专员或者其他联系方式； （五）拒绝的后果和影响； （六）其他应当告知的事项。 前款规定的告知事项发生实质性变化的，应当再次征得儿童监护人的明示同意。	
第十一条 网络运营者不得收集与其提供的服务无关的儿童个人信息，不得违反法律、行政法规的规定和双方的约定收集儿童个人信息。	第六条 网络运营者不得收集与其提供的服务无关的儿童个人信息，不得违反法律、行政法规的规定和用户协议的约定收集儿童个人信息。	将"用户协议的约定"改为"双方的约定"
第十二条 网络运营者存储儿童个人信息，不得超过实现其收集、使用目的所必需的期限。	第九条 网络运营者存储儿童个人信息，不得超过实现其收集、使用目的所必须的期限。	将"必须"改为"必需"
第十三条 网络运营者应当采取加密等措施存储儿童个人信息，确保信息安全。	第十条 网络运营者应当采取加密等措施存储儿童个人信息，确保信息安全。	内容相同
第十四条 网络运营者使用儿童个人信息，不得违反法律、行政法规的规定和双方约定的目的、范围。因业务需要，确需超出约定的目的、范围使用的，应当再次征得儿童监护人的同意。	第十一条 网络运营者使用儿童个人信息，不得超出约定的目的和范围。因业务需要，确需超出目的和范围使用的，应当再次征得儿童监护人的明示同意。	将"明示同意"改为"同意"；增加"不得违反法律、行政法规的规定"
第十五条 网络运营者对其工作人员应当以最小授权为原则，严格设定信息访问权限，控制儿童个人信息知悉范围。工作人员访问儿童个人信息的，应当经过儿童个人信息保护负责人或者其授权的管理人员审批，记录访问情况，并采取技术措施，避免违法复制、下载儿童个人信息。	第十二条 网络运营者对其工作人员应当以最小授权为原则，严格设定信息访问权限，控制儿童个人信息知悉范围。工作人员访问儿童个人信息的，应当经过个人信息保护专员或者其授权的管理人员审批，记录访问情况，并采取技术措施，避免违法复制、下载儿童个人信息。	将"个人信息保护专员"改为"儿童个人信息保护负责人"

续表

《儿童个人信息网络保护规定》条款	《征求意见稿》条款	备注
第十六条 网络运营者委托第三方处理儿童个人信息的,应当对受委托方及委托行为等进行安全评估,签署委托协议,明确双方责任、处理事项、处理期限、处理性质和目的等,委托行为不得超出授权范围。 前款规定的受委托方,应当履行以下义务: (一)按照法律、行政法规的规定和网络运营者的要求处理儿童个人信息; (二)协助网络运营者回应儿童监护人提出的申请; (三)采取措施保障信息安全,并在发生儿童个人信息泄露安全事件时,及时向网络运营者反馈; (四)委托关系解除时及时删除儿童个人信息; (五)不得转委托; (六)其他依法应当履行的儿童个人信息保护义务。	第十三条 网络运营者委托第三方处理儿童个人信息的,应当对受委托方及委托行为等进行安全评估,签署委托协议,明确双方责任、处理事项、处理期限、处理性质和目的等,委托行为不得超出授权范围。 前款规定的受委托方,应当履行以下义务: (一)按照网络运营者的要求处理儿童个人信息; (二)协助网络运营者回应儿童监护人提出的申请; (三)采取措施保障信息安全,并在发生儿童个人信息泄露安全事件时,及时向网络运营者反馈; (四)委托关系解除时及时删除儿童个人信息; (五)不得转委托; (六)其他依法应当履行的儿童个人信息保护义务。	增加"按照法律、行政法规的规定"
第十七条 网络运营者向第三方转移儿童个人信息的,应当自行或者委托第三方机构进行安全评估。	第十五条 网络运营者向第三方转移儿童个人信息的,应当自行或者委托第三方机构进行安全评估,并征得儿童监护人的明示同意。	删除"并征得儿童监护人的明示同意"
第十八条 网络运营者不得披露儿童个人信息,但法律、行政法规规定应当披露或者根据与儿童监护人的约定可以披露的除外。	第十六条 网络运营者不得披露儿童个人信息,但法律、行政法规规定应当披露或者根据与儿童监护人的约定需要披露的除外。	内容相同
第十九条 儿童或者其监护人发现网络运营者收集、存储、使用、披露的儿童个人信息有错误的,有权要求网络运营者予以更正。网络运营者应当及时采取措施予以更正。	第十七条 儿童或者其监护人发现网络运营者收集、存储的儿童个人信息有错误的,有权要求网络运营者予以更正。网络运营者应当及时采取措施予以更正。	增加"使用、披露"

第4章 数据合规案例与法条解读

续表

《儿童个人信息网络保护规定》条款	《征求意见稿》条款	备注
第二十条 儿童或者其监护人要求网络运营者删除其收集、存储、使用、披露的儿童个人信息的，网络运营者应当及时采取措施予以删除，包括但不限于以下情形： （一）网络运营者违反法律、行政法规的规定或者双方的约定收集、存储、使用、转移、披露儿童个人信息的； （二）超出目的范围或者必要期限收集、存储、使用、转移、披露儿童个人信息的； （三）儿童监护人撤回同意的； （四）儿童或者其监护人通过注销等方式终止使用产品或者服务的。	第十八条 儿童或者其监护人要求网络运营者删除其收集、存储、使用的儿童个人信息的，网络运营者应当及时采取措施予以删除，包括但不限于以下情形： （一）网络运营者违反法律、行政法规的规定或者用户协议的约定收集、存储、使用、转移或者披露儿童个人信息的； （二）超出目的范围或者必要期限收集、存储、使用、转移或者披露儿童个人信息的； （三）儿童监护人撤回同意的； （四）儿童或者其监护人通过注销等方式终止使用产品或者服务的。	增加"披露"；将"用户协议的约定"改为"双方的约定"
第二十一条 网络运营者发现儿童个人信息发生或者可能发生泄露、毁损、丢失的，应当立即启动应急预案，采取补救措施；造成或者可能造成严重后果的，应当立即向有关主管部门报告，并将事件相关情况以邮件、信函、电话、推送通知等方式告知受影响的儿童及其监护人，难以逐一告知的，应当采取合理、有效的方式发布相关警示信息。	第二十条 网络运营者发现儿童个人信息发生或者可能发生泄露、毁损、丢失的，应当立即启动应急预案，采取补救措施；造成或者可能造成严重后果的，应当立即向有关主管部门报告，并将事件相关情况以邮件、信函、电话、推送通知等方式告知受影响的儿童及其监护人，难以逐一告知的，应当采取合理、有效的方式发布相关警示信息。	内容相同
第二十二条 网络运营者应当对网信部门和其他有关部门依法开展的监督检查予以配合。	第二十一条 网络运营者应当对国家互联网信息办公室和其他有关部门依法开展的监督检查予以配合。	将"国家互联网信息办公室"改为"网信部门"
第二十三条 网络运营者停止运营产品或者服务的，应当立即停止收集儿童个人信息的活动，删除其持有的儿童个人信息，并将停止运营的通知及时告知儿童监护人。	第二十二条 网络运营者停止运营产品或者服务的，应当立即停止收集儿童个人信息的活动，删除其持有的儿童个人信息，并将停止运营的通知及时告知儿童监护人。	内容相同

续表

《儿童个人信息网络保护规定》条款	《征求意见稿》条款	备注
第二十四条 任何组织和个人发现有违反本规定行为的，可以向网信部门和其他有关部门举报。网信部门和其他有关部门收到相关举报的，应当依据职责及时进行处理。	第二十三条 任何组织和个人发现有违反本规定行为的，可以向国家互联网信息办公室和其他有关部门举报。国家互联网信息办公室和其他有关部门收到举报的，应当依据职责进行处理。	将"国家互联网信息办公室"改为"网信部门"
第二十五条 网络运营者落实儿童个人信息安全管理责任不到位，存在较大安全风险或者发生安全事件的，由网信部门依据职责进行约谈，网络运营者应当及时采取措施进行整改，消除隐患。	第二十四条 网络运营者落实儿童个人信息安全管理责任不到位，存在较大安全风险或者发生安全事件的，由国家互联网信息办公室依法进行约谈，网络运营者应当按照约谈要求及时采取措施，进行整改，消除隐患。	将"国家互联网信息办公室"改为"网信部门"；删除"约谈要求"
第二十六条 违反本规定的，由网信部门和其他有关部门依据职责，根据《中华人民共和国网络安全法》《互联网信息服务管理办法》等相关法律法规规定处理；构成犯罪的，依法追究刑事责任。	第二十五条 违反本规定的，由国家互联网信息办公室和其他有关部门依据职责，根据《中华人民共和国网络安全法》第六十四条的规定责令改正，根据情节单处或者并处警告、没收违法所得、处违法所得一倍以上十倍以下罚款，没有违法所得的，处一百万元以下罚款，对直接负责的主管人员和其他直接责任人员处一万元以上十万元以下罚款；情节严重的，并可以责令暂停相关业务、停业整顿、关闭网站、吊销相关业务许可证或者吊销营业执照；构成犯罪的，依法追究刑事责任。	将"第六十四条的规定责令改正，根据情节单处或者并处警告、没收违法所得、处违法所得一倍以上十倍以下罚款，没有违法所得的，处一百万元以下罚款，对直接负责的主管人员和其他直接责任人员处一万元以上十万元以下罚款；情节严重的，并可以责令暂停相关业务、停业整顿、关闭网站、吊销相关业务许可证或者吊销营业执照"改为"《互联网信息服务管理办法》等相关法律法规规定处理"
第二十七条 违反本规定被追究法律责任的，依照有关法律、行政法规的规定记入信用档案，并予以公示。	第二十六条 违反本规定被追究法律责任的，依照有关法律、行政法规的规定记入信用档案，并予以公示。	内容相同

续表

《儿童个人信息网络保护规定》条款	《征求意见稿》条款	备注
第二十八条 通过计算机信息系统自动留存处理信息且无法识别所留存处理的信息属于儿童个人信息的，依照其他有关规定执行。		新增
第二十九条 本规定自2019年10月1日起施行。	第二十八条 本规定自2019年 月 日起施行。	确定了施行日期
	第十四条 网络运营者和第三方共同使用儿童个人信息的，应当征得儿童监护人的明示同意。	删除
	第十九条 网络运营者收集、使用、转移、披露儿童个人信息，有以下情形之一的，可以不经过儿童监护人的明示同意： （一）为维护国家安全或者公共利益； （二）为消除儿童人身或者财产上的紧急危险； （三）法律、行政法规规定的其他情形。	删除

4.7 《个人信息保护法（草案）》一审稿、二审稿条款对比解读

2021年4月26—29日，第十三届全国人民代表大会常务委员会第二十八次会议在北京举行。备受关注的《个人信息保护法（草案）》再次被审议。相比2020年10月首次提请审议的一审稿，二审稿作出多处修改。

以下对一审、二审征求意见的条款进行对比解读见表4-3。

表 4-3 《个人信息保护法（草案）》一审、二审征求意见条款对比

《个人信息保护法（草案）》一审征求意见	《个人信息保护法（草案）》二审征求意见	备注
第一章　总则	第一章　总则	
第一条　为了保护个人信息权益，规范个人信息处理活动，保障个人信息依法有序自由流动，促进个人信息合理利用，制定本法。	第一条　为了保护个人信息权益，规范个人信息处理活动，促进个人信息合理利用，制定本法。	删除"保障个人信息依法有序自由流动"
第二条　自然人的个人信息受法律保护，任何组织、个人不得侵害自然人的个人信息权益。	第二条　自然人的个人信息受法律保护，任何组织、个人不得侵害自然人的个人信息权益。	
第三条　组织、个人在中华人民共和国境内处理自然人个人信息的活动，适用本法。 在中华人民共和国境外处理中华人民共和国境内自然人个人信息的活动，有下列情形之一的，也适用本法： （一）以向境内自然人提供产品或者服务为目的； （二）为分析、评估境内自然人的行为； （三）法律、行政法规规定的其他情形。	第三条　组织、个人在中华人民共和国境内处理自然人个人信息的活动，适用本法。 在中华人民共和国境外处理中华人民共和国境内自然人个人信息的活动，有下列情形之一的，也适用本法： （一）以向境内自然人提供产品或者服务为目的； （二）分析、评估境内自然人的行为； （三）法律、行政法规规定的其他情形。	
第四条　个人信息是以电子或者其他方式记录的与已识别或者可识别的自然人有关的各种信息，不包括匿名化处理后的信息。 个人信息的处理包括个人信息的收集、存储、使用、加工、传输、提供、公开等活动。	第四条　个人信息是以电子或者其他方式记录的与已识别或者可识别的自然人有关的各种信息，不包括匿名化处理后的信息。 个人信息的处理包括个人信息的收集、存储、使用、加工、传输、提供、公开等。	
第五条　处理个人信息应当采用合法、正当的方式，遵循诚信原则，不得通过欺诈、误导等方式处理个人信息。	第五条　处理个人信息应当采用合法、正当的方式，遵循诚信原则，不得通过误导、欺诈、胁迫等方式处理个人信息。	增加"胁迫"，将"误导"前置

续表

《个人信息保护法（草案）》一审征求意见	《个人信息保护法（草案）》二审征求意见	备注
第六条 处理个人信息应当具有明确、合理的目的，并应当限于实现处理目的的最小范围，不得进行与处理目的无关的个人信息处理。	第六条 处理个人信息应当具有明确、合理的目的，并应当限于实现处理目的所必要的最小范围，采取对个人权益影响最小的方式，不得进行与处理目的无关的个人信息处理。	增加"所必要""采取对个人权益影响最小的方式"
第七条 处理个人信息应当遵循公开、透明的原则，明示个人信息处理规则。	第七条 处理个人信息应当遵循公开、透明的原则，公开个人信息处理规则，明示处理的目的、方式和范围。	将"明示"改为"公开"，增加"明示处理的目的、方式和范围"
第八条 为实现处理目的，所处理的个人信息应当准确，并及时更新。	第八条 处理个人信息应当保证个人信息的质量，避免因个人信息不准确、不完整对个人权益造成不利影响。	将"个人信息应当准确"改为"保证个人信息的质量"
第九条 个人信息处理者应当对其个人信息处理活动负责，并采取必要措施保障所处理的个人信息的安全。	第九条 个人信息处理者应当对其个人信息处理活动负责，并采取必要措施保障所处理的个人信息的安全。	
第十条 任何组织、个人不得违反法律、行政法规的规定处理个人信息，不得从事危害国家安全、公共利益的个人信息处理活动。	第十条 任何组织、个人不得违反法律、行政法规的规定处理个人信息，不得从事危害国家安全、公共利益的个人信息处理活动。	
第十一条 国家建立健全个人信息保护制度，预防和惩治侵害个人信息权益的行为，加强个人信息保护宣传教育，推动形成政府、企业、相关行业组织、社会公众共同参与个人信息保护的良好环境。	第十一条 国家建立健全个人信息保护制度，预防和惩治侵害个人信息权益的行为，加强个人信息保护宣传教育，推动形成政府、企业、相关行业组织、社会公众共同参与个人信息保护的良好环境。	
第十二条 国家积极参与个人信息保护国际规则的制定，促进个人信息保护方面的国际交流与合作，推动与其他国家、地区、国际组织之间的个人信息保护规则、标准等的互认。	第十二条 国家积极参与个人信息保护国际规则的制定，促进个人信息保护方面的国际交流与合作，推动与其他国家、地区、国际组织之间的个人信息保护规则、标准等的互认。	

续表

《个人信息保护法（草案）》一审征求意见	《个人信息保护法（草案）》二审征求意见	备注
第二章　个人信息处理规则	第二章　个人信息处理规则	
第一节　一般规定	第一节　一般规定	
第十三条　符合下列情形之一的，个人信息处理者方可处理个人信息： （一）取得个人的同意； （二）为订立或者履行个人作为一方当事人的合同所必需； （三）为履行法定职责或者法定义务所必需； （四）为应对突发公共卫生事件，或者紧急情况下为保护自然人的生命健康和财产安全所必需； （五）为公共利益实施新闻报道、舆论监督等行为在合理的范围内处理个人信息； （六）法律、行政法规规定的其他情形。	第十三条　符合下列情形之一的，个人信息处理者方可处理个人信息： （一）取得个人的同意； （二）为订立或者履行个人作为一方当事人的合同所必需； （三）为履行法定职责或者法定义务所必需； （四）为应对突发公共卫生事件，或者紧急情况下为保护自然人的生命健康和财产安全所必需； （五）依照本法规定在合理的范围内处理已公开的个人信息； （六）为公共利益实施新闻报道、舆论监督等行为，在合理的范围内处理个人信息； （七）法律、行政法规规定的其他情形。 依照本法其他有关规定，处理个人信息应当取得个人同意，但有前款第二项至第七项规定情形的，不需取得个人同意。	增加"（五）依照本法规定在合理的范围内处理已公开的个人信息；"增加"依照本法其他有关规定，处理个人信息应当取得个人同意，但有前款第二项至第七项规定情形的，不需取得个人同意"。突破《网络安全法》规定"同意"是处理个人信息唯一要件的限制
第十四条　处理个人信息的同意，应当由个人在充分知情的前提下，自愿、明确作出意思表示。法律、行政法规规定处理个人信息应当取得单独同意或者书面同意的，从其规定。 个人信息的处理目的、处理方式和处理的个人信息种类发生变更的，应当重新取得个人同意。	第十四条　处理个人信息的同意，应当由个人在充分知情的前提下自愿、明确作出。法律、行政法规规定处理个人信息应当取得个人单独同意或者书面同意的，从其规定。 个人信息的处理目的、处理方式和处理的个人信息种类发生变更的，应当重新取得个人同意。	

第4章 数据合规案例与法条解读

续表

《个人信息保护法（草案）》一审征求意见	《个人信息保护法（草案）》二审征求意见	备注
第十五条 个人信息处理者知道或者应当知道其处理的个人信息为不满十四周岁未成年人个人信息的，应当取得其监护人的同意。	第十五条 个人信息处理者处理不满十四周岁未成年人个人信息的，应当取得未成年人的父母或者其他监护人的同意。	删除"知道或者应当知道其处理的个人信息为"；扩大监护人范畴
第十六条 基于个人同意而进行的个人信息处理活动，个人有权撤回其同意。	第十六条 基于个人同意而进行的个人信息处理活动，个人有权撤回其同意。个人信息处理者应当提供便捷的撤回同意的方式。 个人撤回同意，不影响撤回前基于个人同意已进行的个人信息处理活动的效力。	增加"个人信息处理者应当提供便捷的撤回同意的方式。个人撤回同意，不影响撤回前基于个人同意已进行的个人信息处理活动的效力"
第十七条 个人信息处理者不得以个人不同意处理其个人信息或者撤回其对个人信息处理的同意为由，拒绝提供产品或者服务；处理个人信息属于提供产品或者服务所必需的除外。	第十七条 个人信息处理者不得以个人不同意处理其个人信息或者撤回其对个人信息处理的同意为由，拒绝提供产品或者服务；处理个人信息属于提供产品或者服务所必需的除外。	
第十八条 个人信息处理者在处理个人信息前，应当以显著方式、清晰易懂的语言向个人告知下列事项： （一）个人信息处理者的身份和联系方式； （二）个人信息的处理目的、处理方式，处理的个人信息种类、保存期限； （三）个人行使本法规定权利的方式和程序； （四）法律、行政法规规定应当告知的其他事项。 前款规定事项发生变更的，应当将变更部分告知个人。 个人信息处理者通过制定个人信息处理规则的方式告知第十款规定事项的，处理规则应当公开，并且便于查阅和保存。	第十八条 个人信息处理者在处理个人信息前，应当以显著方式、清晰易懂的语言向个人告知下列事项： （一）个人信息处理者的身份和联系方式； （二）个人信息的处理目的、处理方式，处理的个人信息种类、保存期限； （三）个人行使本法规定权利的方式和程序； （四）法律、行政法规规定应当告知的其他事项。 前款规定事项发生变更的，应当将变更部分告知个人。 个人信息处理者通过制定个人信息处理规则的方式告知第十款规定事项的，处理规则应当公开，并且便于查阅和保存。	

续表

《个人信息保护法（草案）》一审征求意见	《个人信息保护法（草案）》二审征求意见	备注
第十九条 个人信息处理者处理个人信息，有法律、行政法规规定应当保密或者不需要告知的情形的，可以不向个人告知前条规定的事项。 紧急情况下为保护自然人的生命健康和财产安全无法及时向个人告知的，个人信息处理者应当在紧急情况消除后予以告知。	第十九条 个人信息处理者处理个人信息，有法律、行政法规规定应当保密或者不需要告知的情形的，可以不向个人告知前条规定的事项。 紧急情况下为保护自然人的生命健康和财产安全无法及时向个人告知的，个人信息处理者应当在紧急情况消除后及时告知。	将"予以告知"改为"及时告知"
第二十条 个人信息的保存期限应当为实现处理目的所必要的最短时间。法律、行政法规对个人信息的保存期限另有规定的，从其规定。	第二十条 个人信息的保存期限应当为实现处理目的所必要的最短时间。法律、行政法规对个人信息的保存期限另有规定的，从其规定。	
第二十一条 两个或者两个以上的个人信息处理者共同决定个人信息的处理目的和处理方式的，应当约定各自的权利和义务。但是，该约定不影响个人向其中任何一个个人信息处理者要求行使本法规定的权利。 个人信息处理者共同处理个人信息，侵害个人信息权益的，依法承担连带责任。	第二十一条 两个以上的个人信息处理者共同决定个人信息的处理目的和处理方式的，应当约定各自的权利和义务。但是，该约定不影响个人向其中任何一个个人信息处理者要求行使本法规定的权利。 个人信息处理者共同处理个人信息，侵害个人信息权益的，应当承担连带责任。	
第二十二条 个人信息处理者委托处理个人信息的，应当与受托方约定委托处理的目的、处理方式、个人信息的种类、保护措施以及双方的权利和义务等，并对受托方的个人信息处理活动进行监督。 受托方应当按照约定处理个人信息，不得超出约定的处理目的、处理方式等处理个人信息，并应当在合同履行完毕或者委托关系解除后，将个人信息返还个人信息处理者或者予以删除。 未经个人信息处理者同意，受托方不得转委托他人处理个人信息。	第二十二条 个人信息处理者委托处理个人信息的，应当与受托方约定委托处理的目的、期限、处理方式、个人信息的种类、保护措施以及双方的权利和义务等，并对受托方的个人信息处理活动进行监督。 受托方应当按照约定处理个人信息，不得超出约定的处理目的、处理方式等处理个人信息；委托合同不生效、无效、被撤销或者终止的，受托方应当将个人信息返还个人信息处理者或者予以删除，不得保留。 未经个人信息处理者同意，受托方不得转委托他人处理个人信息。	将"应当在合同履行完毕或者委托关系解除后"修改为"委托合同不生效、无效、被撤销或者终止的"

第4章　数据合规案例与法条解读

续表

《个人信息保护法（草案）》一审征求意见	《个人信息保护法（草案）》二审征求意见	备注
第二十三条　个人信息处理者因合并、分立等原因需要转移个人信息的，应当向个人告知接收方的身份、联系方式。接收方应当继续履行个人信息处理者的义务。接收方变更原先的处理目的、处理方式的，应当依照本法规定重新向个人告知并取得其同意。	第二十三条　个人信息处理者因合并、分立等原因需要转移个人信息的，应当向个人告知接收方的身份、联系方式。接收方应当继续履行个人信息处理者的义务。接收方变更原先的处理目的、处理方式，应当依照本法规定重新取得个人同意。	
第二十四条　个人信息处理者向第三方提供其处理的个人信息的，应当向个人告知第三方的身份、联系方式、处理目的、处理方式和个人信息的种类，并取得个人的单独同意。接收个人信息的第三方应当在上述处理目的、处理方式和个人信息的种类等范围内处理个人信息。第三方变更原先的处理目的、处理方式的，应当依照本法规定重新向个人告知并取得其同意。 个人信息处理者向第三方提供匿名化信息的，第三方不得利用技术等手段重新识别个人身份。	第二十四条　个人信息处理者向他人提供其处理的个人信息的，应当向个人告知接收方的身份、联系方式、处理目的、处理方式和个人信息的种类，并取得个人的单独同意。接收方应当在上述处理目的、处理方式和个人信息的种类等范围内处理个人信息。接收方变更原先的处理目的、处理方式的，应当依照本法规定重新取得个人同意。	删除"个人信息处理者向第三方提供匿名化信息的，第三方不得利用技术等手段重新识别个人身份"
第二十五条　利用个人信息进行自动化决策，应当保证决策的透明度和处理结果的公平合理。个人认为自动化决策对其权益造成重大影响的，有权要求个人信息处理者予以说明，并有权拒绝个人信息处理者仅通过自动化决策的方式作出决定。 通过自动化决策方式进行商业营销、信息推送，应当同时提供不针对其个人特征的选项。	第二十五条　利用个人信息进行自动化决策，应当保证决策的透明度和结果公平合理。 通过自动化决策方式进行商业营销、信息推送，应当同时提供不针对其个人特征的选项，或者向个人提供拒绝的方式。 通过自动化决策方式作出对个人权益有重大影响的决定，个人有权要求个人信息处理者予以说明，并有权拒绝个人信息处理者仅通过自动化决策的方式作出决定。	
第二十六条　个人信息处理者不得公开其处理的个人信息；取得个人单独同意或者法律、行政法规另有规定的除外。	第二十六条　个人信息处理者不得公开其处理的个人信息，取得个人单独同意的除外。	删除"或者法律、行政法规另有规定"

— 183 —

续表

《个人信息保护法（草案）》一审征求意见	《个人信息保护法（草案）》二审征求意见	备注
第二十七条 在公共场所安装图像采集、个人身份识别设备，应当为维护公共安全所必需，遵守国家有关规定，并设置显著的提示标识。所收集的个人图像、个人身份特征信息只能用于维护公共安全的目的，不得公开或者向他人提供；取得个人单独同意或者法律、行政法规另有规定的除外。	第二十七条 在公共场所安装图像采集、个人身份识别设备，应当为维护公共安全所必需，遵守国家有关规定，并设置显著的提示标识。所收集的个人图像、个人身份特征信息只能用于维护公共安全的目的，不得公开或者向他人提供，取得个人单独同意的除外。	删除"或者法律、行政法规另有规定"
第二十八条 个人信息处理者处理已公开的个人信息，应当符合该个人信息被公开时的用途；超出与该用途相关的合理范围的，应当依照本法规定向个人告知并取得其同意。 个人信息被公开时的用途不明确的，个人信息处理者应当合理、谨慎地处理已公开的个人信息；利用已公开的个人信息从事对个人有重大影响的活动，应当依照本法规定向个人告知并取得其同意。	第二十八条 个人信息处理者处理已公开的个人信息，应当符合该个人信息被公开时的用途。超出与该用途相关的合理范围的，应当依照本法规定取得个人同意。 个人信息被公开时的用途不明确的，个人信息处理者应当合理、谨慎地处理已公开的个人信息。利用已公开的个人信息从事对个人有重大影响的活动，应当依照本法规定取得个人同意。	
第二节 敏感个人信息的处理规则	第二节 敏感个人信息的处理规则	
第二十九条 个人信息处理者具有特定的目的和充分的必要性，方可处理敏感个人信息。 敏感个人信息是一旦泄露或者非法使用，可能导致个人受到歧视或者人身、财产安全受到严重危害的个人信息，包括种族、民族、宗教信仰、个人生物特征、医疗健康、金融账户、个人行踪等信息。	第二十九条 个人信息处理者具有特定的目的和充分的必要性，方可处理敏感个人信息。 敏感个人信息是一旦泄露或者非法使用，可能导致个人受到歧视或者人身、财产安全受到严重危害的个人信息，包括种族、民族、宗教信仰、个人生物特征、医疗健康、金融账户、个人行踪等信息。	
第三十条 基于个人同意处理敏感个人信息的，个人信息处理者应当取得个人的单独同意。法律、行政法规规定处理敏感个人信息应当取得书面同意的，从其规定。	第三十条 基于个人同意处理敏感个人信息的，个人信息处理者应当取得个人的单独同意。法律、行政法规规定处理敏感个人信息应当取得书面同意的，从其规定。	

续表

《个人信息保护法（草案）》 一审征求意见	《个人信息保护法（草案）》 二审征求意见	备注
第三十一条 个人信息处理者处理敏感个人信息的，除本法第十八条规定的事项外，还应当向个人告知处理敏感个人信息的必要性以及对个人的影响。	第三十一条 个人信息处理者处理敏感个人信息的，除本法第十八条第一款规定的事项外，还应当向个人告知处理敏感个人信息的必要性以及对个人的影响。	增加"第一款"
第三十二条 法律、行政法规规定处理敏感个人信息应当取得相关行政许可或者作出更严格限制的，从其规定。	第三十二条 法律、行政法规对处理敏感个人信息规定应当取得相关行政许可或者作出其他限制的，从其规定。	
第三节 国家机关处理个人信息的特别规定	第三节 国家机关处理个人信息的特别规定	
第三十三条 国家机关处理个人信息的活动适用本法；本节有特别规定的，适用本节规定。	第三十三条 国家机关处理个人信息的活动，适用本法；本节有特别规定的，适用本节规定。	增加"，"
第三十四条 国家机关为履行法定职责处理个人信息，应当依照法律、行政法规规定的权限、程序进行，不得超出履行法定职责所必需的范围和限度。	第三十四条 国家机关为履行法定职责处理个人信息，应当依照法律、行政法规规定的权限、程序进行，不得超出履行法定职责所必需的范围和限度。	
第三十五条 国家机关为履行法定职责处理个人信息，应当依照本法规定向个人告知并取得其同意；法律、行政法规规定应当保密，或者告知、取得同意将妨碍国家机关履行法定职责的除外。	第三十五条 国家机关为履行法定职责处理个人信息，应当依照本法规定向个人告知并取得其同意；法律、行政法规规定应当保密，或者告知、取得同意将妨碍国家机关履行法定职责的除外。	
第三十六条 国家机关不得公开或者向他人提供其处理的个人信息，法律、行政法规另有规定或者取得个人同意的除外。		删除
第三十七条 国家机关处理的个人信息应当在中华人民共和国境内存储；确需向境外提供的，应当进行风险评估。风险评估可以要求有关部门提供支持与协助。	第三十六条 国家机关处理的个人信息应当在中华人民共和国境内存储；确需向境外提供的，应当进行风险评估。风险评估可以要求有关部门提供支持与协助。	

续表

《个人信息保护法（草案）》一审征求意见	《个人信息保护法（草案）》二审征求意见	备注
	第三十七条 法律、法规授权的具有管理公共事务职能的组织为履行法定职责处理个人信息，适用本法关于国家机关处理个人信息的规定。	增加
第三章 个人信息跨境提供的规则	第三章 个人信息跨境提供的规则	
第三十八条 个人信息处理者因业务等需要，确需向中华人民共和国境外提供个人信息的，应当至少具备下列一项条件： （一）依照本法第四十条的规定通过国家网信部门组织的安全评估； （二）按照国家网信部门的规定经专业机构进行个人信息保护认证； （三）与境外接收方订立合同，约定双方的权利和义务，并监督其个人信息处理活动达到本法规定的个人信息保护标准； （四）法律、行政法规或者国家网信部门规定的其他条件。	第三十八条 个人信息处理者因业务等需要，确需向中华人民共和国境外提供个人信息的，应当至少具备下列一项条件： （一）依照本法第四十条的规定通过国家网信部门组织的安全评估； （二）按照国家网信部门的规定经专业机构进行个人信息保护认证； （三）按照国家网信部门制定的标准合同与境外接收方订立合同，约定双方的权利和义务，并监督其个人信息处理活动达到本法规定的个人信息保护标准； （四）法律、行政法规或者国家网信部门规定的其他条件。	增加"按照国家网信部门制定的标准合同"
第三十九条 个人信息处理者向中华人民共和国境外提供个人信息的，应当向个人告知境外接收方的身份、联系方式、处理目的、处理方式、个人信息的种类以及个人向境外接收方行使本法规定权利的方式等事项，并取得个人的单独同意。	第三十九条 个人信息处理者向中华人民共和国境外提供个人信息的，应当向个人告知境外接收方的身份、联系方式、处理目的、处理方式、个人信息的种类以及个人向境外接收方行使本法规定权利的方式等事项，并取得个人的单独同意。	
第四十条 关键信息基础设施运营者和处理个人信息达到国家网信部门规定数量的个人信息处理者，应当将在中华人民共和国境内收集和产生的个人信息存储在境内。 确需向境外提供的，应当通过国家网信部门组织的安全评估；法律、行政法规和国家网信部门规定可以不进行安全评估的，从其规定。	第四十条 关键信息基础设施运营者和处理个人信息达到国家网信部门规定数量的个人信息处理者，应当将在中华人民共和国境内收集和产生的个人信息存储在境内。 确需向境外提供的，应当通过国家网信部门组织的安全评估；法律、行政法规和国家网信部门规定可以不进行安全评估的，从其规定。	

第4章　数据合规案例与法条解读

续表

《个人信息保护法（草案）》一审征求意见	《个人信息保护法（草案）》二审征求意见	备注
第四十一条　因国际司法协助或者行政执法协助，需要向中华人民共和国境外提供个人信息的，应当依法申请有关主管部门批准。 中华人民共和国缔结或者参加的国际条约、协定对向中华人民共和国境外提供个人信息有规定的，从其规定。	第四十一条　中华人民共和国境外的司法或者执法机构要求提供存储于中华人民共和国境内的个人信息的，非经中华人民共和国主管机关批准，不得提供；中华人民共和国缔结或者参加的国际条约、协定有规定的，可以按照其规定执行。	
第四十二条　境外的组织、个人从事损害中华人民共和国公民的个人信息权益，或者危害中华人民共和国国家安全、公共利益的个人信息处理活动的，国家网信部门可以将其列入限制或者禁止个人信息提供清单，予以公告，并采取限制或者禁止向其提供个人信息等措施。	第四十二条　境外的组织、个人从事损害中华人民共和国公民的个人信息权益，或者危害中华人民共和国国家安全、公共利益的个人信息处理活动的，国家网信部门可以将其列入限制或者禁止个人信息提供清单，予以公告，并采取限制或者禁止向其提供个人信息等措施。	
第四十三条　任何国家和地区在个人信息保护方面对中华人民共和国采取歧视性的禁止、限制或者其他类似措施的，中华人民共和国可以根据实际情况对该国家或者该地区采取相应措施。	第四十三条　任何国家和地区在个人信息保护方面对中华人民共和国采取歧视性的禁止、限制或者其他类似措施的，中华人民共和国可以根据实际情况对该国家或者该地区对等采取措施。	
第四章　个人在个人信息处理活动中的权利	第四章　个人在个人信息处理活动中的权利	
第四十四条　个人对其个人信息的处理享有知情权、决定权，有权限制或者拒绝他人对其个人信息进行处理；法律、行政法规另有规定的除外。	第四十四条　个人对其个人信息的处理享有知情权、决定权，有权限制或者拒绝他人对其个人信息进行处理；法律、行政法规另有规定的除外。	
第四十五条　个人有权向个人信息处理者查阅、复制其个人信息；有本法第十九条第一款规定情形的除外。 个人请求查阅、复制其个人信息的，个人信息处理者应当及时提供。	第四十五条　个人有权向个人信息处理者查阅、复制其个人信息；有本法第十九条第一款规定情形的除外。 个人请求查阅、复制其个人信息的，个人信息处理者应当及时提供。	

续表

《个人信息保护法（草案）》一审征求意见	《个人信息保护法（草案）》二审征求意见	备注
第四十六条 个人发现其个人信息不准确或者不完整的，有权请求个人信息处理者更正、补充。 个人请求更正、补充其个人信息的，个人信息处理者应当对其个人信息予以核实，并及时更正、补充。	第四十六条 个人发现其个人信息不准确或者不完整的，有权请求个人信息处理者更正、补充。 个人请求更正、补充其个人信息的，个人信息处理者应当对其个人信息予以核实，并及时更正、补充。	
第四十七条 有下列情形之一的，个人信息处理者应当主动或者根据个人的请求，删除个人信息： （一）约定的保存期限已届满或者处理目的已实现； （二）个人信息处理者停止提供产品或者服务； （三）个人撤回同意； （四）个人信息处理者违反法律、行政法规或者违反约定处理个人信息； （五）法律、行政法规规定的其他情形。 法律、行政法规规定的保存期限未届满，或者删除个人信息从技术上难以实现的，个人信息处理者应当停止处理个人信息。	第四十七条 有下列情形之一的，个人信息处理者应当主动删除个人信息；个人信息处理者未删除的，个人有权请求删除： （一）处理目的已实现或者为实现处理目的不再必要； （二）个人信息处理者停止提供产品或者服务，或者保存期限已届满； （三）个人撤回同意； （四）个人信息处理者违反法律、行政法规或者违反约定处理个人信息； （五）法律、行政法规规定的其他情形。 法律、行政法规规定的保存期限未届满，或者删除个人信息从技术上难以实现的，个人信息处理者应当停止除存储和采取必要的安全保护措施之外的处理。	增加"个人有权请求删除" 增加"除存储和采取必要的安全保护措施之外的处理"
第四十八条 个人有权要求个人信息处理者对其个人信息处理规则进行解释说明。	第四十八条 个人有权要求个人信息处理者对其个人信息处理规则进行解释说明。	
	第四十九条 自然人死亡的，本章规定的个人在个人信息处理活动中的权利，由其近亲属行使。	新增
第四十九条 个人信息处理者应当建立个人行使权利的申请受理和处理机制。拒绝个人行使权利的请求的，应当说明理由。	第五十条 个人信息处理者应当建立个人行使权利的申请受理和处理机制。拒绝个人行使权利的请求的，应当说明理由。	

第4章 数据合规案例与法条解读

续表

《个人信息保护法（草案）》一审征求意见	《个人信息保护法（草案）》二审征求意见	备注
第五章　个人信息处理者的义务	第五章　个人信息处理者的义务	
第五十条　个人信息处理者应当根据个人信息的处理目的、处理方式、个人信息的种类以及对个人的影响、可能存在的安全风险等，采取必要措施确保个人信息处理活动符合法律、行政法规的规定，并防止未经授权的访问以及个人信息泄露或者被窃取、篡改、删除： （一）制定内部管理制度和操作规程； （二）对个人信息实行分级分类管理； （三）采取相应的加密、去标识化等安全技术措施； （四）合理确定个人信息处理的操作权限，并定期对从业人员进行安全教育和培训； （五）制定并组织实施个人信息安全事件应急预案； （六）法律、行政法规规定的其他措施。	第五十一条　个人信息处理者应当根据个人信息的处理目的、处理方式、个人信息的种类以及对个人的影响、可能存在的安全风险等，采取必要措施确保个人信息处理活动符合法律、行政法规的规定，并防止未经授权的访问以及个人信息泄露或者被窃取、篡改、删除： （一）制定内部管理制度和操作规程； （二）对个人信息实行分类管理； （三）采取相应的加密、去标识化等安全技术措施； （四）合理确定个人信息处理的操作权限，并定期对从业人员进行安全教育和培训； （五）制定并组织实施个人信息安全事件应急预案； （六）法律、行政法规规定的其他措施。	
第五十一条　处理个人信息达到国家网信部门规定数量的个人信息处理者应当指定个人信息保护负责人，负责对个人信息处理活动以及采取的保护措施等进行监督。 个人信息处理者应当公开个人信息保护负责人的姓名、联系方式等，并报送履行个人信息保护职责的部门。	第五十二条　处理个人信息达到国家网信部门规定数量的个人信息处理者应当指定个人信息保护负责人，负责对个人信息处理活动以及采取的保护措施等进行监督。 个人信息处理者应当公开个人信息保护负责人的联系方式，并将个人信息保护负责人的姓名、联系方式等报送履行个人信息保护职责的部门。	负责人姓名不再是必要公开的事项

续表

《个人信息保护法（草案）》一审征求意见	《个人信息保护法（草案）》二审征求意见	备注
第五十二条 本法第三条第二款规定的中华人民共和国境外的个人信息处理者，应当在中华人民共和国境内设立专门机构或者指定代表，负责处理个人信息保护相关事务，并将有关机构的名称或者代表的姓名、联系方式等报送履行个人信息保护职责的部门。	第五十三条 本法第三条第二款规定的中华人民共和国境外的个人信息处理者，应当在中华人民共和国境内设立专门机构或者指定代表，负责处理个人信息保护相关事务，并将有关机构的名称或者代表的姓名、联系方式等报送履行个人信息保护职责的部门。	
第五十三条 个人信息处理者应当定期对其个人信息处理活动、采取的保护措施等是否符合法律、行政法规的规定进行审计。履行个人信息保护职责的部门有权要求个人信息处理者委托专业机构进行审计。	第五十四条 个人信息处理者应当定期对其个人信息处理活动遵守法律、行政法规的情况进行合规审计。	
第五十四条 个人信息处理者应对下列个人信息处理活动在事前进行风险评估，并对处理情况进行记录： （一）处理敏感个人信息； （二）利用个人信息进行自动化决策； （三）委托处理个人信息、向第三方提供个人信息、公开个人信息； （四）向境外提供个人信息； （五）其他对个人有重大影响的个人信息处理活动。 风险评估的内容应当包括： （一）个人信息的处理目的、处理方式等是否合法、正当、必要； （二）对个人的影响及风险程度； （三）所采取的安全保护措施是否合法、有效并与风险程度相适应。 风险评估报告和处理情况记录应当至少保存三年。	第五十五条 个人信息处理者应对下列个人信息处理活动在事前进行风险评估，并对处理情况进行记录： （一）处理敏感个人信息； （二）利用个人信息进行自动化决策； （三）委托处理个人信息、向他人提供个人信息、公开个人信息； （四）向境外提供个人信息； （五）其他对个人有重大影响的个人信息处理活动。 风险评估的内容应当包括： （一）个人信息的处理目的、处理方式等是否合法、正当、必要； （二）对个人的影响及风险程度； （三）所采取的安全保护措施是否合法、有效并与风险程度相适应。 风险评估报告和处理情况记录应当至少保存三年。	

第4章　数据合规案例与法条解读

续表

《个人信息保护法（草案）》一审征求意见	《个人信息保护法（草案）》二审征求意见	备注
第五十五条　个人信息处理者发现个人信息泄露的，应当立即采取补救措施，并通知履行个人信息保护职责的部门和个人。通知应当包括下列事项： （一）个人信息泄露的原因； （二）泄露的个人信息种类和可能造成的危害； （三）已采取的补救措施； （四）个人可以采取的减轻危害的措施； （五）个人信息处理者的联系方式。 个人信息处理者采取措施能够有效避免信息泄露造成损害的，个人信息处理者可以不通知个人；但是，履行个人信息保护职责的部门认为个人信息泄露可能对个人造成损害的，有权要求个人信息处理者通知个人。	第五十六条　个人信息处理者发现个人信息泄露的，应当立即采取补救措施，并通知履行个人信息保护职责的部门和个人。通知应当包括下列事项： （一）个人信息泄露的原因； （二）泄露的个人信息种类和可能造成的危害； （三）已采取的补救措施； （四）个人可以采取的减轻危害的措施； （五）个人信息处理者的联系方式。 个人信息处理者采取措施能够有效避免信息泄露造成损害的，个人信息处理者可以不通知个人；但是，履行个人信息保护职责的部门认为个人信息泄露可能对个人造成损害的，有权要求个人信息处理者通知个人。	
	第五十七条　提供基础性互联网平台服务、用户数量巨大、业务类型复杂的个人信息处理者，应当履行下列义务： （一）成立主要由外部成员组成的独立机构，对个人信息处理活动进行监督； （二）对严重违反法律、行政法规处理个人信息的平台内的产品或者服务提供者，停止提供服务； （三）定期发布个人信息保护社会责任报告，接受社会监督。	新增
	第五十八条　接受委托处理个人信息的受托方，应当履行本章规定的相关义务，采取必要措施保障所处理的个人信息的安全。	新增

续表

《个人信息保护法（草案）》一审征求意见	《个人信息保护法（草案）》二审征求意见	备注
第六章　履行个人信息保护职责的部门	第六章　履行个人信息保护职责的部门	
第五十六条　国家网信部门负责统筹协调个人信息保护工作和相关监督管理工作。国务院有关部门依照本法和有关法律、行政法规的规定，在各自职责范围内负责个人信息保护和监督管理工作。 县级以上地方人民政府有关部门的个人信息保护和监督管理职责，按照国家有关规定确定。 前两款规定的部门统称为履行个人信息保护职责的部门。	第五十九条　国家网信部门负责统筹协调个人信息保护工作和相关监督管理工作。国务院有关部门依照本法和有关法律、行政法规的规定，在各自职责范围内负责个人信息保护和监督管理工作。 县级以上地方人民政府有关部门的个人信息保护和监督管理职责，按照国家有关规定确定。 前两款规定的部门统称为履行个人信息保护职责的部门。	
第五十七条　履行个人信息保护职责的部门履行下列个人信息保护职责： （一）开展个人信息保护宣传教育，指导、监督个人信息处理者开展个人信息保护工作； （二）接受、处理与个人信息保护有关的投诉、举报； （三）调查、处理违法个人信息处理活动； （四）法律、行政法规规定的其他职责。	第六十条　履行个人信息保护职责的部门履行下列个人信息保护职责： （一）开展个人信息保护宣传教育，指导、监督个人信息处理者开展个人信息保护工作； （二）接受、处理与个人信息保护有关的投诉、举报； （三）调查、处理违法个人信息处理活动； （四）法律、行政法规规定的其他职责。	
第五十八条　国家网信部门和国务院有关部门按照职责权限组织制定个人信息保护相关规则、标准，推进个人信息保护社会化服务体系建设，支持有关机构开展个人信息保护评估、认证服务。	第六十一条　国家网信部门统筹协调有关部门依照本法推进下列个人信息保护工作： （一）制定个人信息保护具体规则、标准； （二）针对敏感个人信息以及人脸识别、人工智能等新技术、新应用，制定专门的个人信息保护规则、标准； （三）支持研究开发安全、方便的电子身份认证技术； （四）推进个人信息保护社会化服务体系建设，支持有关机构开展个人信息保护评估、认证服务。	

续表

《个人信息保护法（草案）》一审征求意见	《个人信息保护法（草案）》二审征求意见	备注
第五十九条 履行个人信息保护职责的部门履行个人信息保护职责，可以采取下列措施： （一）询问有关当事人，调查与个人信息处理活动有关的情况； （二）查阅、复制当事人与个人信息处理活动有关的合同、记录、账簿以及其他有关资料； （三）实施现场检查，对涉嫌违法个人信息处理活动进行调查； （四）检查与个人信息处理活动有关的设备、物品；对有证据证明是违法个人信息处理活动的设备、物品，可以查封或者扣押。 履行个人信息保护职责的部门依法履行职责，当事人应当予以协助、配合，不得拒绝、阻挠。	第六十二条 履行个人信息保护职责的部门履行个人信息保护职责，可以采取下列措施： （一）询问有关当事人，调查与个人信息处理活动有关的情况； （二）查阅、复制当事人与个人信息处理活动有关的合同、记录、账簿以及其他有关资料； （三）实施现场检查，对涉嫌违法个人信息处理活动进行调查； （四）检查与个人信息处理活动有关的设备、物品；对有证据证明是违法个人信息处理活动的设备、物品，向本部门主要负责人书面报告并经批准，可以查封或者扣押。 履行个人信息保护职责的部门依法履行职责，当事人应当予以协助、配合，不得拒绝、阻挠。	增加"向本部门主要负责人书面报告并经批准"
第六十条 履行个人信息保护职责的部门在履行职责中，发现个人信息处理活动存在较大风险或者发生个人信息安全事件的，可以按照规定的权限和程序对该个人信息处理者的法定代表人或者主要负责人进行约谈。个人信息处理者应当按照要求采取措施，进行整改，消除隐患。	第六十三条 履行个人信息保护职责的部门在履行职责中，发现个人信息处理活动存在较大风险或者发生个人信息安全事件的，可以按照规定的权限和程序对该个人信息处理者的法定代表人或者主要负责人进行约谈，或者要求个人信息处理者委托专业机构对其个人信息处理活动进行合规审计。个人信息处理者应当按照要求采取措施，进行整改，消除隐患。	增加"或者要求个人信息处理者委托专业机构对其个人信息处理活动进行合规审计"
第六十一条 任何组织、个人有权对违法个人信息处理活动向履行个人信息保护职责的部门进行投诉、举报。收到投诉、举报的部门应当依法及时处理，并将处理结果告知投诉、举报人。 履行个人信息保护职责的部门应当公布接受投诉、举报的联系方式。	第六十四条 任何组织、个人有权对违法个人信息处理活动向履行个人信息保护职责的部门进行投诉、举报。收到投诉、举报的部门应当依法及时处理，并将处理结果告知投诉、举报人。 履行个人信息保护职责的部门应当公布接受投诉、举报的联系方式。	

续表

《个人信息保护法（草案）》一审征求意见	《个人信息保护法（草案）》二审征求意见	备注
第七章　法律责任	第七章　法律责任	
第六十二条　违反本法规定处理个人信息，或者处理个人信息未按照规定采取必要的安全保护措施的，由履行个人信息保护职责的部门责令改正，没收违法所得，给予警告；拒不改正的，并处一百万元以下罚款；对直接负责的主管人员和其他直接责任人员处一万元以上十万元以下罚款。 　　有前款规定的违法行为，情节严重的，由履行个人信息保护职责的部门责令改正，没收违法所得，并处五千万元以下或者上一年度营业额百分之五以下罚款，并可以责令暂停相关业务、停业整顿、通报有关主管部门吊销相关业务许可或者吊销营业执照；对直接负责的主管人员和其他直接责任人员处十万元以上一百万元以下罚款。	第六十五条　违反本法规定处理个人信息，或者处理个人信息未按照规定采取必要的安全保护措施的，由履行个人信息保护职责的部门责令改正，给予警告，没收违法所得；拒不改正的，并处一百万元以下罚款；对直接负责的主管人员和其他直接责任人员处一万元以上十万元以下罚款。 　　有前款规定的违法行为，情节严重的，由履行个人信息保护职责的部门责令改正，没收违法所得，并处五千万元以下或者上一年度营业额百分之五以下罚款，并可以责令暂停相关业务、停业整顿、通报有关主管部门吊销相关业务许可或者吊销营业执照；对直接负责的主管人员和其他直接责任人员处十万元以上一百万元以下罚款。	
第六十三条　有本法规定的违法行为的，依照有关法律、行政法规的规定记入信用档案，并予以公示。	第六十六条　有本法规定的违法行为的，依照有关法律、行政法规的规定记入信用档案，并予以公示。	
第六十四条　国家机关不履行本法规定的个人信息保护义务的，由其上级机关或者履行个人信息保护职责的部门责令改正；对直接负责的主管人员和其他直接责任人员依法给予处分。	第六十七条　国家机关不履行本法规定的个人信息保护义务的，由其上级机关或者履行个人信息保护职责的部门责令改正；对直接负责的主管人员和其他直接责任人员依法给予处分。	
第六十五条　因个人信息处理活动侵害个人信息权益的，按照个人因此受到的损失或者个人信息处理者因此获得的利益承担赔偿责任；个人因此受到的损失和个人信息处理者因此获得的利益难以确定的，由人民法院根据实际情况确定赔偿数额。个人信息处理者能够证明自己没有过错的，可以减轻或者免除责任。	第六十八条　个人信息权益因个人信息处理活动受到侵害，个人信息处理者不能证明自己没有过错的，应当承担损害赔偿等侵权责任。 　　前款规定的损害赔偿责任按照个人因此受到的损失或者个人信息处理者因此获得的利益确定；个人因此受到的损失和个人信息处理者因此获得的利益难以确定的，根据实际情况确定赔偿数额。	

续表

《个人信息保护法（草案）》一审征求意见	《个人信息保护法（草案）》二审征求意见	备注
第六十六条 个人信息处理者违反本法规定处理个人信息，侵害众多个人的权益的，人民检察院、履行个人信息保护职责的部门和国家网信部门确定的组织可以依法向人民法院提起诉讼。	第六十九条 个人信息处理者违反本法规定处理个人信息，侵害众多个人的权益的，人民检察院、履行个人信息保护职责的部门和国家网信部门确定的组织可以依法向人民法院提起诉讼。	
第六十七条 违反本法规定，构成违反治安管理行为的，依法给予治安管理处罚；构成犯罪的，依法追究刑事责任。	第七十条 违反本法规定，构成违反治安管理行为的，依法给予治安管理处罚；构成犯罪的，依法追究刑事责任。	
第八章　附则	第八章　附则	
第六十八条 自然人因个人或者家庭事务而处理个人信息的，不适用本法。 法律对各级人民政府及其有关部门组织实施的统计、档案管理活动中的个人信息处理有规定的，适用其规定。	第七十一条 自然人因个人或者家庭事务处理个人信息的，不适用本法。 法律对各级人民政府及其有关部门组织实施的统计、档案管理活动中的个人信息处理有规定的，适用其规定。	
第六十七条 本法下列用语的含义： （一）个人信息处理者，是指自主决定处理目的、处理方式等个人信息处理事项的组织、个人。 （二）自动化决策，是指利用个人信息对个人的行为习惯、兴趣爱好或者经济、健康、信用状况等，通过计算机程序自动分析、评估并进行决策的活动。 （三）去标识化，是指个人信息经过处理，使其在不借助额外信息的情况下无法识别特定自然人的过程。 （四）匿名化，是指个人信息经过处理无法识别特定自然人且不能复原的过程。	第七十二条 本法下列用语的含义： （一）个人信息处理者，是指自主决定处理目的、处理方式等个人信息处理事项的组织、个人。 （二）自动化决策，是指利用个人信息对个人的行为习惯、兴趣爱好或者经济、健康、信用状况等，通过计算机程序自动分析、评估并进行决策的活动。 （三）去标识化，是指个人信息经过处理，使其在不借助额外信息的情况下无法识别特定自然人的过程。 （四）匿名化，是指个人信息经过处理无法识别特定自然人且不能复原的过程。	
第七十条 本法自 年 月 日起施行。	第七十三条 本法自 年 月 日起施行。	

4.8 《数据安全法（草案）》一审稿、二审稿条款对比解读

2021年4月26日，《数据安全法（草案）》二审稿提请第十三届全国人民代表大会常务委员会会议审议。本草案提出，国家建立数据分类分级保护制度，确定重要数据目录，加强对重要数据的保护等。

《数据安全法（草案）》一审稿和二审稿条款对比解读见表4-4。

表4-4　《数据安全法（草案）》一审稿和二审稿条款对比解读

《数据安全法（草案）》一审征求意见	《数据安全法（草案）》二审征求意见	备注
第一章　总则	第一章　总则	
第一条　为了保障数据安全，促进数据开发利用，保护公民、组织的合法权益，维护国家主权、安全和发展利益，制定本法。	第一条　为了规范数据处理活动，保障数据安全，促进数据开发利用，保护个人、组织的合法权益，维护国家主权、安全和发展利益，制定本法。	增加"规范数据处理活动"；将"公民"改为"个人"
第二条　在中华人民共和国境内开展数据活动，适用本法。 中华人民共和国境外的组织、个人开展数据活动，损害中华人民共和国国家安全、公共利益或者公民、组织合法权益的，依法追究法律责任。	第二条　在中华人民共和国境内开展数据处理活动及其安全监管，适用本法。 在中华人民共和国境外开展数据处理活动，损害中华人民共和国国家安全、公共利益或者公民、组织合法权益的，依法追究法律责任。	将"数据活动"改为"数据处理活动及其安全监管"；将"组织、个人开展数据活动"改为"开展数据处理活动"
第三条　本法所称数据，是指任何以电子或者非电子形式对信息的记录。 数据活动，是指数据的收集、存储、加工、使用、提供、交易、公开等行为。 数据安全，是指通过采取必要措施，保障数据得到有效保护和合法利用，并持续处于安全状态的能力。	第三条　本法所称数据，是指任何以电子或者非电子形式对信息的记录。 数据处理，包括数据的收集、存储、使用、加工、传输、提供、公开等行为。 数据安全，是指通过采取必要措施，确保数据处于有效保护和合法利用的状态，以及保障持续安全状态的能力。	将"数据活动"改为"数据处理"；将"保障数据得到有效保护和合法利用，并持续处于安全状态的能力"改为"确保数据处于有效保护和合法利用的状态，以及保障持续安全状态的能力"

续表

《数据安全法（草案）》一审征求意见	《数据安全法（草案）》二审征求意见	备注
第四条 维护数据安全，应当坚持总体国家安全观，建立健全数据安全治理体系，提高数据安全保障能力。	第四条 维护数据安全，应当坚持总体国家安全观，建立健全数据安全治理体系，提高数据安全保障能力。	
第五条 国家保护公民、组织与数据有关的权益，鼓励数据依法合理有效利用，保障数据依法有序自由流动，促进以数据为关键要素的数字经济发展，增进人民福祉。	第五条 国家保护个人、组织与数据有关的权益，鼓励数据依法合理有效利用，保障数据依法有序自由流动，促进以数据为关键要素的数字经济发展。	将"公民"改为"个人" 删除"增进人民福祉"
第六条 中央国家安全领导机构负责数据安全工作的决策和统筹协调，研究制定、指导实施国家数据安全战略和有关重大方针政策。	第六条 中央国家安全领导机构负责数据安全工作的决策和统筹协调，研究制定、指导实施国家数据安全战略和有关重大方针政策。	
第七条 各地区、各部门对本地区、本部门工作中产生、汇总、加工的数据及数据安全负主体责任。 工业、电信、自然资源、卫生健康、教育、国防科技工业、金融业等行业主管部门承担本行业、本领域数据安全监管职责。 公安机关、国家安全机关等依照本法和有关法律、行政法规的规定，在各自职责范围内承担数据安全监管职责。 国家网信部门依照本法和有关法律、行政法规的规定，负责统筹协调网络数据安全和相关监管工作。	第七条 各地区、各部门对本地区、本部门工作中产生、汇总、加工的数据及数据安全负主体责任。 工业、电信、交通、金融、自然资源、卫生健康、教育、科技等主管部门承担本行业、本领域数据安全监管职责。 公安机关、国家安全机关等依照本法和有关法律、行政法规的规定，在各自职责范围内承担数据安全监管职责。 国家网信部门依照本法和有关法律、行政法规的规定，负责统筹协调网络数据安全和相关监管工作。	增加"交通" 将"国防科技工业"改为"科技"
第八条 开展数据活动，必须遵守法律、行政法规，尊重社会公德和伦理，遵守商业道德，诚实守信，履行数据安全保护义务，承担社会责任，不得危害国家安全、公共利益，不得损害公民、组织的合法权益。	第八条 开展数据处理活动，应当遵守法律、法规，尊重社会公德和伦理，遵守商业道德，诚实守信，履行数据安全保护义务，承担社会责任，不得危害国家安全、公共利益，不得损害个人、组织的合法权益。	
第九条 国家建立健全数据安全协同治理体系，推动有关部门、行业组织、企业、个人等共同参与数据安全保护工作，形成全社会共同维护数据安全和促进发展的良好环境。	第九条 国家建立健全数据安全协作机制，推动有关部门、行业组织、企业、个人等共同参与数据安全保护工作，形成全社会共同维护数据安全和促进发展的良好环境。	

续表

《数据安全法（草案）》一审征求意见	《数据安全法（草案）》二审征求意见	备注
	第十条 相关行业组织按照章程，制定数据安全行为规范，加强行业自律，指导会员加强数据安全保护，提高数据安全保护水平，促进行业健康发展。	增加行业组织的职责
第十条 国家积极开展数据领域国际交流与合作，参与数据安全相关国际规则和标准的制定，促进数据跨境安全、自由流动。	第十一条 国家积极开展数据领域国际交流与合作，参与数据安全相关国际规则和标准的制定，促进数据跨境安全、自由流动。	
第十一条 任何组织、个人都有权对违反本法规定的行为向有关主管部门投诉、举报。收到投诉、举报的部门应当及时依法处理。	第十二条 任何个人、组织都有权对违反本法规定的行为向有关主管部门投诉、举报。收到投诉、举报的部门应当及时依法处理。	
第二章　数据安全与发展	第二章　数据安全与发展	
第十二条 国家坚持维护数据安全和促进数据开发利用并重，以数据开发利用和产业发展促进数据安全，以数据安全保障数据开发利用和产业发展。	第十三条 国家统筹发展和安全，坚持保障数据安全与促进数据开发利用并重，以数据开发利用和产业发展促进数据安全，以数据安全保障数据开发利用和产业发展。	将"国家坚持维护数据安全"改为"国家统筹发展和安全，坚持保障数据安全"
第十三条 国家实施大数据战略，推进数据基础设施建设，鼓励和支持数据在各行业、各领域的创新应用，促进数字经济发展。 省级以上人民政府应当制定数字经济发展规划，并纳入本级国民经济和社会发展规划。	第十四条 国家实施大数据战略，推进数据基础设施建设，鼓励和支持数据在各行业、各领域的创新应用。 县级以上人民政府应当将数字经济发展纳入本级国民经济和社会发展规划，并根据需要制定数字经济发展规划。	将"制定数字经济发展规划"由原来的"应当"改为"根据需要"；将"省级"改为"县级"
第十四条 国家加强数据开发利用技术基础研究，支持数据开发利用和数据安全等领域的技术推广和商业创新，培育、发展数据开发利用和数据安全产品和产业体系。	第十五条 国家支持数据开发利用和数据安全技术研究，鼓励数据开发利用和数据安全等领域的技术推广和商业创新，培育、发展数据开发利用和数据安全产品和产业体系。	将"数据开发利用技术基础研究"改为"数据开发利用和数据安全技术研究"；将"支持"改为"鼓励"
第十五条 国家推进数据开发利用技术和数据安全标准体系建设。国务院标准化行政主管部门和国务院有关部门根据各自的职责，组织制定并适时修订有关数据开发利用技术、产品和数据安全相关标准。国家支持企业、研究机构、高等学校、相关行业组织等参与标准制定。	第十六条 国家推进数据开发利用技术和数据安全标准体系建设。国务院标准化行政主管部门和国务院有关部门根据各自的职责，组织制定并适时修订有关数据开发利用技术、产品和数据安全相关标准。国家支持企业、社会团体和教育、科研机构等参与标准制定。	将"国家支持企业、研究机构、高等学校、相关行业组织等参与标准制定"改为"国家支持企业、社会团体和教育、科研机构等参与标准制定"

第4章 数据合规案例与法条解读

续表

《数据安全法（草案）》一审征求意见	《数据安全法（草案）》二审征求意见	备注
第十六条 国家促进数据安全检测评估、认证等服务的发展，支持数据安全检测评估、认证等专业机构依法开展服务活动。	第十七条 国家促进数据安全检测评估、认证等服务的发展，支持数据安全检测评估、认证等专业机构依法开展服务活动。	
第十七条 国家建立健全数据交易管理制度，规范数据交易行为，培育数据交易市场。	第十八条 国家建立健全数据交易管理制度，规范数据交易行为，培育数据交易市场。	
第十八条 国家支持高等学校、中等职业学校和企业等开展数据开发利用技术和数据安全相关教育和培训，采取多种方式培养数据开发利用技术和数据安全专业人才，促进人才交流。	第十九条 国家支持高等学校、中等职业学校、科研机构和企业等开展数据开发利用技术和数据安全相关教育和培训，采取多种方式培养数据开发利用技术和数据安全专业人才，促进人才交流。	增加"科研机构"
第三章 数据安全制度	第三章 数据安全制度	
第十九条 国家根据数据在经济社会发展中的重要程度，以及一旦遭到篡改、破坏、泄露或者非法获取、非法利用，对国家安全、公共利益或者公民、组织合法权益造成的危害程度，对数据实行分级分类保护。 各地区、各部门应当按照国家有关规定，确定本地区、本部门、本行业重要数据保护目录，对列入目录的数据进行重点保护。	第二十条 国家建立数据分类分级保护制度，根据数据在经济社会发展中的重要程度，以及一旦遭到篡改、破坏、泄露或者非法获取、非法利用，对国家安全、公共利益或者公民、组织合法权益造成的危害程度，对数据实行分类分级保护，并确定重要数据目录，加强对重要数据的保护。 各地区、各部门应当按照数据分类分级保护制度，确定本地区、本部门以及相关行业、领域的重要数据具体目录，对列入目录的数据进行重点保护。	明确要建立数据分类分级保护制度，确定重要数据具体目录，且各地区、各部门要遵照执行
第二十条 国家建立集中统一、高效权威的数据安全风险评估、报告、信息共享、监测预警机制，加强数据安全风险信息的获取、分析、研判、预警工作。	第二十一条 国家建立集中统一、高效权威的数据安全风险评估、报告、信息共享、监测预警机制，加强数据安全风险信息的获取、分析、研判、预警工作。	
第二十一条 国家建立数据安全应急处置机制。发生数据安全事件，有关主管部门应当依法启动应急预案，采取相应的应急处置措施，消除安全隐患，防止危害扩大，并及时向社会发布与公众有关的警示信息。	第二十二条 国家建立数据安全应急处置机制。发生数据安全事件，有关主管部门应当依法启动应急预案，采取相应的应急处置措施，防止危害扩大，消除安全隐患，并及时向社会发布与公众有关的警示信息。	

续表

《数据安全法（草案）》一审征求意见	《数据安全法（草案）》二审征求意见	备注
第二十二条 国家建立数据安全审查制度，对影响或者可能影响国家安全的数据活动进行国家安全审查。 依法作出的安全审查决定为最终决定。	第二十三条 国家建立数据安全审查制度，对影响或者可能影响国家安全的数据处理活动进行国家安全审查。 依法作出的安全审查决定为最终决定。	将"数据活动"改为"数据处理活动"
第二十三条 国家对与履行国际义务和维护国家安全相关的属于管制物项的数据依法实施出口管制。	第二十四条 国家对与维护国家安全和利益、履行国际义务相关的属于管制物项的数据依法实施出口管制。	将"维护国家安全和利益"置于"履行国际义务"之前
第二十四条 任何国家或者地区在与数据和数据开发利用技术等有关的投资、贸易方面对中华人民共和国采取歧视性的禁止、限制或者其他类似措施的，中华人民共和国可以根据实际情况对该国家或者地区采取相应的措施。	第二十五条 任何国家或者地区在与数据和数据开发利用技术等有关的投资、贸易等方面对中华人民共和国采取歧视性的禁止、限制或者其他类似措施的，中华人民共和国可以根据实际情况对该国家或者地区对等采取措施。	将"相应的措施"改为"对等采取措施"
第四章 数据安全保护义务	第四章 数据安全保护义务	
第二十五条 开展数据活动应当依照法律、行政法规的规定和国家标准的强制性要求，建立健全全流程数据安全管理制度，组织开展数据安全教育培训，采取相应的技术措施和其他必要措施，保障数据安全。 重要数据的处理者应当设立数据安全负责人和管理机构，落实数据安全保护责任。	第二十六条 开展数据处理活动应当依照法律、法规的规定，在网络安全等级保护制度的基础上，建立健全全流程数据安全管理制度，组织开展数据安全教育培训，采取相应的技术措施和其他必要措施，保障数据安全。 重要数据的处理者应当明确数据安全负责人和管理机构，落实数据安全保护责任。	
第二十六条 开展数据活动以及研究开发数据新技术，应当有利于促进经济社会发展，增进人民福祉，符合社会公德和伦理。	第二十七条 开展数据处理活动以及研究开发数据新技术，应当有利于促进经济社会发展，增进人民福祉，符合社会公德和伦理。	
第二十七条 开展数据活动应当加强风险监测，发现数据安全缺陷、漏洞等风险时，应当立即采取补救措施；发生数据安全事件时，应当按照规定及时告知用户并向有关主管部门报告。	第二十八条 开展数据处理活动应当加强风险监测，发现数据安全缺陷、漏洞等风险时，应当立即采取补救措施；发生数据安全事件时，应当立即采取处置措施，按照规定及时告知用户并向有关主管部门报告。	增加"应当立即采取处置措施"

第4章 数据合规案例与法条解读

续表

《数据安全法（草案）》一审征求意见	《数据安全法（草案）》二审征求意见	备注
第二十八条 重要数据的处理者应当按照规定对其数据活动定期开展风险评估，并向有关主管部门报送风险评估报告。 风险评估报告应当包括本组织掌握的重要数据的种类、数量，收集、存储、加工、使用数据的情况，面临的数据安全风险及其应对措施等。	第二十九条 重要数据的处理者应当按照规定对其数据处理活动定期开展风险评估，并向有关主管部门报送风险评估报告。风险评估报告应当包括处理的重要数据的种类、数量，开展数据处理活动的情况，面临的数据安全风险及其应对措施等。	
	第三十条 关键信息基础设施的运营者在中华人民共和国境内运营中收集和产生的重要数据的出境安全管理，适用《中华人民共和国网络安全法》的规定；其他数据处理者在中华人民共和国境内运营中收集和产生的重要数据的出境安全管理办法，由国家网信部门会同国务院有关部门制定。	新增：将关键信息基础设施运营中收集和产生的重要数据的出境安全管理适用于《网络安全法》，其他数据处理另行规定，分开监管
第二十九条 任何组织、个人收集数据，必须采合法、正当的方式，不得窃取或者以其他非法方式获取数据。 法律、行政法规对收集、使用数据的目的、范围有规定的，应当在法律、行政法规规定的目的和范围内收集、使用数据，不得超过必要的限度。	第三十一条 任何组织、个人收集数据，应当采合法、正当的方式，不得窃取或者以其他非法方式获取数据。 法律、行政法规对收集、使用数据的目的、范围有规定的，应当在法律、行政法规规定的目的和范围内收集、使用数据。	第十二条将"组织、个人"改为"个人、组织"，本条款未做变更；删除"不得超过必要的限度"
第三十条 从事数据交易中介服务的机构在提供交易中介服务时，应当要求数据提供方说明数据来源，审核交易双方的身份，并留存审核、交易记录。	第三十二条 从事数据交易中介服务的机构在提供交易中介服务时，应当要求数据提供方说明数据来源，审核交易双方的身份，并留存审核、交易记录。	
第三十一条 专门提供在线数据处理等服务的经营者，应当依法取得经营业务许可或者备案。具体办法由国务院电信主管部门会同有关部门制定。	第三十三条 法律、行政法规定提供数据处理相关服务应当取得行政许可的，服务提供者应当依法取得许可。	明确"法律、行政法规定提供数据处理相关服务应当取得行政许可"
第三十二条 公安机关、国家安全机关因依法维护国家安全或者侦查犯罪的需要调取数据，应当按照国家有关规定，经过严格的批准手续，依法进行，有关组织、个人应当予以配合。	第三十四条 公安机关、国家安全机关因依法维护国家安全或者侦查犯罪的需要调取数据，应当按照国家有关规定，经过严格的批准手续，依法进行，有关组织、个人应当予以配合。	

续表

《数据安全法（草案）》一审征求意见	《数据安全法（草案）》二审征求意见	备注
第三十三条 境外执法机构要求调取存储于中华人民共和国境内的数据的，有关组织、个人应当向有关主管机关报告，获得批准后方可提供。中华人民共和国缔结或者参加的国际条约、协定对外国执法机构调取境内数据有规定的，依照其规定。	第三十五条 中华人民共和国境外的司法或者执法机构要求调取存储于中华人民共和国境内的数据的，非经中华人民共和国主管机关批准，不得提供；中华人民共和国缔结或者参加的国际条约、协定有规定的，可以按照其规定执行。	明确调取境内数据必须经过中华人民共和国主管机关批准
第五章 政务数据安全与开放	第五章 政务数据安全与开放	
第三十四条 国家大力推进电子政务建设，提高政务数据的科学性、准确性、时效性，提升运用数据服务经济社会发展的能力。	第三十六条 国家大力推进电子政务建设，提高政务数据的科学性、准确性、时效性，提升运用数据服务经济社会发展的能力。	
第三十五条 国家机关为履行法定职责的需要收集、使用数据，应当在其履行法定职责的范围内依照法律、行政法规规定的条件和程序进行。	第三十七条 国家机关为履行法定职责的需要收集、使用数据，应当在其履行法定职责的范围内依照法律、行政法规规定的条件和程序进行。	
第三十六条 国家机关应当依照法律、行政法规的规定，建立健全数据安全管理制度，落实数据安全保护责任，保障政务数据安全。	第三十八条 国家机关应当依照法律、行政法规的规定，建立健全数据安全管理制度，落实数据安全保护责任，保障政务数据安全。	
第三十七条 国家机关委托他人存储、加工政务数据，或者向他人提供政务数据，应当经过严格的批准程序，并应当监督接收方履行相应的数据安全保护义务。	第三十九条 国家机关委托他人建设、维护电子政务系统，存储、加工政务数据，或者向他人提供政务数据，应当经过严格的批准程序，并应当监督受托方、数据接收方履行相应的数据安全保护义务。	增加"建设、维护电子政务系统"；增加"受托方"；将"接收方"改为"数据接收方"
第三十八条 国家机关应当遵循公正、公平、便民的原则，按照规定及时、准确地公开政务数据。依法不予公开的除外。	第四十条 国家机关应当遵循公正、公平、便民的原则，按照规定及时、准确地公开政务数据。依法不予公开的除外。	
第三十九条 国家制定政务数据开放目录，构建统一规范、互联互通、安全可控的政务数据开放平台，推动政务数据开放利用。	第四十一条 国家制定政务数据开放目录，构建统一规范、互联互通、安全可控的政务数据开放平台，推动政务数据开放利用。	

第4章　数据合规案例与法条解读

续表

《数据安全法（草案）》一审征求意见	《数据安全法（草案）》二审征求意见	备注
第四十条 具有公共事务管理职能的组织为履行公共事务管理职能开展数据活动，适用本章规定。	第四十二条 法律、法规授权的具有管理公共事务职能的组织为履行法定职责开展数据处理活动，适用本章规定。	将"具有公共事务管理职能的组织"改为"法律、法规授权的具有管理公共事务职能的组织"
第六章　法律责任	第六章　法律责任	
第四十一条 有关主管部门在履行数据安全监管职责中，发现数据活动存在较大安全风险的，可以按照规定的权限和程序对有关组织和个人进行约谈。有关组织和个人应当按照要求采取措施，进行整改，消除隐患。	第四十三条 有关主管部门在履行数据安全监管职责中，发现数据处理活动存在较大安全风险的，可以按照规定的权限和程序对有关组织和个人进行约谈。有关组织和个人应当按照要求采取措施，进行整改，消除隐患。	
第四十二条 开展数据活动的组织、个人不履行本法第二十五条、第二十七条、第二十八条、第二十九条规定的数据安全保护义务或者未采取必要的安全措施的，由有关主管部门责令改正，给予警告，可以并处一万元以上十万元以下罚款，对直接负责的主管人员可以处五千元以上五万元以下罚款；拒不改正或者造成大量数据泄漏等严重后果的，处十万元以上一百万元以下罚款，对直接负责的主管人员和其他直接责任人员处一万元以上十万元以下罚款。	第四十四条 开展数据处理活动的组织、个人不履行本法第二十六条、第二十八条、第二十九条、第三十条规定的数据安全保护义务的，由有关主管部门责令改正，给予警告，可以并处五万元以上五十万元以下罚款，对直接负责的主管人员和其他直接责任人员可以处一万元以上十万元以下罚款；拒不改正或者造成大量数据泄露等严重后果的，处五十万元以上五百万元以下罚款，并可以责令暂停相关业务、停业整顿、吊销相关业务许可证或者吊销营业执照，对直接负责的主管人员和其他直接责任人员处五万元以上五十万元以下罚款。	加大处罚的力度
第四十三条 数据交易中介机构未履行本法第三十条规定的义务，导致非法来源数据交易的，由有关主管部门责令改正，没收违法所得，处违法所得一倍以上十倍以下罚款，没有违法所得的，处十万元以上一百万元以下罚款，并可以由有关主管部门吊销相关业务许可证或者吊销营业执照；对直接负责的主管人员和其他直接责任人员处一万元以上十万元以下罚款。	第四十五条 从事数据交易中介服务的机构未履行本法第三十二条规定的义务，导致非法来源数据交易的，由有关主管部门责令改正，没收违法所得，处违法所得一倍以上十倍以下罚款，没有违法所得或者违法所得不足十万元的，处十万元以上一百万元以下罚款，并可以责令暂停相关业务、停业整顿、吊销相关业务许可证或者吊销营业执照；对直接负责的主管人员和其他直接责任人员处一万元以上十万元以下罚款。	增加处罚力度

续表

《数据安全法（草案）》一审征求意见	《数据安全法（草案）》二审征求意见	备注
第四十四条 未取得许可或者备案，擅自从事本法第三十一条规定业务的，由有关主管部门责令改正或者予以取缔，没收违法所得，处违法所得一倍以上十倍以下罚款；没有违法所得的，处十万元以上一百万元以下罚款；对直接负责的主管人员和其他直接责任人员处一万元以上十万元以下罚款。		二审稿未有对应条款，笔者认为原因是未取得许可的已经有对应的法律法规进行规制，无须本法另行规制，以免产生冲突
	第四十六条 违反本法第三十四条规定，拒不配合数据调取的，由有关主管部门责令改正，给予警告，可以并处五万元以上五十万元以下罚款，对直接负责的主管人员和其他直接责任人员可以处一万元以上十万元以下罚款。 违反本法第三十五条规定，未经主管机关批准向境外的司法或者执法机构提供数据的，由有关主管部门责令改正，给予警告，可以并处十万元以上一百万元以下罚款，对直接负责的主管人员和其他直接责任人员可以处二万元以上二十万元以下罚款。	针对拒不配合的个人、组织做了处罚规定
第四十五条 国家机关不履行本法规定的数据安全保护义务的，对直接负责的主管人员和其他直接责任人员依法给予处分。	第四十七条 国家机关不履行本法规定的数据安全保护义务的，对直接负责的主管人员和其他直接责任人员依法给予处分。	
第四十六条 履行数据安全监管责任的国家工作人员玩忽职守、滥用职权、徇私舞弊，尚不构成犯罪的，依法给予处分。	第四十八条 履行数据安全监管职责的国家工作人员玩忽职守、滥用职权、徇私舞弊，尚不构成犯罪的，依法给予处分。	
第四十七条 通过数据活动危害国家安全、公共利益，或者损害公民、组织合法权益的，依照有关法律、行政法规的规定处罚。	第四十九条 开展数据处理活动危害国家安全、公共利益，排除、限制竞争，或者损害个人、组织合法权益的，依照有关法律、行政法规的规定处罚。	将"通过"改为"开展"；增加"排除、限制竞争"；将"公民"改为"个人"

续表

《数据安全法（草案）》一审征求意见	《数据安全法（草案）》二审征求意见	备注
第四十八条 违反本法规定，给他人造成损害的，依法承担民事责任。 违反本法规定，构成违反治安管理处罚行为的，依法给予治安管理处罚；构成犯罪的，依法追究刑事责任。	第五十条 违反本法规定，给他人造成损害的，依法承担民事责任。 违反本法规定，构成违反治安管理处罚行为的，依法给予治安管理处罚；构成犯罪的，依法追究刑事责任。	
第七章 附则	第七章 附则	
第四十九条 涉及国家秘密的数据活动，适用《中华人民共和国保守国家秘密法》等法律、行政法规的规定。 开展涉及个人信息的数据活动，应当遵守有关法律、行政法规的规定。	第五十一条 开展涉及国家秘密的数据处理活动，适用《中华人民共和国保守国家秘密法》等法律、行政法规的规定。 开展涉及个人信息的数据处理活动，应当遵守个人信息保护法律、行政法规的规定。	将"数据活动"改为"数据处理活动"；将"遵守有关法律"改为"遵守个人信息保护法律"
第五十条 军事数据安全保护的办法，由中央军事委员会另行制定。	第五十二条 军事数据安全保护的办法，由中央军事委员会依据本法另行制定。	增加"依据本法"
第五十一条 本法自 年 月 日起施行。	第五十三条 本法自 年 月 日起施行。	

第 5 章　防疫合规与域外法借鉴

5.1　未经同意能否采集武汉返乡人员信息

2020 年暴发的新冠疫情对中国经济造成较大冲击。虽然新冠疫情已经过去，但疫情防控期间对个人信息违规收集的情况层出不穷。前事不忘，后事之师。只有总结经验，才能更好地展望未来，做好合规措施。

在武汉新冠疫情暴发初期，已经有数百万人离开武汉前往全国各地。[1] 随着全国各地不断出现确诊患者，国家调动各类机构对武汉返乡人员的身份信息进行登记，必要时对武汉返乡人员进行隔离。在突发重大公共卫生事件面前，国家调动各类机构在未经武汉返乡人员同意的情况下，收集武汉返乡人员的身份信息是否合法？

5.1.1　采集武汉返乡人员信息的主体类型

据悉，武汉返乡人员的信息出现泄露的情况，泄露的主体主要有 3 类：一是地方教育部门；二是公安部门；三是政府安排在村委会、街道办事处、社区

---

[1] 学术视角告诉你：500 万武汉人是"逃离"还是"正常离开"[EB/OL].（2020-01-28）[2023-04-05]. https：//m.thepaper.cn/baijiahao_5654383.

的基层工作人员。❶由此可知,采集武汉返乡人员信息的主体有地方教育部门、公安部门、村委会或居委会的基层工作人员等。他们采用直接收集信息的方式进行信息采集。

除了政府部门采集信息外,互联网公司及基础运营商利用自身数据对武汉返乡人员进行定向追踪,如运用移动电话网络 CDR "大数据技术"对武汉返乡人员进行有效识别。该类信息收集者则是通过改变信息使用目的的方式,将原本已经掌握的信息用于新冠疫情监测和防控等。

由此可以看出,采集武汉返乡人员信息的主体类型大体有两类:政府有关部门、互联网企业或基础运营商。其中,政府有关部门采用直接采集信息的方式,互联网企业或基础运营商则采用改变原有信息使用目的的方式。

5.1.2 采集武汉返乡人员信息的合法性基础

2012年全国人民代表大会常务委员会发布《关于加强网络信息保护的决定》规定,"网络服务提供者和其他企业事业单位在业务活动中收集、使用公民个人电子信息,应当……明示收集、使用信息的目的、方式和范围,并经被收集者同意"。其中"并"字体现"同意"是必要条件,是必须有的程序。

2016年全国人民代表大会常务委员会公布的《网络安全法》再次提出:"网络运营者收集、使用个人信息,应当遵循合法、正当、必要的原则,公开收集、使用规则,明示收集、使用信息的目的、方式和范围,并经被收集者同意。"可见,我国对于个人信息的采集一直以"告知+用户同意"为判断标准。

根据《信息安全技术 个人信息安全规范》的规定,用户同意包括用户授权同意和明示同意两种。授权同意类似默示同意,对于一般的个人信息,只要

---

❶ 触目惊心!超7000武汉返乡者信息泄露,被骚扰骂"武汉毒人"[EB/OL].(2020-01-27)[2023-04-05]. https://mp.weixin.qq.com/s?__biz=MTk1MjIwODAwMQ==&mid=2650838629&idx=1&sn=b491696 2439cc0710348ede792cae6ae&chksm=4797958b70e01c9d57856e012d8e3e0def6fff026b5d832222749ea1ed 5ed71af39a5c5eb6d5&scene=27.

用户不反对，即视为默示同意；明示同意是指"个人信息主体通过书面声明或主动做出肯定性动作，对其个人信息进行特定处理做出明确授权的行为"。个人敏感信息则需要经过用户的明示同意。

此外，根据《信息安全技术　个人信息安全规范》的规定，使用个人信息时"不得超出与收集个人信息时所声称的目的具有直接或合理关联的范围。因业务需要，确需超出上述范围使用个人信息的，应再次征得个人信息主体明示同意"。因此，如果需要改变信息使用目的，那么需要再次征得个人信息主体的明示同意。

综上所述，通常来说，采集个人信息的合法性基础为：如果政府有关部门直接收集个人信息，且是个人的一般信息，那么需要明示收集、使用信息的目的，得到个人同意后才能收集；如果采集的是个人的敏感信息，那么政府有关部门需要明示收集、使用信息的目的，得到个人明示同意后才能收集。如果互联网企业或基础运营商采用改变信息使用目的的方式，将原本已经掌握的个人信息转用于其他目的，那么需要再次征得个人的明示同意。

5.1.3　采集武汉返乡人员信息合法性基础的例外

通常而言，采集武汉返乡人员信息的合法性基础，无论是直接采集还是改变使用目的，均需得到用户同意。然而，如果出现武汉返乡人员因恐惧等心理拒绝同意或故意隐瞒真实情况，那么政府有关部门及互联网企业或基础运营商能否突破合法性基础，未经用户同意，径行采集武汉返乡人员的信息。

《信息安全技术　个人信息安全规范》针对上述该情况设置合法性基础的例外规定，如出现与公共安全、公共卫生、重大公共利益直接相关的情形，个人信息控制者收集、使用个人信息不必征得个人信息主体的授权同意。但是，《信息安全技术　个人信息安全规范》仅为推荐性国家标准，并没有法律的强制约束力。根据《网络安全法》第41条规定，"用户同意"仍是收集、使用个人信息的唯一标准。因此，从《网络安全法》的角度来看，无法突破收集用户信息合法性基础的例外。然而依据《中华人民共和国传染病防治法》(以下简称《传染病防治法》)和《突发公共卫生事件应急条例》,政府有关部门及互联网企业或基础运营商是可以突破合法性基础,在未经用户同意的情况下直接采集武汉返乡人员信息的。

《传染病防治法》第12条规定:"在中华人民共和国领域内的一切单位和个人,必须接受疾病预防控制机构、医疗机构有关传染病的调查、检验、采集样本、隔离治疗等预防、控制措施,如实提供有关情况。疾病预防控制机构、医疗机构不得泄露涉及个人隐私的有关信息、资料。"

《突发公共卫生事件应急条例》第21条规定:"任何单位和个人对突发事件,不得隐瞒、缓报、谎报或者授意他人隐瞒、缓报、谎报。"

可见,在重大公共卫生事件面前,如果疾病预防控制机构、医疗机构需要相关的数据,那么一切单位和个人(包括武汉返乡人员、政府有关部门、互联网企业或基础运营商)应如实提供有关情况,任何人不得谎报、隐瞒、缓报。

由于《传染病防治法》《突发公共卫生事件应急条例》属于特别法,《网络安全法》属于一般法,根据特别法优于一般法的原则,虽然《网络安全法》没有规定"用户同意"的例外情形,但根据《传染病防治法》《突发公共卫生事件应急条例》的规定,政府有关部门及互联网企业或基础运营商是可以突破合法性基础,在未经用户同意的情况下直接采集武汉返乡人员信息的。

5.2 防疫追踪地图须合规采集用户位置信息

在新冠疫情期间,笔者发现有些企业或个人根据防疫追踪地图定位自己的位置,便可查出离自己最近的新冠感染患者曾经的活动区域,以尽可能切断感染的风险。笔者认为此做法虽然有利于新冠疫情的防控,但企业或个人在采集个人信息时应做到合规操作。

5.2.1 位置信息属于个人信息

《网络安全法》规定："个人信息，是指以电子或者其他方式记录的能够单独或者与其他信息结合识别自然人个人身份的各种信息，包括但不限于自然人的姓名、出生日期、身份证件号码、个人生物识别信息、住址、电话号码等。"

《信息安全技术 个人信息安全规范》进一步解释，判定某项信息是否属于个人信息，应考虑两个路径：一是识别，即从信息到个人；二是关联，即从个人到信息，进而将个人信息识别机制确定为"识别+关联"的判断标准。

因此，能识别具体个人（"识别"的判断标准）的信息属于个人信息。例如，采集员工的"姓名+体温"，因为"体温"信息结合"姓名"信息能识别到具体个人，所以"体温"信息属于个人信息。能关联到具体个人（"关联"的判断标准）的信息也属于个人信息。例如，已知甲的身份信息，甲使用运动类 App 绕公园打卡发朋友圈，运动类 App 所显示的是甲的行踪轨迹，是由甲所关联的信息，因此"位置"信息也属于个人信息。

5.2.2 位置信息的商业变现途径

位置信息的商业变现途径有很多种，并且随着市场的变化还陆续演化出新的变现场景。笔者仅举其中的两种途径（暂不考虑其合法性）以供参考。

1. 广告精准推送

相信大家有过这种体验，当乘坐火车或其他交通工具抵达其他城市或地区时会接收到"欢迎来到××旅游"的短信通知；当路过某商店门口或者出国旅游在朋友圈打卡时，会发现朋友圈推送该商店或者该国产品的广告信息等。上述做法是因为用户的位置信息被收集后，企业对数据进行使用或者通过转让、共享给其他企业进行广告精准推送，进而收取费用。

用户抵达其他城市或地区收到广告的原因是用户在使用手机或者网络时发射的信号（包括手机的 IMEI）被电信运营商收集，从而能精准定位用户的"位置"信息；用户在路过商店门口或者出国后在朋友圈打卡收到广告，原因是微信收集用户的位置信息后通过程序化广告进行精准推送。

2. 建构健康模型

这里所说的建构健康模型主要针对运动类 App 而言。很多运动类 App 利用用户的"位置"信息，套用医学公式计算用户的心率等健康数据，通过定期追踪用户的健康数据进而建构其健康模型，判断用户当前的健康状况。此类健康数据主要用于用户的健康分析，可被医院、生物技术公司、保险公司信息共享。例如，当用户计划投保时，保险公司通过采集用户的健康数据，对其健康情况进行判断，进而决定是否允许用户投保，以规避风险。

5.2.3 防疫追踪地图采集信息的合规分析

由上述可知，"位置"数据属于个人信息，并且现实生活中已经出现诸多利用"位置"信息进行商业交易的行为，其商业价值正逐渐凸显。在新冠疫情中，有些企业或个人不以营利为目的，自行开发防疫追踪地图；有些做定位跟踪的企业主动改变用户信息的使用目的，为百姓提供防疫追踪地图服务；有些新媒体企业专门开发附加业务功能，在提供基础功能服务的同时，附带提供定位服务。笔者认为虽然这些企业或个人的做法有利于新冠疫情的防控，但"位置"信息具有较强的商业用途，在"位置"信息的采集中仍需注意合规问题。

1. 突破"告知 + 用户同意"的判断标准须具体情况具体分析

根据《网络安全法》第 41 条的规定，我国对个人信息的采集一直以"告知 + 用户同意"为判断标准。《信息安全技术 个人信息安全规范》规定：网络运营者如果需要改变信息使用目的，就需要再次征得个人信息主体的明示同意；附加业务功能是核心业务功能以外的其他功能，收集用户的附加业务功能信息须以弹窗等方式征得用户同意。

然而，由于新冠疫情属于突发重大公共卫生事件，所以在协助政府做好疫情防控工作中，企业或个人在收集用户信息时可突破"告知+用户同意"的判断标准，在改变信息使用目的时也可不经过用户"明示同意"，甚至在附加业务功能中也可收集用户信息，此时用户"不得隐瞒、缓报、谎报"个人信息数据。

但须注意的是，突破"用户同意"合法性例外的关键是，收集或使用的目的是协助政府做好重大疫情防控工作。如果收集信息的根本目的是企业盈利，如新媒体企业开发附加的防疫追踪地图的目的是引流，根本目的是趁机占领市场，则在收集"位置"信息时仍需遵循"明示同意"的判断标准。

2. 明确数据收集者的身份

许多防疫追踪地图实际上是网络运营者利用第三方软件开发包（SDK）进行数据的采集。例如，某些核心业务功能并非提供"定位"服务的企业只是临时接入高德地图、百度地图的软件开发包，而真正提供防疫追踪地图服务的是第三方软件开发包。因此，防疫追踪地图会存在数据收集者身份的确认问题。如果数据是由 SDK 运营者直接采集，而用户是跟网络运营者接触，而无法真正接触到隐藏背后的 SDK 运营者，那么会存在 SDK 运营者无法得到用户"明示同意"的问题，此时网络运营者须在隐私政策等协议中向用户披露 SDK 运营者的存在，并做好数据存储、共享等方面的合规操作；如果数据是由网络运营者和 SDK 运营者共同采集，二者则成为信息采集的共同控制者，均需对用户的信息做好存储、使用、共享等合规操作。

3. 满足"最少够用"原则

根据《信息安全技术　个人信息安全规范》的规定，网络运营者采集的数据除与个人信息主体另有约定外,只处理满足个人信息主体授权同意的目的所需的最少个人信息类型和数量。目的达成后,应及时根据约定删除个人信息。防疫追踪地图的使用目的是为用户尽最大可能地规避疫情带来的风险。因此,在采集用户信息时不应频繁收集,只可收集"位置"信息,并在疫情结束后网络运营者应将所采集的用户"位置"信息及时删除。

5.3 企业能否采集员工的体温数据

在新冠疫情期间,诸多互联网企业采取员工每日测温上岗、实时追踪员工的健康状况、生成员工的健康档案等措施。互联网企业到底能否未征得个人同意就可以采集员工的体温数据呢?

5.3.1 "体温"是否属于个人信息

2012年,全国人民代表大会常务委员会发布《关于加强网络信息保护的决定》,其中规定"国家保护能够识别公民个人身份和涉及公民个人隐私的电子信息"。该决定在法律位阶上确定个人信息"直接识别"的判断标准。

2016年全国人民代表大会常务委员会发布的《网络安全法》规定:个人信息是指"以电子或者其他方式记录的能够单独或者与其他信息结合识别自然人个人身份的各种信息,包括但不限于自然人的姓名、出生日期、身份证件号码、个人生物识别信息、住址、电话号码等"。将判断标准拓宽为"直接识别+间接识别",使得个人信息的界定范围扩大。

2017年最高人民法院、最高人民检察院发布的《关于办理侵犯公民个人信息刑事案件适用法律若干问题的解释》规定:公民个人信息是指"以电子或者其他方式记录的能够单独或者与其他信息结合识别特定自然人身份或者反映特定自然人活动情况的各种信息"。《信息安全技术 个人信息安全规范》进一步解释,判定某项信息是否属于个人信息,应考虑两个路径:一是识别,即从信息到个人；二是关联，即从个人到信息，从而将个人信息识别机制确定为"识别+关联"的判断标准。

某信息如果能识别到具体个人，则该信息属于个人信息（"识别"的判断标准）。例如，采集员工的"姓名+体温"，因为"体温"信息结合"姓名"信息能识别到具体个人，所以"体温"信息属于个人信息。实际上，采集员工的"体温"信息，势必会对应到现实中的个人，因此"体温"信息属于个人信息。

5.3.2 "体温"是否属于个人敏感信息

从上述分析可知，体温数据属于个人信息，但是否属于个人敏感信息呢？根据《信息安全技术　个人信息安全规范》的规定，个人敏感信息是指"一旦泄露、非法提供或滥用可能危害人身和财产安全，极易导致个人名誉、身心健康受到损害或歧视性待遇等的个人信息"。例如，"身份证件号码、个人生物识别信息、银行账号、通信记录和内容、财产信息、征信信息、行踪轨迹、住宿信息、健康生理信息、交易信息、14岁以下（含）儿童的个人信息等"都是个人敏感信息。

根据《信息安全技术　个人信息安全规范》的规定，个人生物识别信息属于个人敏感信息。体温是否属于个人生物识别信息呢？据悉，生物识别信息是指通过计算机与光学、声学、生物传感器和生物统计学原理等高科技手段密切结合，利用人体固有的生理特性（如指纹、脸相、虹膜等）和行为特征（如笔迹、声音、步态等）能鉴定个人身份的信息。例如，指纹、人脸和DNA，利用生物技术手段可以识别到具体个人，而根据单纯的体温数据，如37℃、39℃等，无法识别到具体个人。因此，单纯的体温并不属于个人生物识别信息。

根据《信息安全技术　个人信息安全规范》的规定，健康生理信息属于个人敏感信息，体温是否属于健康生理信息呢？根据世界卫生组织公布的10条生理健康标准，其中标准之一为"能够抵抗一般性感冒和传染病"，一般的体检检查项目也包括测体温、量血压等，因此可以初步判断体温属于健康生理信息，

—214—

应为个人敏感信息。

实际上，从《信息安全技术　个人信息安全规范》对个人敏感信息的场景式定义也可看出，在新冠疫情期间人们关注体温，一旦某员工的体温数据遭到泄露，就极易导致其名誉、身心健康受到损害或歧视性对待。由此可以看出，体温数据属于个人敏感信息。

5.3.3　企业如何合规采集员工的体温数据

如果员工的体温数据属于个人敏感信息，那么企业应如何合规采集员工的体温数据。

2016年全国人民代表大会常务委员会发布的《网络安全法》规定："网络运营者收集、使用个人信息，应当遵循合法、正当、必要的原则，公开收集、使用规则，明示收集、使用信息的目的、方式和范围，并经被收集者同意。"因此，我国对于个人信息的采集一直以"告知＋用户同意"为判断标准。

根据《信息安全技术　个人信息安全规范》的规定，用户同意包括用户授权同意和明示同意两种。个人敏感信息则需要经过用户的明示同意。由于体温属于员工的个人敏感信息，通常情况下，企业在采集员工的体温时，原则上应明确告知员工收集、使用体温数据的目的、方式和范围，并应经过员工的主动性同意，如让员工签订书面同意协议，或者留存员工同意的录音、录像记录等。

5.3.4　突发事件时企业采集员工体温数据的方式

一般情形下，企业在采集员工体温数据时应遵循"告知＋用户同意"的判断标准，但是在突发重大公共卫生事件时，企业收集员工的体温信息是否要严格遵守《网络安全法》等法律及规范性文件的要求呢？

根据《突发公共卫生事件应急条例》第10条、第11条规定，国务院卫生行政主管部门制定全国突发事件应急预案，省、自治区、直辖市人民政府根据全国突发事件应急预案，结合本地实际情况，制定本行政区域的突发事件应急预案。其中，全国突发事件应急预案应包括突发事件的监测与预警，突发事件信息的收集、分析、报告、通报制度等内容。此外，《突发公共卫生事件应急条例》第21条规定："任何单位和个人对突发事件，不得隐瞒、缓报、谎报或者授意他人隐瞒、缓报、谎报。"

根据《突发公共卫生事件应急条例》的上述规定，在面临突发公共卫生事件时，人民政府在突发事件应急预案中可以将政府部门、机构、组织、个人全部纳入，并布置信息收集、分析的任务。例如，《广东省突发公共卫生事件应急办法》第17条规定："各级人民政府及其有关部门、企业事业单位应当依照法律、法规和规章的规定，做好传染病、食物中毒、职业中毒，以及其他严重影响公众健康事件的预防工作……"

综上可知，在新冠疫情中，如果企业是为协助政府做好传染病的预防工作，那么在收集员工体温信息时可突破"告知＋用户同意"的判断标准，此时员工不得隐瞒、缓报、谎报个人信息。因此，企业在新冠疫情中如果需要采集员工体温数据，那么在履行告知义务后最好经员工同意；如果员工拒不配合，也可以突破用户同意的判断标准，直接采集员工的体温数据。

5.4 个人信息保护基本原则的历史沿革

近年来，随着欧盟 GDPR 的正式实施，隐私保护和数据合规引起全球广泛关注。2019 年，全国两会人大代表呼吁加快个人信息保护的立法进程，个人信息保护再次成为热议话题。笔者认为，隐私保护和数据合规将成为法律行业的"蓝海"市场。目前，关于隐私保护和数据合规的文章不少，但大多追随热点，分散式、片段式文章较多，系统性、全局性文章较少。因此，笔者打算在今后一段时间系统梳理各个国家或地区的隐私保护和数据合规情况，为对隐私保护和数据合规有需求的个人或企业提供帮助。

基本原则是指导各个国家或地区制定个人信息保护法的纲领性资源，其作用贯穿于个人信息保护法的始末。因此，笔者认为，在系统梳理各个国家或地区隐私保护和数据合规情况之前，有必要先梳理个人信息保护基本原则的情况，只有在了解个人信息保护基本原则的基础上，才能对各国或各地区的个人信息保护有更深刻的理解。以下重点梳理国内外个人信息保护基本原则的演变历程，归纳个人信息保护的基本原则、内涵，也会对国内个人信息保护基本原则的实际情况稍加分析。

5.4.1 个人信息保护基本原则的演变历程

经过研究，笔者发现个人信息保护基本原则实际上经历了3次变化：20世纪70年代，个人信息保护基本原则开始被提出；20世纪80年代至90年代，个人信息保护基本原则得到发展；21世纪初，个人信息保护基本原则得到进一步发展。

1. 个人信息保护基本原则的提出

20世纪70年代，计算机技术的快速发展大大促进了信息的传播和交流，然而信息的传播和交流也带来了信息的泄露与隐私的曝光。在发达国家，尤其在特别注重保护个人隐私的美国和欧洲，个人信息和隐私保护引起了民众的广泛关注。为了解决信息泄露的问题，美国和欧洲一些国家分别采取了应对的举措。例如，美国在20世纪70年代，分别发布《公平信用报告法》《"修"（HEW）报告》《联邦隐私法案》及《隐私保护研究委员会研究报告》等。❶英国的隐私委员会则发布了《关于个人数据自动处理的安全建议》。这些早期的法案和研究报告较为系统地归纳和总结了个人信息保护的许多核心原则，这些原则对后来的个人信息保护立法产生了深远的影响。

---

❶ 阿丽塔·L.艾伦，理查德·C.托克音顿.美国隐私法：学说、判例与立法[M].冯建妹，等编译.北京：中国民主法制出版社，2004.

在这些核心原则中，笔者从美国的相关法案和研究报告中归纳出美国对个人信息保护的 3 个基本原则，分别是公开透明原则、知情权原则、安全原则。[1] 美国个人信息保护基本原则的具体内容见表 5-1。

表 5-1 美国个人信息保护基本原则的具体内容

基本原则	具体内容
公开透明原则	不允许存在秘密的个人数据系统
知情权原则	个人应该有渠道了解到系统中保存了本人的哪些信息及信息如何被使用；有渠道防止为某个目的采集的个人信息在未经本人同意下用于另一个目的；有渠道发现和纠正错误的个人信息
安全原则	机构要确保数据的使用目的可靠，并采取措施防止数据的不当使用

同一时期，相较于美国的基本原则，英国隐私委员会发布的基本原则显得更加全面和细致。英国的基本原则除了与美国类似的基本原则，如个人权利原则、安全原则外，还有美国所未规定的基本原则，如同意原则、目的性原则、技术保护原则等。[2] 英国个人信息保护基本原则的具体内容见表 5-2。

表 5-2 英国个人信息保护基本原则的具体内容

基本原则	具体内容
目的性原则	信息的访问和使用必须与信息采集的目的一致，未经授权不可改变信息的使用目的
同意原则	信息的采集和使用及信息的使用目的的改变必须得到授权
最小必要原则	为某个目的所采集信息的种类和数量应当是达到该目的所最小必要的
技术保护原则	在为不需要识别个人身份的某些应用场景建立计算机系统时，应在系统设计和实现时就将身份信息和其他信息加以隔离

---

[1] 阿丽塔·L.艾伦，理查德·C.托克音顿.美国隐私法：学说、判例与立法[M].冯建妹，等编译.北京：中国民主法制出版社，2004.

[2] 个人信息保护课题组.个人信息保护国际比较研究[M].北京：中国金融出版社，2017.

续表

基本原则	具体内容
个人权利原则	应当采取具体措施确保个人享有关于本人信息的知情权、访问权、纠错权和及时更新的权利
安全原则	系统使用者应预先说明系统应当达到的安全防护水平，采取适当措施避免信息被误用或滥用，并应当建立检测系统、及时发现违反安全要求的问题
保存期限原则	预先确定信息可以保存的最长期限，超出此期限的信息不再继续保存
数据质量原则	应当确保数据准确并提供纠正错误和信息更新的机制
客观性原则	在信息中涉及价值判断应当格外谨慎

从表 5-1、表 5-2 可以看出，欧美国家早在 20 世纪 70 年代就开始设置个人信息保护的基本原则，其侧重点都更倾向于规定个人信息保护要公开透明，数据控制者要确保收集数据的安全，并赋予数据主体一定的个人权利。其中，美国个人信息保护基本原则的规定较为粗糙，如美国没有在数据采集环节作出任何限制规定，数据的采集也不需要数据主体的同意，对数据的质量也没有任何要求。相较于美国，英国这一时期对个人信息保护基本原则的规定较为细致。

2. 个人信息保护基本原则的发展

随着科技水平的不断发展，欧美的个人信息保护基本原则也得到了新的发展。20 世纪 80 年代至 90 年代，美国在已有原则的基础上，提出个人信息公平实践的八大原则；欧盟在 1995 年颁布《欧盟数据保护指令》，提出新的七大原则。与此同时，经济合作与发展组织（Organization for Economic Cooperation and Development，OECD）在 1980 年颁布《经合组织指南》，提出个人数据保护的八大原则。

美国个人信息公平实践的八大原则主要指公开性原则、个人访问原则、个人参与原则、采集限制原则、使用限制原则、披露限制原则、信息管理原则和责任担当原则。❶个人信息公平实践八大原则的提出弥补了 20 世纪 70 年代美国法案及研究报告未对数据控制者作出限制规定的漏洞,同时细化了很多具体的内容。美国个人信息公平实践的八大原则见表 5-3。

表 5-3　美国个人信息公平实践的八大原则

基本原则	具体内容
公开性原则	不允许存在秘密的个人数据系统,并且应当公开各机构个人数据的管理政策、操作实践及系统
个人访问原则	个人应当有权利查看和复印个人数据保存机构保存的可识别本人身份的个人信息
个人参与原则	个人应当有权利修改和增补数据保存机构保存的关于本人的信息
采集限制原则	任何一个机构可以采集的个人信息的种类及采集方式要有所限制
使用限制原则	任何数据保存机构对个人数据的内部使用应当有所限制
披露限制原则	个人数据保存机构对外披露个人数据应当有所限制
信息管理原则	任何个人数据保存机构都应当制定合理、适当的信息管理政策和操作实践,以确保个人信息采集、存储、使用及对外提供的必要性和合法性,同时确保信息的准确性和及时性
责任担当原则	数据保存机构必须对个人数据保存的政策、操作实践及系统负责

同一时期的《欧盟数据保护指令》七大原则在很大程度上吸收了前期的经验,如欧盟在英国基本原则的基础上增加了告知和事前检查原则、司法救济原则等新的原则。同时,针对每个原则都有具体细化的规定,如个人权利原则具体列举个人有访问权、修改权、删除权和反对权;公平和合法原则要求数据要准确、及时,收集的目的要明确,收集的手段要最小必要等。❷《欧盟数据保护指令》的七大原则见表 5-4。

---

❶ 个人信息保护课题组. 个人信息保护国际比较研究 [M]. 北京:中国金融出版社,2017.
❷ 中国人民大学信息法研究中心. 个人数据保护:欧盟指令及成员国法律、经合组织指导方针 [M]. 陈飞,等译. 北京:法律出版社,2006.

表 5-4 《欧盟数据保护指令》的七大原则

基本原则	具体内容
公平和合法原则	目的明确、数据的采集和处理目的最小必要、数据准确且更新及时；在5种特定情形下才可以处理个人信息；原则上禁止采集个人敏感信息
公开透明原则	具体罗列须向数据主体告知的信息；数据控制者身份、采集或处理信息的目的；其他必要信息
个人权利原则	访问权、修改权、删除权、冻结权和反对权
数据保密和安全原则	数据控制者须采取适当的技术和制度措施保护个人数据，之后才可由选择数据处理商处理数据；数据控制者和数据处理商必须签订合同，合同须以书面形式加以明确
告知和事前检查原则	数据控制者在对数据进行处理前，除特殊情况外，必须告知监管部门；监管当局收到通知后，必须在数据处理开始前对其进行检查，同时进行数据登记
司法救济、法律责任和惩罚原则	如果数据主体的相关权利遭到破坏，数据主体可以请求司法救济
例外原则	涉及国防安全、公共安全、预防犯罪、成员国或欧盟重要的经济和金融利益，可以不遵守个人数据保护原则中关于处理合法性、公开性及数据主体对数据的访问权要求

除了美国和欧盟均有发展个人信息保护的新原则，并对原有原则内容做了新的规定外，OECD 在 1980 年颁布的《经合组织指南》直接提出个人数据保护的八大原则，这些原则很明显吸收借鉴了欧盟和美国相应的原则规定，因此具体的原则内容大同小异、万变不离其宗，如都规定采集限制性原则、数据质量原则、安全性原则、公开性原则等。❶ 经合组织个人数据保护的八大原则见表 5-5。

表 5-5 经合组织个人数据保护的八大原则

基本原则	具体内容
采集限制性原则	应当限制个人数据采集,任何个人数据的采集必须通过合法正当的手段,但凡可能,应该得到数据主体的许可

---

❶ 中国人民大学信息法研究中心.个人数据保护：欧盟指令及成员国法律、经合组织指导方针[M].陈飞，等译.北京：法律出版社，2006.

续表

基本原则	具体内容
数据质量原则	个人数据与其使用目的应当相关，并在某种程度上为这些目的所必须；数据应当准确、完整和及时
目的说明原则	采集数据前应说明其目的，使用应限于采集数据的目的范围内；如果使用不同，则需要提出说明
限制使用原则	不得主动或被动披露个人数据或将个人数据用于与目的说明原则不兼容的其他目的，除非得到授权
安全性原则	应采取合理的安全措施对个人数据加以保护
公开性原则	个人数据的开发、实践和政策应当公开
个人参与原则	个人有访问权、参与权、异议权、修改删除权
责任担当原则	数据控制者要落实具体措施的实施

从表5-3、表5-4、表5-5可以看出，无论是欧盟、美国，还是经合组织，它们规定的原则因相互借鉴、相互吸收而内容趋同，都在采集环节、使用环节、加工环节做了限制性规定，都要求数据公开透明，数据主体者都享有个人信息权利等。

3. 个人信息保护基本原则的深入发展

21世纪初，随着科学技术的迅猛发展，物联网、人工智能、云计算等新兴技术的出现和发展带动了个人信息的爆发式交流与传播，数据逐渐成为互联网公司的核心竞争力。因此，20世纪80年代至90年代个人信息保护基本原则的内涵已经无法满足现代社会的需要，基本原则又有了一次更为深入的发展。2010年，经合组织对1980年的《经合组织指南》进行新一轮的修订，在规范文件中引入"国家隐私战略""隐私管理计划""公众教育"和"数据泄露通知"等加强个人数据保护的新举措。❶ 2016年，欧盟对《欧盟数据保护指令》进行了修改，新的《欧盟条例》具体细化了"本人同意"的内涵，同时对数据采集

---

❶ 个人信息保护课题组. 个人信息保护国际比较研究 [M]. 北京：中国金融出版社，2017.

实行"最小必要原则"做进一步明确，并增加个人数据的"可携带"，强化"删除权"和"反对权"的内容。❶

新的《经合组织指南》和《欧盟条例》实际上并没有大幅度删除之前的规范文件规定，只是在前期的文件中增加和强化个人信息保护的内容。可以看出，20 世纪 80 年代至 90 年代的基本原则是对 70 年代原则的吸收和补充，21 世纪初的基本原则是对 20 世纪 80 年代至 90 年代原则的强化。个人信息保护基本原则的演变历程是不断增加修正的过程，它一直在规范调整的道路上正确前行，并没有出现大幅度推翻重建。

5.4.2 我国个人信息保护基本原则的理论建构

相较于欧美国家对个人信息保护基本原则的发展，我国个人信息保护基本原则的理论建构经历了萌芽阶段（2000—2010 年）和发展阶段（2010 年至今）。

1. 个人信息保护基本原则的萌芽

我国个人信息保护基本原则的发展晚于欧美国家个人信息保护基本原则的发展。我国个人信息保护基本原则的萌芽是 2000—2010 年，比欧美国家晚了近 30 年。在这个阶段，我国开始认识到个人信息保护基本原则的重要性，并委托个人信息保护领域的专家周汉华教授着手拟定《个人信息保护法》（专家意见稿）。虽然在这个阶段还有齐爱民教授等人自发拟定《个人信息保护法》（民间版草案），❷ 但其他学者拟定的《个人信息保护法》由于没有政府的信用背书，所以不具有足够的权威性。笔者主要援引周汉华教授于 2005 年拟定的《个人信息保护法》（专家意见稿）。

---

❶ 京东法律研究院. 欧盟数据宪章：《一般数据保护条例》（GDPR）评述及实务指引 [M]. 北京：法律出版社，2018.

❷ 齐爱民. 中华人民共和国个人信息保护法示范法草案学者建议稿 [J]. 河北法学，2005（6）：2-5.

周汉华教授的《个人信息保护法》(专家意见稿)吸收欧美国家的个人信息保护基本原则的内容,同时根据我国具体国情做了相应的调整。例如,《个人信息保护法》(专家意见稿)参考国际做法,规定了权利保护原则、信息质量原则、信息安全原则等。同时《个人信息保护法》(专家意见稿)立足于本土实践,规定具有中国特色的基本原则,如利益平衡原则、职业义务原则等。❶《个人信息保护法》(专家意见稿)七大原则的内容见表5-6。

表5-6 《个人信息保护法》(专家意见稿)的七大原则

基本原则	具体内容
合法原则	对个人信息的处理符合本法规定
权利保护原则	信息主体有权要求信息控制者公开本人信息,有更正权和停止其使用权
利益平衡原则	个人信息的保护不得妨碍他人的权利和自由,不得损害国家利益和社会公共利益
信息质量原则	保证个人信息仅用于与收集目的相关的领域,保证个人信息的准确性、完整性和及时性
信息安全原则	数据控制者应采取必要保护措施,防止个人信息泄露、丢失或者其他安全事故
职业义务原则	数据控制者负有保守秘密的职业义务
救济原则	违反法律,信息主体有权提起复议、诉讼,要求赔偿

2. 个人信息保护基本原则的发展

如果2000—2010年由于个人信息保护基本原则还处于专家论证阶段,笔者将其归为萌芽阶段,那么2010年至今我国法律已经开始正式确定原则的具体内容,笔者将这一阶段称为发展阶段。这一阶段的法律规定主要有2012年全国人民代表大会常务委员会出台的《关于加强网络信息保护的决定》、2013年修订的《消费者权益保护法》和2016年出台的《网络安全法》。

《关于加强网络信息保护的决定》虽然只有12条,但是基本规定了个人信息保护基本原则的主要内容,如规定在采集、使用过程中应当遵循合法、正当、

---

❶ 周汉华. 中华人民共和国个人信息保护法(专家建议稿)及立法研究报告[M]. 北京:法律出版社,2006.

必要的原则；收集信息时应当得到被收集者的同意；数据控制者应当遵循保密原则、信息安全原则，不得泄露、篡改、毁损，不得出售或者非法向他人提供个人信息，要采取技术措施和其他必要措施，确保信息安全等。同时，还规定个人权利原则，公民发现有个人信息泄露等问题时有权向有关主管部门举报、控告等。

2013年修订的《消费者权益保护法》第14条明确规定消费者"享有个人信息依法得到保护的权利"，第29条具体规定消费者个人信息的保护内容。《消费者权益保护法》对个人信息保护基本原则的规定实际上参考并借鉴《关于加强网络信息保护的决定》的内容，因此规定的事项大致相同。例如，《消费者权益保护法》第29条规定：收集、使用消费者个人信息时，应当遵循合法、正当、必要的原则；收集信息时应当得到消费者的同意；信息的收集要公开透明；经营者及其工作人员对收集的消费者个人信息必须严格保密，不得泄露、出售或者非法向他人提供；经营者应当采取技术措施和其他必要措施，确保信息安全，防止消费者个人信息泄露、丢失；在发生或者可能发生信息泄露、丢失的情况时，应当立即采取补救措施等。

与《消费者权益保护法》仅设置分散条款规定个人信息保护基本原则不同的是，2016年的《网络安全法》设置"网络信息安全"的专门章节规范个人信息保护。在这一章节中，规定诸多个人信息保护基本原则，如保密原则、个人权利原则、信息安全原则等。仔细研究会发现，《网络安全法》规定的内容基本沿袭《关于加强网络信息保护的决定》《消费者权益保护法》的内容，除正式明确最少必要规定外，并没有更大的变化。

纵观上述3个法律文件的内容可以发现，我国对个人信息保护基本原则的规定已经是具体的成文法内容，并且法律位阶不低。同时，我国关于个人信息保护基本原则的大致内容基本能与国际接轨，参考借鉴国外个人信息保护基本原则的核心内容。3个法律文件在各自的规范领域分别规定个人信息保护基本原则的内容，内容之间并无大的出入，个人信息保护基本原则大致确定为几个大原则。

5.4.3 我国个人信息保护基本原则的实践情况

我国已经在理论建构层面确定个人信息保护的基本原则，但其在实际中的运用情况如何呢？经过研究发现，由于原则本身过于抽象，缺少精准治理和稳定的作用，所以我国个人信息保护基本原则的运用情况不尽如人意。笔者将我国的个人信息保护基本原则归纳为信息安全原则、个人权利原则、公开透明原则、限制处理原则和信息质量原则等五大原则。实务中发现，这五大原则均有被突破的风险。

1. 信息安全原则

在信息安全原则下，数据控制者本应采取必要的保护措施，防止个人信息的泄露、丢失或者其他安全事故。然而在实务中发现，有些数据控制者所采取的安全措施不足以保障用户信息安全，以致用户信息很容易被泄露、窃取，如2016年中央电视台"3·15"晚会曝光公共免费无线网络（Wi-Fi）突破手机防御系统，收集手机个人信息的问题。❶ 同时，部分信息控制者的互联网运营平台缺乏完善的内控制度和操作流程，导致内部工作人员对用户信息监守自盗或造成用户信息的遗失，如2012年中央电视台"3·15"晚会曝光招商银行、工商银行的工作人员利用职务之便泄露银行卡号和征信报告。❷ 此外，互联网企业的系统和网页漏洞广泛存在，容易导致个人信息的泄露，如国内铁路客运订票网站12306曾曝出大量用户数据泄露，还有知名酒店网站因存在技术漏洞导致房客大量信息流失。❸

2. 个人权利原则

在个人权利原则下，数据主体本应享有访问权、知情权、纠错权和删除权

---

❶ 2016年"3·15"晚会 [EB/OL].（2016-03-15）[2019-04-10]. http：//315.cntv.cn/special/2016/video/.
❷ 2012年"3·15"晚会 [EB/OL].（2012-03-15）[2019-04-10]. http：//315.cntv.cn/video/.
❸ 个人信息保护课题组.个人信息保护国际比较研究 [M].北京：中国金融出版社，2017.

等广泛的个人信息权利，然而目前中国的数据用户并未能享有广泛的个人信息权利。例如，有些互联网企业拒绝用户查询网站收集到的用户个人信息或者只提供部分信息，即使打电话让客服查询，也难以查到相关的个人信息。有些网站的个人信息无法更正，也未提供申诉渠道，甚至未设置用户的退出机制，即使用户注销该网站或者 App 的个人信息，用户在该网站或者 App 上留下的痕迹和数据，如照片、状态、聊天记录等也无法删除。

3. 公开透明原则

在公开透明原则下，个人信息的收集、使用、加工和开发，数据控制者身份、采集或处理信息的目的及其他必要信息本应公开透明，然而我国的个人信息仍处于不公开、不透明的状态。例如，有些互联网企业故意将隐私政策放置在网站上不明显的位置，或者故意用烦琐冗长且字体细小的隐私政策让用户失去阅读的兴趣，并且在隐私政策条款中夹杂对用户个人信息保护不利的内容，难以被用户发现。有些互联网企业利用小型文本文件（cookies）技术在用户不知情的情况下收集个人信息，如 2013 年中央电视台"3·15"晚会就曝光易传媒等多家网络广告公司利用浏览器第三方 cookies 跟踪用户。❶有些互联网企业在用户不知情的情况下利用用户已经安装的应用程序收集其信息，如 2014 年中央电视台"3·15"晚会曝光鼎开等公司向智能手机植入恶意程序等问题。❷

4. 限制处理原则

在限制处理原则下，数据控制者本应在数据的采集、使用和加工等环节都受到一定的限制，如收集的信息要合法、正当、必要，信息的访问和使用必须与信息采集的目的一致，未经授权不可改变信息的使用目的。然而在实践中发现，大量的数据控制者对个人信息的采集超出服务目的所需范围，越权收集、无权收集个人信息的现象较多。同时，数据控制者常将收集的个人信息用于提供

---

❶ 2013 年"3·15"晚会 [EB/OL].（2013-03-15）[2019-04-10]. http：//315.cntv.cn/special/2013/dianbo.
❷ 2014 年"3·15"晚会 [EB/OL].（2014-03-15）[2019-04-10]. http：//315.cntv.cn/2014/zhibo/.

服务之外的其他目的,如广告营销、与第三方分享甚至出卖个人信息。2012 年,中央电视台"3·15"晚会曝光上海罗维邓白氏营销服务有限公司从各种渠道非法获取个人信息,再低价转卖。❶ 此外,数据控制者还经常将不同来源的用户信息加以处理以形成新的个人信息,为公司牟利。

5. 信息质量原则

在信息质量原则下,数据控制者本应保证个人信息仅用于与收集目的相关领域,保证个人信息的准确性、完整性和及时性。然而在实务中发现,由于技术的不完善或者数据控制者不愿投入精力维护个人信息的准确、完整和及时,数据主体的部分信息并不准确、完整,影响数据主体个人权利的行使,甚至影响个人名誉。例如,在郑州市中原区人民法院(2014)中民一初字第 799 号民事判决中,原告刘某在办理银行贷款业务时发现自己的征信信息出现不良贷款的记录,该不良记录最终导致银行终止为其办理业务。原告后来才了解到是个人信息被银行误载的缘故导致征信报告失实,然而木已成舟,这些不完整、不准确的个人信息最终还是影响其贷款业务。

5.4.4　个人信息保护基本原则小结

从国外个人信息保护基本原则的演变历程及我国个人信息保护的理论建构可以看出,个人信息保护应采用哪些原则已经形成国际社会的普遍共识。归纳欧盟、美国和中国的个人信息保护基本原则会发现,个人信息保护基本原则主要有以下几类:一是在个人信息的采集和使用环节,要求采集、使用的目的要特定、明确、合法、正当,取得的方式应遵循最小必要原则,同时取得个人信息要经信息主体的同意,加工、使用信息如果不符合采集时的目的时,还应另外取得信息主体的同意;二是在整体环节上,无论是采集环节、使用环节,还

---

❶ 2012 年"3·15"晚会 [EB/OL].(2012-03-15)[2019-04-10]. http://315.cntv.cn/video/.

是加工环节，都应该确保个人信息的公开、透明；三是对于信息本身，要求信息完整、及时和准确，要采取适当的技术和措施，以确保个人信息不会泄露；四是应赋予信息主体相应的个人权利，如访问权、修改权、删除权、可携带权、异议权等；五是如果个人信息确实出现泄露，那么要设置完善的救济措施，如申诉、诉讼、赔偿等机制。

除了个人信息保护的基本原则达成国际上的共识外，从前文论述还能看出，个人信息保护基本原则的内涵随着技术的发展不断被赋予新的内涵，强化或者细化原则的具体内容，如国外个人信息保护基本原则经历提出、发展和深入发展阶段，我国个人信息保护基本原则经历萌芽和发展阶段。同时可以看出，欧美等国家的个人信息保护基本原则的内涵向纵深发展，它们对基本原则的认识在不断深化，而我国对基本原则的认识相对不够成熟。虽然基本原则为个人信息保护的整体架构提供理论指引，贯穿于信息保护法的始末，但由于原则的规范密度较为粗糙，所以仍需要运用规则做更为精细的规范和治理。

5.5 日本《个人信息保护法》的诞生与发展

以下梳理日本的隐私保护与数据合规情况。研究日本的个人信息保护情况，有利于吸收其优秀的法律设计，完善我国的个人信息保护制度。

5.5.1 日本个人信息保护的发展历程

1. 个人信息保护的酝酿阶段（1970—1987 年）

日本关注个人信息保护的问题最早可追溯至 20 世纪 70 年代。1970 年，日本中央政府为了提高政府机构处理政务的效率，决定引进"国民总编号制度"，即要求日本国民每个人均设立一个独属自己的暗码，以方便各中央政府机构统一处理政务。由于该方案涉及个人敏感信息的收集，因此激起了全社会普遍的反对，日本政府不得不最终停止实施该方案。❶但是如果不能有效收集国民数据，日本政府在国民年金、税收等问题的处理上将耗费大量的社会资源，为应对此种困局，日本政府在1976年制定了《电子计算机处理数据保护管理准则》，开始着手运用计算机收集个人数据，以提高处理政务事务的效率。❷

随着计算机技术的发展，日本政府收集和处理个人数据的能力大大增强，但同时也带来数据泄露的问题。数据泄露事件的不断曝光加剧了日本国民对政府的不信任和厌恶，加上1980年经济合作与发展组织发布《隐私保护和个人数据跨境流通的指南》，要求成员国应保障数据主体的合法权益，内外因素倒逼日本政府开始着手构建个人信息保护制度。❸这一阶段，日本政府在1981年设置保护隐私研究会，1982年发布"处理个人数据的隐私权保护对策"，1984年成立数据、隐私保护专门委员会，1985年设置行政机关个人数据信息保护研究会，并着手拟定个人信息保护制度的法案。❹

2. 个人信息保护的发展阶段（1988—2003年）

1988年开始，日本率先在行政领域出台相应法律法规，以规范行政机关收集个人信息的行为。例如，1988年12月，日本立法机构出台《有关行政机关电子计算机自动化处理个人信息保护法》，要求行政机关在运用计算机处理个人信息时应保障数据主体的合法权益。❺这部法律的出台使得政府部门收集个人信息的行为开始走向规范化和法制化。

除了日本政府行政机关积极立法保障个人信息安全外，民间组织也加强了对个人信息的保护力度。1999年财团法人金融信息组织中心（FISC）修订《金融机关个人信息保护指导方针》，要求金融机关规范处理个人信息问题；1999

---

❶ 林素凤.日本个人资讯保护法制之展望与课题[J].警察大学法学论集，2003(8):81-102.
❷ 谢永志.个人数据保护法立法研究[M].北京：人民法院出版社，2013:108.
❸ 黄晨.日本《个人信息保护法》立法问题研究[D].重庆：重庆大学，2014:2-4.
❹ 谢永志.个人数据保护法立法研究[M].北京：人民法院出版社，2013:108.
❺ 张苑.日本《个人信息保护法》的实施及其对中国的启示[D].北京：对外经济贸易大学，2006:6-12.

年日本通商产业省出台了日本工业标准《个人信息保护管理体系要求事项》及隐私标志认证制度，向保护措施得力的企业颁发隐私认证标识；2001年日本政府出台了安全管理系统评估制度，并配合ISO/IEC17799-1（BS7799）国际标准加强信息管理。❶ 日本隐私标志认证制度及相关标准的出台，使得民间企业在收集个人信息时统一处理信息的标准，而且民间企业为获得隐私标志认证，也规范了自身的信息处理行为。总之，民间组织出台的制度规范也在一定程度上保证了数据主体的合法权利。

3. 个人信息保护的成文法阶段（从2003年至今）

1980年经济合作与发展组织发布《隐私保护和个人数据跨境流通的指南》后，各成员国纷纷开始制定《个人信息保护法》，日本此时已有专门立法保护个人信息的意图。1995年欧盟颁布《数据保护指令》规定限制个人数据的跨境流动及日本国民对个人信息泄露事件的强烈抗议，最终使得日本下定决心制定《个人信息保护法》专法。

制定《个人信息保护法》的过程并非一帆风顺。2000年，日本个人信息保护立法专门委员会制定《个人信息保护法基本法制大纲》，并于2001年向国会提出制定《个人信息保护法草案》，然而由于日本全国律师协会施压，该法案并未获得通过。2003年，立法委员认为立法时机已经成熟，于是再次向国会提出《个人信息保护法》等相关5部法案。为审议5部法案，国会专门设立关于个人信息保护的特别委员会，历经80个小时的审议，最终通过5部法案。其中，《个人信息保护法》前3章于颁布日起实施，后3章在2005年4月开始全面实施。5部法案包括《个人信息保护法》《行政机关持有个人信息保护法》《独立行政法人等持有个人信息保护法》《信息公开、个人信息保护审查委员会设置法》及《伴随〈行政机关持有个人信息保护法〉等实施的有关法律的准备法》。❷

---

❶ 个人信息保护课题组.个人信息保护国际比较研究[M].北京：中国金融出版社，2017：328-329.
❷ 李欣欣.论个人信息保护与合理利用——以日本个人信息保护法为中心[D].北京：中国人民大学，2005：12-14.

随着技术的发展及社会的变化，《个人信息保护法》的一些规定逐渐不能适应社会的发展需求，如《个人信息保护法》过度重视数据主体的权利保护导致实务中数据的流动受阻，严重阻碍社会的整体进步。同时，监管主体职能分散的问题导致实务中监管效果不佳。为了解决此类问题，日本国会在2015年通过《个人信息保护法》修正案，对原法律不足之处进行修改和完善。

5.5.2 《个人信息保护法》的核心内容

日本《个人信息保护法》共7章66条，分为总则、国家及地方公共团体的职责、个人信息保护的政策、个人信息处理业者的义务、杂则、罚则及附则。以下主要从立法原则、适用主体、数据主体权利、数据处理者义务、监管及惩罚措施等5个方面对《个人信息保护法》作简要介绍。

1.《个人信息保护法》的立法原则

日本《个人信息保护法》的立法原则与欧盟、美国等所制定的原则大致相近，主要有利用限制原则、信息质量原则、安全保障原则、公开原则、目的确定原则、权利保护原则、责任保护原则等。

在利用限制原则上，《个人信息保护法》（2015年版）第16条规定数据处理者在收集个人信息时不得超出目的规范的范围，第23条规定转让给数据处理者时要征得数据主体的同意。在信息质量原则上，《个人信息保护法》第19条规定，数据处理者要保证收集的数据及时、准确、完整。在安全保障原则上，《个人信息保护法》第20条规定数据收集者和处理者要确保个人数据的安全，第21条规定要监督数据从业者对数据的处理。在公开原则上，《个人信息保护法》第18条规定，数据收集者在收集数据后应尽可能公开数据的利用目的，变更利用目的的还需要另行通知数据主体或者公布。在目的确定原则上，《个人信息保护法》第15条规定，数据收集者在收集数据时应将收集目的特定化。在权利保护原则上，《个人信息保护法》第25条、第26条和第27条分别规定数据主体享有知情权、修正权和停止利用权。在责任保护原则上,《个人信息保护法》第31条规定数据处理者须妥善处理数据主体的投诉。

2.《个人信息保护法》的适用主体

日本《个人信息保护法》在立法模式上采用混合式立法,即采用基本法与一般法并存的双重结构。❶《个人信息保护法》第1章至第3章主要规定涉及国家管理重要领域的政策、对策和方针等内容,涉及的主体有国家和地方公共团体。第4章则规定民间数据处理者及从事数据认证业务的财团法人等内容,涉及的主体主要有独立行政法人、民间机构的个人数据处理者及认定个人数据保护团队等。综上可知,《个人信息保护法》的适用主体既包括国家、地方公共团体,又包括独立行政法人、民间机构的个人数据处理者和数据保护团体。

3.《个人信息保护法》的数据主体权利

日本《个人信息保护法》(2015年版)关于数据主体的权利规定主要在第25条、第26条和第27条。第25条规定,数据主体有权请求数据处理者公开可识别该本人的所持有的个人数据,数据处理者有权就公开措施收取适当的手续费。第26条规定,如果数据主体认为该本人的数据不真实,可以请求数据处理者对该所持有的个人数据进行订正、追加或者删除;数据处理者必须在实现利用目的的范围内,立即进行调查,并根据调查结果对该请求作出订正等;数据处理者作出订正等行为后,应及时告知数据主体。第27条规定,如果数据处理者违法收集数据,数据主体有权请求数据处理者停止利用或者销毁本人的相关数据;数据处理者在接到请求后应及时调查,发现数据主体理由合法时,应主动停止利用或者销毁数据,并及时告知数据主体。

---

❶ 李欣欣. 论个人信息保护与合理利用——以日本个人信息保护法为中心 [D]. 北京:中国人民大学,2005:15-16.

4.《个人信息保护法》的数据处理者义务

一般来说，权利的对立面即是义务，数据主体权利的对立面即是数据处理者的义务。例如，数据主体请求数据处理者公开必要数据，即意味着数据处理者应按照数据主体的请求公开数据；数据主体请求数据处理者订正、删除、停止利用数据，即意味着数据处理者要履行相关的法定义务。此外，对于数据处理者除了以上的法定义务外，日本《个人信息保护法》还规定数据处理者在数据的收集、处理和使用上都应履行相应的义务。例如，数据处理者收集数据的目的应当特定、需经数据主体的同意，要履行告知义务，要确保数据内容的正确、完整和及时。同时，数据处理者还需采取安全管理措施保障数据的安全，在向第三人提供数据时要经过数据主体同意，并妥善处理数据主体的投诉，接受主管大臣的监督等。

5.《个人信息保护法》的监管及惩罚措施

日本《个人信息保护法》规定，数据处理者及认证团体应接受主管大臣的监督。其中，主管大臣的类型很多，根据数据处理者所开展的数据处理活动，主管大臣主要有国土交通大臣、国家公安委员会委员长等，这些主管大臣都有在不同领域监管个人数据的权力。主管大臣有权指导数据处理者的业务，有权要求数据处理者和认证团体提交关于数据处理和认定报告。当数据处理者和认定团体有违法行为时，主管大臣有权劝告和命令数据处理者采取必要措施中止或者纠正违法行为，有权撤销认定团体的认定资格。如果数据处理者无视主管大臣的劝告和命令，执意从事违法行为，那么公权力机关可采取自由刑或者罚金刑的惩罚措施。

5.5.3 《个人信息保护法》的增订内容

随着科技水平的进步，日本 2003 年制定的《个人信息保护法》部分条款开始滞后于社会发展。2015 年，《个人信息保护法》修正案正式通过，新的《个人信息保护法》对不合时宜的旧法条款做了部分调整和改动。新《个人信息保护法》的增订内容主要有：扩大个人信息的保护范围、促进个人信息的有效利用、设置专门监管机构。

1. 扩大个人信息的保护范围

日本新《个人信息保护法》扩大个人信息的保护范围。例如，新《个人信息保护法》第2条在关于"个人信息"的定义中加入个人身体的特征和商品的符号内容，使得"个人信息"的内涵得到扩大。在新《个人信息保护法》生效施行后，个人信息的保护范围扩大到原来法律所未规定的指纹等个人身体特征、互联网用户ID的账号和密码等个人信息。新《个人信息保护法》还规定"敏感信息"问题，敏感信息主要包括人种、宗教信仰、病史及犯罪前科等。新《个人信息保护法》除增加旧法所未规定的内容外，还修改旧法的内容。比如，旧法原本将5000人以下小规模的数据处理者排除在适用范围外，新法将5000人以下的数据处理者纳入了规范对象。

2. 促进"个人信息"的有效利用

旧法侧重于保护数据主体的权利，在一定程度上忽视了数据的流通，不利于社会经济的整体发展。日本新《个人信息保护法》认识到该问题后，规定凡是匿名化处理的数据都被允许流通使用，从而大大提高个人数据的有效利用率。匿名化，是指对个人数据进行处理，使数据无法进行特定个人的识别，并且处理后的数据无法再还原到可识别特定个人的状态。❶ 判断数据是否符合匿名化的要求，主要看数据的匿名处理是否符合个人信息保护委员会的要求，匿名化信息处理项目是否公示，在向第三人提供匿名化处理信息时是否公示、是否向第三人明示该信息为匿名化处理的信息。

---

❶ 个人信息保护课题组. 个人信息保护国际比较研究 [M]. 北京：中国金融出版社，2017：343.

3. 设置专门监管机构

虽然日本旧《个人信息保护法》规定由主管大臣负责监督数据处理者和认证团体的相关活动，但是由于不同的数据处理由不同的分管大臣负责，监管机构职能分散、责任不清，无法作出高效决议。为了解决该问题，新《个人信息保护法》明确了监管主体和惩罚措施，将分散的主管大臣所拥有的劝告和命令等权力统一集中于同一个专门监管机构——个人信息保护委员会。新《个人信息保护法》的规定使得个人信息保护的监管特定化，有利于解决监管主体责任不清、职能分散的问题。

5.5.4 总结

日本以专法的形式保障个人隐私和数据合规，这一立法模式具有鲜明的欧盟特色。与此同时，无论是从日本确定的隐私认证标识制度，还是从数据处理的标准法律化，都可以看出日本重视行业在个人信息保护中的自律管理。此方式同样具有鲜明的美国立法特色。可见，日本并非单纯模仿欧盟或者美国，而是立足实际、博采众长、为己所用。

根据我国《十三届全国人大常委会立法规划》的规定，《中华人民共和国个人信息保护法》在十三届全国人大常委会期间获得通过。由于日本与我国的法律体系具有一定相似性，所以日本《个人信息保护法》的诞生和发展对我国制定个人信息保护法具有重要的借鉴和参考意义。同时，我国在与日本交往的过程中必然涉及数据的处理、交换问题，了解日本的个人信息保护发展历程，也有助于我国企业在日本的落地、发展。

参考文献

高秦伟．个人信息保护中的企业隐私政策及政府规制[J]．法商研究，2019（2）．

何渊．数据法学[M]．北京：北京大学出版社，2020．

京东法律研究院．欧盟数据宪章：《一般数据保护条例》（GDPR）评述及实务指引[M]．北京：法律出版社，2018．

王利明．论个人信息权在人格权法中的地位[J]．苏州大学学报（哲学社会科学版），2012，33（6）．

阿丽塔·L.艾伦，理查德·C.托克音顿．美国隐私法：学说、判例与立法[M]．冯建妹，等编译．北京：中国民主法制出版社，2004．

个人信息保护课题组．个人信息保护国际比较研究[M]．北京：中国金融出版社，2017．

中国人民大学信息法研究中心．个人数据保护：欧盟指令及成员国法律、经合组织指导方针[M]．陈飞，等译．北京：法律出版社，2006．

齐爱民．中华人民共和国个人信息保护法示范法草案学者建议稿[J]．河北法学，2005（6）．

周汉华．中华人民共和国个人信息保护法（专家建议稿）及立法研究报告[M]．北京：法律出版社，2006．

林素凤．日本个人资讯保护法制之展望与课题[J]．警察大学法学论集，2003（8）．

谢永志．个人数据保护法立法研究[M]．北京：人民法院出版社，2013．

黄晨．日本《个人信息保护法》立法问题研究[D]．重庆：重庆大学，2014．

张苑．日本《个人信息保护法》的实施及其对中国的启示[D]．北京：对外经济贸易大学，2006．

李欣欣．论个人信息保护与合理利用——以日本个人信息保护法为中心[D]．北京：中国人民大学，2005．